2040
디바이디드

추천의 글

"과학기술 혁명의 미래를 이렇게 입체적으로 그릴 수 있다니 놀랍다. 무엇보다 9가지 미래에 관한 부분은 개인, 기업, 국가, 인류의 과제이자 선택이다. 어떤 선택을 하느냐가 곧 우리의 미래가 된다."

_ 두산연강재단 이사장 박용현

"이 책을 읽으면 우리는 깨닫게 됩니다. 기회는 항상 있지만, 시간은 얼마 남지 않았다는 사실을 말입니다. 이는 미래를 준비하는 개인, 기업, 국가 모두에 해당합니다. 미래는 그냥 맞는 것이 아니라 개척해 나가는 것입니다. 이 책을 통하여 당신의 미래를 개척해 보시지요."

_ 파이낸셜뉴스신문 사장 김주현

"이미 우리는 기술혁명이 초래한 해체와 융합의 시대에 살고 있다. 이러한 현상파괴적 기술 발전은 청색행성 지구와 인류사회의 모습을 송두리째 바꾸어 놓을 것임에 틀림없다. 앞으로 20년간 펼쳐질 미래를 이 책에서 읽고 당신의 오늘을 준비하라."

_ 지식융합연구소장 이인식

"기술혁명의 미래를 모든 면에서 논리적이고 창의적으로 설명했다. 문제만 지적하는 것이 아니라 냉철한 분석으로 해답을 같이 담았다. 미래의 대한민국인 청년들의 미래가 어두워지고 있다는 사실에는 너무 가슴이 아프다."

_ 국회의원 김종석

"이제 기술이 철학을 만날 때가 되었다. 기술은 빛보다 빠른 속도로 진화하고, 양자 컴퓨터를 만난 인공지능은 우리가 상상할 수 없는 세계를 창조할 것이다. 변화와 혼돈의 시대, 그만큼 우리 인간에 대한 질문도 깊어질 것이다. 당신은 누구인가?"

_ 연세대학교 사회학과 교수 김왕배

"기술을 읽어내는 관점에 인문학적 상상력을 더한 놀라운 책이다. 조병학 저자의 관점과 상상력은 2017년의 저작 〈2035 일의 미래로 가라〉에서 예측한 내용이 3년 간 실현되면서 이미 검증되었다. 2020년부터 인류 역사상 한 번도 겪지 못한 일의 변화를 맞게 된다는 그의 선언에 깊은 관심을 두는 이유이다."

_ 경영철학자, 자의누리경영연구원 원장 서진영

"2020년의 우리 삶은 2040년의 그것과 달라질 것이라는 말에 모두가 동감한다. 그러나 그 미래가 어떻게 변화되어 있을지는 쉽게 그려지지 않는다. 본서는 그 변화를 그려 놓았다. 특히, 기술과 산업 그리고 사회의 전반에 걸쳐 우리에게 어떤 변화가 펼쳐질지를 제시해 주고 있다."

_ 경제 읽어주는 남자 김광석(한국경제산업연구원 경제연구실장)

"2020년대를 맞아 가장 먼저 읽어야 할 책이다. 21세기의 과학기술 혁명은 단순한 기술의 발전이 아니다. 이 과학기술 혁명은 인류가 지금까지 한 번도 해본 적이 없는 방식으로 미래를 만들고 인류 스스로 미래가 되는 혁명이다."

_ 前 바레인 대사, 대구광역시 국제관계 대사 유준하

"'4차 산업혁명은 없다'라는 주제부터 전적으로 공감한다. 일, 부, 인구, 에너지, 공장 등 대부분 분야가 갈림길에 섰다는 데도 공감한다. 물류와 뉴 모빌리티를 연구하는 사람으로서 더 밝은 대한민국을 기대한다."

_ 아나로지스틱스 대표이사, 〈아나드론〉 편집장 김지영

"기업가는 과학기술 혁명의 변화를 항상 체감한다. 그러나 지금은 그 속도와 크기가 상상을 초월한다. 바이오 헬스케어 기술의 미래를 현장에서 경험하는 나는 이 책이 그리는 미래가 실제로 현실이 된다고 확신한다."

_ 기산과학 사장 강태선

"트렌드를 읽을 것이 아니라 미래를 읽어라. 5년, 10년, 20년 후 닥쳐올 미래를 알게 되면 지금 해야 할 것과 하지 말아야 할 것을 알게 된다. 이 미래는 바꾸거나 막을 수 있는 미래가 아니다. 지금은 그 미래를 이해하고 나를 바꿀 때다."

_ 카카오모빌리티 디지털경제연구소장 이재호

"과학기술이 만든 새로운 경제는 새로운 사회적 변화를 요구한다. 지금 우리 사회도 그런 혼란에 이미 진입했다. 이제 개인도 다가올 미래의 혼란에 대비하고 준비해야 한다. 이 책은 개인이 어떻게 미래를 준비해야 하는지 잘 보여준다."

_ 서울스트리트저널 발행인 백승구

[일러두기]

1. 〈2040 디바이디드〉는 〈2035 일의 미래를 가라〉를 읽은 독자들이 2년 반 후에 무엇이 얼마나 이루어졌고, 무엇이 달라졌는지 알 수 있도록 책 내용 일부를 같은 주제로 업그레이드했다.

2. 〈2040 디바이디드〉의 후속작은 2022년 자동화 공장이 급속도로 확산하고 사물인터넷이 서비스 일자리를 완전히 분해해가고, 2023년 미국에서 5단계 완전 자율주행 자동차가 등장하기 직전에 출간할 예정이다.

2040
디바이디드

조병학 지음

인사이트앤뷰

"미래는 절대 달콤하지 않다!"

CONTENTS

DIVIDED   2025 미래의 선택

PART II

01 **인공지능, 인간지능을 넘어 초지능으로** ····························· 088

DIVIDED   2040 분열된 미래

왜 '디바이디드'인가

"기계학습Machine Learning으로 인간의 학습을 대신할 수 있는가?"

2012년, 현대경제연구원에 재직할 당시 지금은 독일로 공부하러 간 어떤 분의 질문을 받고 "불가능할 것 같다."라고 대답한 기억이 생생하다. 내 대답은 틀린 정도가 아니라 정반대의 대답이었다. 옳은 것은 내 공부가 부족했다는 것과 상상력이 부족했다는 것이었다. 인간도 인공지능에 직접 연결되면 기계학습이 가능하고 그렇게 된 인류가 곧 만나게 될 미래의 인류이다. 이 질문 하나가 미래기술에 관련된 공부를 시작하던 내게 준 충격은 엄청났다. 뇌와 공부에 관한 책으로 유명인이 된 내가 그 책에서 '하지 말라'고 강조한 것을 하고 있었으니 말이다. 이럴 때는 '모른다'가 정답이었다.

다행인 것은 부족한 공부를 깨닫고 자극받은 것이었다. 이후 과학기술 혁명의 뿌리부터 아직 수확되지 않은 미래의 열매까지, 세계 곳곳에서 벌어지는 이 놀라운 혁명을 입체적으로 공부했다. 그리고 이 혁명이 어떻게 일자리를 변화시키고 없애고 만들어내는지를 담아 4번째 책 〈2035 일의 미래로 가라〉를 냈다. 2년 반의 시간이 흐른 지금, 3만 명도 넘는 분들이 내 강의를 들었고 그동안 나는 훨씬 강도를 높여 공부하고 상상하고 토론하며 미래를 입체적으로 연결해봤다. 결론은 2017년이나 지금이나 같다.

"미래는 절대 달콤하지 않다."

〈2035 일의 미래로 가라〉에서 가장 중요하게 다룬 것은 인구와 일자리의 불균형이었다. 특히 인구의 관점에서 봐야 일자리 문제도 해결하고 미래의 인구정책도 세울 수 있다고 강조했다. 그런데 문제가 점점 해결하기 어려운 국면으로 진입한 2019년 말이 다 되어서야 정부가 인구문제를 심각하게 받아들이는 모양이다. 그러니 정책은 한심할 수밖에 없다. 애를 낳으면 집을 우선 배정해주고 돈을 준다는 것이 과연 정책인지부터 묻고 싶다. 이런 정책이 나오는 것을 보면 당사자들에게 무엇 때문에 애를 낳지 않는지 묻지도 않은 모양이다.

어쨌건 2019년생 29만 명이 26살 청년이 되었을 때, 자기 세대보다 3배나 많은 75세가 된 1970년생 100만 명, 65세가 되어 더는 일 하기 힘들어진 1980년생 86만 명을 어떤 눈으로 바라볼까? 과연 정부는 이들에게 복지에 쓰겠다고 세금을 요구할 수 있을까? 우리의 미래는 앞으로 직진하는 빛처럼 보이지만, 사실은 프리즘에 갈라진 빛처럼 꺾이고 분해되어가는 과정으로 진입했다. 그래도 희망을 만들려면 지금 무언가를 바꿔야 한다. 〈2035 일의 미래로 가라〉에서 말한, 우리에게 간절하게 주어진 시간 3년은 2019년으로 끝났다. 2020년부터는 기술이 해체하는 일자리를 지켜봐야 한다.

왜 '디바이디드Divided'라는 용어를 제목으로 선택했을까? 그것은 우리의 현실이 그렇고 앞으로 맞게 될 미래가 그렇기 때문이다. 일, 부, 인구, 공장, 에너지, 인류, 계급, 교육, 정치까지 철저하게 둘로 나뉠 것이다. 하지만 이것은 우리가 바라는 미래가 아니다. 어떤 문제든 중간층이 사라진 세계는 암흑천지이다. 먹고사는 문제에서 중산층이 사라지면 어떻게 될지 생각해보면 된다. 2020년에 이 9가지 주제를 바라보면 이미 둘로 나뉜 것도 있고, 나뉘어 가는 것도 있고, 나뉘지 않을 것처럼 보이는 것도 있다.

이 9가지 주제를 하나씩 들여다보면 공통으로 관여하는 하나의 공통 요소를 발견할 수 있다. 그것은 '기술'이다. 1500년대부터 본격적으로 축적된 과학기술은 1750년대에 이르러 산업혁명으로 꽃을 피웠다. 그 산업혁명이 지금 '과학기술 혁명'이 되어 인류의 모든 삶으로 들어가고 있다. 하지만 우리 대부분은 이것이 무엇이고 무엇을 어떻게 바꿔가고 있는지 모른다. 특히 이 9가지 주제에 관해 알지 못하면 기술의 재앙인 '해체'에 직면할 수 있다. 그래서 지금 인류 역사상 한 번도 벌어진 적 없는 이 '과학기술 혁명'이 무엇인지 입체적으로 확인하고 해답을 같이 구해보고자 한다.

　이 책은 세 부분으로 나뉘었다. 첫 부분에서는 2025년이면 드러나게 될 우리의 운명을 다뤘다. 이 시기를 지나면 어떤 노력을 해도 앞선 주자들을 따라잡을 수 없게 된다. 그만큼 기술의 영향이 급팽창한다는 의미이다. 그래서 주제도 '2025 미래의 선택'이다. 내용은 산업혁명 이후 2019년까지 전개된 과거의 발자취를 돌아보는 일로 시작해 우리가 잘 알지 못하는 새로운 기술들을 살펴보는 과정을 거친다. 그리고 2025년, 2030년, 2040년을 전후로 벌어질 가장 중요한 기술적, 경제적, 사회적 변화가 무엇인지 살펴본다.

　두 번째 부분은 '2030 미래 기술혁명'이다. 가장 핵심적인 9가지 기술을 자세하게 살펴보고 지금까지 이 기술이 어떤 변화를 만들었으며, 미래에는 어떤 변화를 만드는지 알아본다. 이 기술 9가지는 인공지능, 자동화 공장, 3D 프린팅, 사물인터넷, 바이오 헬스케어, 핀테크, 데이터, 뉴 모빌리티, 식량과 에너지 기술이다. 논점은 기술의 변화보다는 기술의 변화가 가져올 영향이다. 또한, 이 영향이 다른 기술에 어떤 파급력을 미치고 일자리와 삶을 어떻게 바꾸는지 알아본다. 마지막 부분은 일, 부, 인구, 공장, 에너지, 인류, 계급, 교육, 정치까지 9가지 분야의 2040년의 모습을 생각해본다. 주제는 결론을 닮아서 '2040 분열된 미래'로 정했다.

　미리 일러둘 것은 〈2035 일의 미래로 가라〉를 읽은 독자들이 2년 반 후에 무엇이 얼마나 이루어졌고, 무엇이 달라진 것인지를 알 수 있도록 책 내용 중 일부를 업그레이드했다. 당시에 초기 면역항암제가 출시되면서 어떤 효과를 낼지 소개한 부분이 있다. 대표적으로 BMSBristol-Myers Squibb의 옵디보Opdivo를 소개하면서 시장을 선점해가고 있으며, 머크Merck가 후발주자로 나서 키트루다Keytruda를 출시한다고 했다. 그러나 지금은 키트루다가 선발주자 옵디보를 넘어서 시장을 장악해가고 있다. 또한, 키트루다는 폐암과 신장암은 물론 30종 이상의 암을 치료할 길을 거의 열었다.

마지막으로 저자를 설명하려고 한다. 나는 대학에서 교육을 전공했고, 대학을 졸업한 이후에도 주로 연구원에서 기업, 교육, 경제 등과 관련된 일과 공부만 했다. 연구원에서 10년 차 직장인으로 일하던 서른여섯에 처음으로 '입체적으로 그림을 그리는 능력'이 내게 있다는 사실을 알았다. 이 '입체적 상상력'을 바탕으로 인간의 '창조성'을 주제로 집중적으로 공부해서 '창조하는 뇌'를 이해할 수 있도록 정리해 책을 냈다. 정말 상상하지도 못한 칭찬이 따랐고 책도 베스트셀러가 되었지만, 나는 내 공부의 주제를 바꾸기로 했다. 그 주제는 나도 궁금해서 하루에 수천 번씩 바꿔가며 그려보는 '미래'이다. 2012년 이후로 지금까지 공부한 '미래'를 정리한 것이 이 책 〈2040 디바이디드〉이다.

항상 독자의 눈으로 글을 읽고 책을 내준 엄지현 인사이트앤뷰 대표에게 감사한다. 공부, 일, 미래에 관한 것이라면 눈을 반짝이며 아이디어를 제공해주는 이소영에게 감사한다. 기획을 도와주고 초고를 40편의

영상으로 제작해 더 많은 사람이 공부할 수 있도록 도와준 심순희 팀장과 팀원들, KBS 강아랑 캐스터에게 감사한다. 대화할 시간마저 공부에 소모해버린 나를 이해해준 가족에게는 미안한 마음을 전한다.

이 책에서 가슴 뛰는 미래를 발견하기를.

PART I

2025
미래의 선택

01

4차 산업혁명은
없다

2020년부터는 우리를 둘러싼 모든 분야에 과학기술 혁명이 융합하면서 엄청난 폭발력을 보여줄 것이다. 이 폭발력은 지금까지 약 20년간 거대한 힘을 축적하면서 상승곡선의 끝자락처럼 기울기를 급격하게 키웠다. 중요한 것은 인류가 과거 1만 년간 맞았던 변화보다 더 큰 변화가 수십 년 안에 펼쳐진다는 점이다.

지금 우리나라는 '4차 산업혁명4th Industrial Revolution' 홍수에 빠졌다. 서점가, 정계, 언론, 학교까지 '4차 산업혁명'이 빠지면 뭔가 잘못된 것으로 보일 정도로 용어가 넘쳐난다. 어쩌면 그만큼 우리가 전 세계를 바꾸고 있는 '과학기술 혁명'에서 뒤처졌다는 사실을 스스로 고백하고 있는지도 모른다. 어쨌건 지금 벌어지는 '과학기술 혁명'을 무엇이라 부르던, 되돌릴 수 없고 방향을 바꿀 수도 없다. 이 기술혁명에서 뒤처지면 생존하지도 못한다. 2020년, 우리는 기술혁명의 폭발력을 맛보는 운명의 출발선에 섰다.

'4차 산업혁명'은 모두가 알다시피 독일인 클라우스 슈바프Klaus Schwab가 가장 먼저 꺼내든 용어이다. 다보스포럼이라고도 불리는 세계경제포럼 회장인 그가 2016년 세계경제포럼[1]에서 던진 화두가 '4차 산업혁명'이다. 현재 직면한 과학기술 혁명은 이전과는 속도Velocity, 범위와 깊이Breadth and Depth, 시스템 충격Systems Impact 면에서 크게 다르다는 데서 출발한 진단이다. 진단이 옳고 정확하지만, '4차 산업혁명'이라는 결론은 이미 진행되는 현재와 미래에 과거를 잘라 대입한 모양새이다.

'4차 산업혁명'처럼, '1차 산업혁명'부터 계속 구간을 나눠 이해하려면 계단식으로 변해야 했겠지만, 1750년대 산업혁명 이후로 변화는 가속되어 계속 급격해졌고, 폭 또한 계속 넓어졌다. 다만 지금은 그 속도와 폭이 수직을 향하고 있는 점이 과거와는 완전히 다르다. 그래서 슈바프가 말하는 '4차 산업혁명'의 산실인 미국에는 '4차 산업혁명'이라는 용어가 거의 사용되지 않고 공식 문서에도 거의 등장하지도 않는다. 하지만, 미국에는 세계 최고의 '과학기술 혁명'이 폭발해 융합하고 있고, 불과 몇십 년이면 인류의 운명도 바꾸게 될 것이다.

2020년부터는 우리를 둘러싼 모든 분야에 과학기술 혁명이 융합하면서 엄청난 폭발력을 보여줄 것이다. 이 폭발력은 지금까지 최근 20년간 거대한 힘을 축적하면서 상승곡선의 끝자락처럼 기울기를 급격하게 키웠다. 이것을 '4차 산업혁명'이라고 부르던, '마지막 산업혁명'이라고 부르던, 중요한 것은 인류가 과거 13,000년간 급속하게 진보했던 변화보다 더 큰 변화를 수십 년 안에 맞는다는 점이다. 인류는 지금 20만 년간 죽음과 맞바꾸며 축적한 모든 지식을 융합해 인류의 생존방식과 운명마저 바꿔가고 있다.

슈바프의 4차 산업혁명 다시 읽기

슈바프의 '4차 산업혁명'을 다시 생각해보자. 슈바프가 말한 '4차 산업혁명'이라는 용어를 제외하면 나머지는 전부 심각하게 생각해볼 과제들이다. 우선 왜 '4차 산업혁명'이라고 했는지 살펴보자. '1차 산업혁명'은 18세기 중반부터 19세기 초반까지 철도와 증기기관을 바탕으로 한 기계에 의한 대량생산을 탄생시켰다. 20세기를 전후로는 전기와 조립공정이 가세하면서 대량생산을 가속했는데, 이를 '2차 산업혁명'이라고 했다. 1960년대 이후로는 컴퓨터, 인터넷이 발전을 주도했다. 슈바프는 이것을 '3차 산업혁명'이라고 정의했다.

'4차 산업혁명'은 21세기의 시작과 함께 출현했는데, 모바일 인터넷, 센서, 인공지능과 기계학습을 핵심요소로 꼽았다. '4차 산업혁명'의 특징은 우리를 둘러싼 거의 모든 분야에서 동시다발적으로 광범위하게 기술혁명이 이루어진다는 점이다. '4차 산업혁명'의 다른 특징은 서로 관련이 없는 것처럼 보이는 분야의 기술이 융합한다는 점과 그 기술이 확산하는 속도가 엄청나다는 점이다. 물리학과 생물학에 인공지능이 가세하고, 기계공학에 바이오기술이 융합하는 식으로 기술이 융합하고, 그 속도 또한 가늠하기 어려울 정도로 빠르다.

슈바프는 경제, 사회, 정치의 모든 측면에서 '4차 산업혁명'을 재고해볼 필요가 있다고 진단했다. 변화에 대한 대중의 이해가 부족하다는 것은 혼란을 가중할 수도 있다는 말과 같다. 법과 제도도 문제이다. 항상 법과 제도는 문제가 심각해져야 바꾸는 특성이 있다. 그렇더라도 현재 그리고 앞으로의 변화를 법과 제도가 따라잡기에는 역부족이다. 딜로이트Deloitte Touche Tohmatsu Limited[2]는 기술의 변화가 개인에 가장 먼저 영향을 미치고, 그다음으로 비즈니스를 바꾸며, 마지막에 가서야 법과 제도를 바꾼다고 설명했다. 하지만 지구 한편에서는 2019년에도 인류의 40%가 넘는 33억 명이 아직 인터넷을 경험하지 못한 상태[3]이다.

미국, 독일, 일본, 중국의 기술혁명

미국은 과거 100여 년간 거의 모든 분야에서 혁신을 주도했다. 그 중심에는 철저하게 자본주의에 바탕을 둔 기업들이 있다. 미국 자체가 그렇게 운영되는 거대한 시스템이다. 대기업은 새로운 기술을 가진 기업이 등장하면 정당한 가격으로 기업을 사거나 기술에 투자해준다. 기술기업의 아이디어가 좋다면 크라우드펀딩으로 얼마든지 자금을 조달할 수도 있다. 가능성이 보이기 시작하면 더 많은 자금을 모을 수 있다. 일론 머스크Elon Musk의 테슬라Tesla[4]도 이런 환경이 아니었다면 벌써 파산했어야 옳다. 이것이 미국이 혁신을 주도하는 간단한 논리이다.

미국은 이런 기업 생태계를 법과 제도로 지원한다. 그래서 자본과 기술, 무엇보다 아이디어를 가진 기업이 기술혁명을 주도한다. 미국은 인공지능, 바이오기술, 3D 프린팅 분야에서 전 세계 어느 나라도 따라잡지 못할 정도로 앞섰다. 민간이 주도하고 정부가 제도적으로 지원해서 만든 결과이다. 우리의 상황은 어떨까? '4차 산업혁명'을 말하는 주체가 누구인지 보면 알 수 있다. 산업혁명을 포함한 모든 혁명은 정부가 만드는 것이 아니다. 혁명을 정부가 주도하면 독재고, 민간이 주도해야 혁명이 된다. 더 중요한 것은 정부가 주도해서는 1등이 만들어지지 않는다는 사실이다.

국가별 전략을 보면 이런 상황은 더 명확해진다. 미국은 대부분을 민간이, 독일과 일본은 민간이 주도하되 정부가 지원하고, 중국은 정부가 그림을 그리고 기업이 움직인다. 그리고 자기 나라의 강점을 강화하고 약점을 보완하기 위해 협력한다. 미국과 독일, 중국은 제조업을 중심으로 기술혁신과 융합의 방향을 설계했다. 미국, 독일, 중국의 차이라면 독일은 자동화 공장Smart Factory과 같은 기술로 제조의 표준화를 선도하겠다는 점에서, 중국은 내수시장을 우선 활용한다는 점에서 다르다. 일본은 로봇, 금융, 사람에 대한 투자에 집중한다.

　미국은 산업혁명 이후 지속해온 제조와 서비스의 패러다임을 깨겠다는 생각이다. 사람이 움직이던 공장, 병원, 매장, 학교조차 인공지능으로 가동되는 공간으로 바꾸기 시작했다. 독일은 이미 2012년부터 미국 및 일본 기업과 손잡고 자신들이 가진 제조의 강점을 '인더스트리 4.0Industrie 4.0'으로 표방하며 개발, 생산, 서비스 등의 전 과정을 인공지능으로 자동화하는 모델을 완성해가고 있다. 일본은 센서, 로봇, 금융 등으로 차별화하여 기술개발을 지원하고 있다. 중국은 '중국 제조 2025'를 내세우며 내수에 기반을 눈 기술개발 전략과 농시에 전 세계에서 기술기업을 사들이며 선진국을 따라잡고 있다.

따라잡는 전략과 이기는 전략

　독일에는 쿠카Kuka[5]와 같은 산업용 로봇 세계 1위 기업이 있다. 이 로봇이 가득한 공장을 만드는 것이 자동화 공장 건설이다. 하지만, 이 공장을 운영하는 운영시스템은 인공지능이다. 2018년 OECD는 인공지능 분야에서 독일을 세계 7위권으로 평가했다. 미국이 1위, 다음은 중국, 이스라엘, 영국, 캐나다, 일본, 그다음이 독일이다. 물론 한국은 그보다 한참 아래인 12위권으로 평가했다. 그래서 독일은 인공지능에서 앞선 미국기업과 협력해 공장을 건설한다. IBM이 인공지능으로 공장을 구동하는 '사이버 운영시스템'을 설계하고, 독일의 쿠카가 생산용 로봇을 제작하고, 일본의 키엔스Keyence[6]가 센서와 계측 장비를 설계하여 협업으로 자동화 공장을 건설한다.

　그런데 우리는 모든 것을 사람을 키우면 해결될 일이라고 생각한다. 사람을 키우는 일은 중요하지만, 인구도 없는 우리가 모든 것을 이렇게 접근해서는 문제가 해결되지 않는다. 무엇보다 우리에겐 시간이 없다. 기술을 가진 기업, 국가와의 격차가 계속 확대될 것이다. 지금은 전략을 다시 세워야 할 때이다. 이미 기술이 만들어낸 실업과 싸우는 과정에 돌입했지만, 2020년부터는 덩치가 계속 커지는 실업과 싸워야 한다는 사실도 반영해야 한다. 우리가 윈도Windows나 안드로이드Android를 만들어서 세계 최고의 컴퓨터나 스마트폰을 만드는 것은 아니다. 다 하는 것보다 '어떻게' 해야 하는지를 먼저 생각해야 게임에서 이긴다.

02

오성홍기와
한반도 미세먼지

과거는 현재를 지배한다. 현재는 다시 미래를 지배할 것이다. 그래서 현재를
잘 살펴보면 미래에 무슨 일이 벌어질지 예측 가능한 형태로 볼 수 있다. 그
래서 미래를 예측한다는 것은 현재를 잘 살피는 일이기도 하다. 다만, 조금
더 먼 미래를 보기 위해서는 정밀하게 관계를 찾아 연결해서 과거와 현재를
봐야 한다.

사람들은 각각 미래에 관심을 두는 정도가 다르다. 하지만, 대부분 사람은 항상 미래에 '크게' 관심을 두고 사는 것처럼 생각한다. 그런데 실제로 대부분은 미래에 크게 관심이 없다. 관심이 있더라도 미래라고 하기에는 너무 가까운 미래에만 관심을 둔다. 내일, 일주일 후, 한 달 후를 넘어가면 대부분 사람은 약속도 목표도 없다. 더 재미있는 것은 이런 미래의 약속과 목표조차 미래의 변화를 전혀 반영하지 않고 만들어진다는 점이다. 그렇다면 미래의 변화를 반영하려면 어떻게 해야 할까? 그것은 과거를 먼저 정확하게 읽어내고, 현재를 다시 평가하며, 미래의 변화를 예측해야만 한다.

동의할 수 없다고 생각하는 사람도 있겠지만, 나는 우리의 삶이 '미래를 사는 삶'이라고 생각한다. 미래를 사는 삶을 위해서 우리는 과거를 배운다. 과거와 현재, 미래를 한 방향으로 보기 위해서 과거를 배우기도 하고, 잘못된 미래를 그리지 않기 위해서도 과거를 배운다. 그러나 나는 과거를 배우는 가장 중요한 이유는 '미래에 사용할 자원을 획득하기 위해서'라고 생각한다. 이 자원은 인류가 역사 이래로 현재에 이르기까지 축적한 '지식'이다. 이 지식만이 미래를 낭비하지 않게 해주고, 미래에 실패하지 않게 해주는 유일한 자원이다.

산업혁명과 탄소에너지 혁명

산업혁명을 간단하게 '탄소Carbon 에너지 혁명'으로 설명하는 소수의 의견에 나는 동의한다. 목재를 태워 얻는 숯에서부터 석탄, 석유, 천연가스가 모두 탄소 동소체이다. 탄소 동소체에는 다이아몬드도 있으며, 대기 중에서는 탄소가 이산화탄소의 형태로 0.3% 정도 존재한다. 산업혁명 이전에는 에너지원으로 목재를 주로 활용했다. 목재를 태워서 열을 얻기도 했고 숯으로 만들어 더 높은 온도에서 철을 생산하고 도자기를 구웠다. 그런데 목재는 쓰는 만큼 공급받기 어려웠다. 산은 점점 벌거벗게 되었다. 그러자 사람들은 서서히 석탄으로 눈을 돌리게 되었다.

하지만 석탄 채굴은 쉬운 문제가 아니었다. 조금만 깊이가 깊어져도 탄갱에 물이 차 채굴할 수 없는 것이 석탄이었다. 무거운 석탄의 운송도 해결하기 쉬운 문제가 아니었다. 이런 문제를 우리가 배운 바 있는 제임스 와트James Watt[7]의 증기기관이 한꺼번에 해결해주었다. 펌프에 이식된 증기기관은 고인 물을 퍼내면서 더 깊이, 더 많은 석탄을 채굴하도록 했다. 철길이 깔리고 기차와 배에 증기기관이 장착되면서 석탄과 철광석, 생산된 철과 공업제품은 쉽게, 빠르게, 멀리 운송되었다.

그러던 중 효율이 훨씬 높은 새로운 탄소 동소체가 인류의 눈에 들어왔다. 석유Petroleum였다. 지표면으로 흘러나온 정제하지 않은 원유Crude Oil를 간신히 구해 약으로 아주 조금 먹거나 피부질환에나 바르던 것을 초대형 유정을 발굴해 채굴하고 정제해 사용할 방법이 만들어졌다. 증기기관은 탄소 동소체를 계속 더 많이 채굴하도록 했다. 숯에서 석탄으로, 석유와 천연가스로 탄소 동소체 연료가 확장되고 정제기술이 발전하면서 효율이 높아졌다. 이렇게 더욱 많은 사람이 탄소 동소체를 사용하게 됐다. 산업혁명은 탄소 동소체와 함께 계속 속도를 올렸다.

100년간 잠든 중국의 석탄

산업혁명이 유럽을 휩쓸고 지나갈 때, 중국은 어땠을까? 중국은 서고동저의 지형으로 서부는 사막과 고원, 산지가 많다. 동부해안은 평야가 발달해서 인구가 밀집했다. 남에서 북으로 이르는 해안평야 지역에 과거부터 현재까지 대다수 인구가 분포했다. 그 중심에는 황허黃河가 흐른다. 중국은 매장량 기준 세계 3위, 생산량 기준 세계 1위의 석탄 대국이다. 석탄에 '대국'이라는 표현을 붙인 이유는 광범위하게 사용하고 광범위한 문제를 유발하기 때문이다. 중국의 석탄 매장지는 주로 황허를 따라 분포하는데 상류에 대부분이 매장되어 있다.

그런데 왜 과거에는 없던 미세먼지가 대량으로 한반도에 날아들까? 실제로 유럽을 비롯한 선진국들은 탄소 동소체를 사용하는 비율이 확연하게 석유와 천연가스로 이동했다. 우리나라도 마찬가지였다. 1970년대부터 1980년대를 거치면서 석탄은 가정과 공장의 주요 에너지원으로 등장했다. 그러다가 현재는 가정에서도 석유와 천연가스를 더 많이 사용한다. 그런데 왜 중국은 목재에서 석탄, 석탄에서 석유와 천연가스로 탄소 동소체 전환이 이루어지지 않고 지금 문제를 일으키는 것일까?

중국은 석탄 매장량이 많지만, 대부분이 서부의 산악과 고원에 분포해 채굴하는 일이 몹시 어려웠고, 지형 때문에 동부해안으로 운송하는 일도 몹시 어려웠다. 가장 좋은 방법은 황허를 활용해 배로 운송하는 방법이 있었지만, 해결하기 어려운 한 가지 문제가 있었다. 그것은 대량으로 석탄을 운송할 큰 배를 띄울 수 없다는 점이었다. 물이 얕고 좁아지고 경사가 커져서 물살이 빨라지는 상류로 배를 보내 산악지역의 석탄을 운송할 방법은 수십 년의 세월이 흘러도 쉽게 만들어지지 않았다.

석탄의 무게도 문제였다. 상류에서는 작은 배로 운송하고 점점 큰 배로 옮겨 싣는 방법은 석탄을 산악에서 채굴해 강가로 모으는 방법만큼이나 어려운 일이었다. 그래서 중국인들은 작은 배에 석탄을 싣고 하류인 동부해안으로 운송한 후, 배를 줄로 묶어 강변을 따라 우마로 끌거나 우마차에 실어 다시 상류로 올라가야 했다. 점점 늘어가는 석탄의 수요에도 불구하고 운송 문제는 해결되지 않았다. 여기에 중국의 공산화는 석탄을 잠재우는 데 더 큰 역할을 했다. 이렇게 중국은 석탄을 묻어둔 채로 20세기를 거의 흘려보냈다.

깨어난 석탄, 공포의 미세먼지

1900년대 말, 중국의 산업화와 함께 다양한 운송수단이 급속하게 보급됐다. 중국은 매장된 석탄을 그대로 재워둔 채 석유를 대량으로 사용하기 시작했다. 곧이어 석탄 운송의 문제를 도로와 자동차가 해결했다. 여기에 철도가 더 넓은 지역으로 보급되어 운송수단으로 활용됐다. 중국인들은 산업화의 혜택으로 값싼 갈탄이나 무연탄을 쓰기 시작했다. 문제는 늘어난 자동차, 늘어난 공장, 늘어난 인구에 도시 집중화가 동시에 진행됐다는 점이다. 도시는 공장과 가정, 자동차와 음식점에서 내뿜는 매연과 미세먼지로 가득하게 됐다. 이처럼 100년 만에 깨어난 석탄은 미세먼지 공포를 불러왔다.

지금 한반도를 뒤덮는 미세먼지의 상당량은 중국에서 깨어난 석탄이 석유를 만난 결과이다. 계절마다 차이는 있지만, 겨울철 우리나라 미세먼지의 60~70%는 중국이 원인이다. 중국이 난방을 시작하면 곧바로 한반도는 미세먼지로 가득 찬다. 문제는 2030년이 되어도 중국의 석탄 사용량이 크게 줄지 않는 데 있다. 그런데 최근 들어 30~40%를 차지하는 국내 발생 미세먼지에도 비상이 걸렸다. 2000년 1,200만 대였던 자동차가 2019년에는 2,350만 대[8]로 약 2배 늘었다. 매연저감장치를 장착했지만, 경유차 또한 늘었다.

미래는 현재가 만든다

2020년 현재 한반도에 미세먼지가 가득한 현실을 100년 전 중국의 과거에서 찾아봤다. 석탄 사용량을 줄이면 문제가 해결된다고 생각하겠지만, 미세먼지를 줄이는 방법은 이것으로는 해결되지 않는다. 석탄을 포함한 탄소 동소체 전체를 연료로 사용하지 말아야 한다. 그래야 지구온난화의 주범인 이산화탄소를 동시에 줄일 수 있다. 그러나 석유수출국기구OPEC[9]는 2020년에도 세계적으로 사용되는 에너지의 85.2%를 화석연료에 의존하게 된다고 밝혔다. 현재로서 대안은 원자력과 재생에너지 외에는 없다.

이렇게 과거는 사라지지 않고 현재를 지배하고 있다. 현재는 다시 미래를 지배할 것이다. 그래서 현재를 잘 살펴보면 미래에 무슨 일이 벌어질지 예측 가능한 형태로 볼 수 있다. 그래서 미래를 예측한다는 것은 현재를 잘 살피는 일이기도 하다. 다만, 먼 미래를 선명하게 보기 위해서는 정밀하게 관계를 찾아 연결해서 과거와 현재를 봐야 한다. 잊지 말아야 할 것은 분명히 우리는 현재가 아닌 미래를 살고 있다는 점이다.

03

산업혁명을 보는
새로운 눈

16세기부터 급속하게 증가하기 시작한 과학기술이 축적되어 18세기 중반에 이르자 에너지 활용방식을 완전히 바꾸어 놓았다. 인류 역사상 '인력과 축력'을 벗어난 적이 없던 인류가 대규모로 에너지를 사용하면서 인력과 축력에서 벗어나기 시작한 것이다. 우리는 이 혁명적 사건을 산업혁명이라고 부른다.

산업혁명은 앞에서 설명한 것처럼 탄소에너지 혁명으로 이해할 수 있다. 실제로 개인, 가정, 기업, 국가 모두 탄소에너지에 의존해 운영된다. 탄소에너지가 중단되는 순간 모든 것이 멈춘다. 2020년에도 세계 에너지 사용량의 85.2%를 화석연료인 탄소에너지에 의존하고 있으니, 탄소에너지 공급이 중단되는 순간 대혼란에 빠지는 것은 물론 인류가 문명을 지속할 수 있을지도 의문이다. 영국의 국영석유회사 BPThe British Petroleum[10]는 하루 평균 원유소비량이 1990년 6,700만 배럴에서 2018년 1억 배럴을 넘어선 것으로 집계했다. 석유만 따져봐도 30년이 채 되기도 전에 사용량이 50% 증가했다.

그러나 산업혁명이 만든 가장 중요한 발전 기폭제는 전기에너지의 활용이다. 1차 에너지인 석탄, 석유, 천연가스, 원자력, 수력, 풍력을 2차 에너지인 전기로 바꾸면 원격지 전송은 물론 보관도 가능해진다. 에너지를 분산해서 다수가 소량으로 나눠 사용하는 것도 가능해진다. 소규모 내연기관처럼 1차 에너지를 사용자가 직접 사용하는 양을 줄이고 대규모 발전소를 건설해 에너지 사용 효율도 개선할 수 있다. 내연기관 자동차보다 전기자동차가 효율적인 이유이다. 안정적인 전기의 공급은 전자제품의 개발과 사용을 촉진한다. 그중에서 가장 획기적인 제품은 책과 인간의 머리를 대신하는 컴퓨터의 발명이다.

산업혁명은 지식 혁명

고고학자나 역사학자들은 현생인류의 역사를 20만 년으로 본다. 이때는 중기구석기로 빙하기가 끝난 약 13,000년 전 구석기 말까지, 인류는 선사시대를 언어조차 없는 암흑기로 보내야 했다. 이 시기에 구석기인들은 수많은 실패를 반복하면서 얻은 사냥과 생존의 방법을 동굴벽화로 남기려고 애썼다. 동굴벽화로 남기려고 애썼던 사냥과 생존의 방법은 그들에게는 가장 중요한 '지식'이었다. 이 지식은 구석기 시대에는 동굴벽화로, 이후 신석기 농경 사회가 정착하면서는 언어와 문자로 전달되었다.

역사시대가 시작되면서 '기록'은 지식이 축적되고 확장되고 전달되는 가장 중요한 수단이 되었다. 이후 종이가 발명되어 '체계적인 기록'이 가능해졌고, 인쇄술은 책을 통한 '지식의 대량 복제'를 가능하게 했다. 지식의 대량 복제는 지식의 수혜자 범위를 크게 확장했고, 지식의 수혜자가 많아짐에 따라 지식의 축적과 확산 속도 또한 계속 높아졌다. 지금부터 약 500년 전부터는 과학지식이 축적되면서 지식이 제국을 확장하고 부를 축적하는 방편으로 활용되었다. 부의 축적은 다시 과학기술의 축적을 가져왔다.

그러던 18세기 중반 축적된 과학기술이 에너지 활용방식을 완전히 바꾸어 놓았다. 인류 역사상 '인력과 축력'을 벗어난 적이 없던 인류가 대규모로 에너지를 사용하면서 인력과 축력에서 벗어나기 시작한 것이다. 우리는 이 혁명적 사건을 산업혁명이라고 부른다. 산업혁명은 '에너지를 활용한 대량생산'을 의미하기도 했지만, 에너지의 전환과 새로운 활용을 가속했다. 전기는 안정적인 에너지원으로 계속 광범위하게 사용면적을 넓히면서 수혜자의 범위를 확장해갔다. 여기에 가장 크게 이바지한 사람은 우리가 잘 아는 니콜라 테슬라Nikola Tesla와 토머스 에디슨Thomas Edison이다.

1940년대에 들어서자 인류는 사람의 머릿속 지식과 책을 대신해 저장하고 연산하는 장치를 만들어낸다. 앨런 튜링Alan Turing이 개발한 초기 컴퓨터의 등장이다. 컴퓨터는 점점 작아지고 점점 용량을 키우고 점점 연산속도를 높이면서 발전에 발전을 거듭했다. 1960년대가 되자 인터넷으로 컴퓨터를 연결할 수 있게 되었다. 그로부터 30여 년이 흐른 1990년대는 컴퓨터가 기업은 물론 개인에게도 필수적인 기록과 연산장치가 되어갔다. 2000년대가 밝아오자 원하는 누구든 원하는 지식에 접근할 수 있는 세상이 열렸다. 산업혁명은 300년도 되지 않는 기간에 '모든 인류의 모든 지식'에 접근할 수 있게 해주었다.

연결이 만든 폭발적 지식 혁명

산업혁명이 일어난 지 채 300년도 되기 전에 인류는 축적한 지식의 폭발력을 키워 신과 같은 존재로 변해가고 있다. 그리고 실제로 산업혁명 300년이 되는 2050년이 오기도 전에 그런 존재가 될 것이다. 이런 일이 가능해진 이유는 엄청난 상상력을 가진 인류 개개인의 '지식 접근성'

이 달라졌기 때문이다. 과거 구석기인들은 동굴 안 식구들에게만 벽화로 지식을 전달할 수 있었다. 그조차도 벽화를 이해해야만 지식에 접근한 효과가 발생했다. 책에 담긴 지식의 효과는 책을 접하고 이해한 사람들에게만 발생했다. 또한, 불과 수십 년 전만 해도 책이나 강의를 접할 수 있는 물리적 거리가 곧 지식의 이동 거리였다.

그런데 지금은 어떤가? 지금은 이동하지 않고도 접하지 못할 지식은 거의 없다. 그조차도 실시간으로 접할 수 있다. 지식에 접근하는 방법도 인공지능을 활용해 검색하고 선별해가며 접근한다. 더욱 놀라운 점은 지식을 연결하는 '연결'에서 '선'이 사라져가고 있다는 사실이다. 전용 통신선과 같은 인터넷 회선들은 와이파이Wireless Fidelity, 블루투스 Bluetooth, 근거리무선통신Near Field Communication, 5G 이동통신, 사물인터넷 Internet of Things과 결합하면서 선이 감당하는 영역을 계속 축소하고 있다. 불과 2010년대 이전만 해도 대부분 사람은 무선으로 인터넷에 연결될 수 없었다. 그러나 지금은 무선으로 인터넷에 연결되어 있지 않은 사람을 찾기 어렵다.

300년을 향하는 산업혁명의 마지막 연결은 사람의 뇌와 컴퓨터의 직접 연결이다. 이 연결은 뇌파로 인터넷에 접속Online하는 방식이다. 사실 '접속'이라는 표현도 옳지 않다. 뇌파로 항상 인터넷에 연결되어 굳이 연결을 종료해야 할 필요성을 느끼지 못하게 된다. 2025년부터 일반인도 경험할 수 있는 뇌와 컴퓨터의 직접 연결은 인류가 지금까지 해 온 대화하는 방식, 표현하는 방식, 감정을 주고받는 방식까지도 바꾸게 될 것이다. 2020년의 인류는 마지막 연결의 문 앞에 서 있다.

융합이 만든 새로운 지식 혁명

연결이 폭발적 지식 혁명을 만들어 낸 근본적 이유는 연결로 '지식 융합'이 가능해졌기 때문이다. 학문의 경계마저 허무는 지식 융합은 지식의 증가와 확산 속도를 더욱 높인다. 예를 들어, 3D 프린팅 산업은 전자공학Electronics이나 기계공학Mechanical Engineering에 기반을 둔 산업이다. 그런데 3D 프린팅 산업에 바이오기술Biotechnology이 융합해 놀라운 혁신을 만든다. 3D 프린팅 산업은 다시 소재 산업과 융합해 더욱 놀라운 프린터를 만들 수 있게 해주며, 심지어 관련이 없을 것 같던 건축과 우주 개발 분야도 끌어들인다.

다른 분야도 마찬가지지만, 3D 프린팅 산업에는 융합되지 않는 분야가 거의 없을 정도이다. 그래서 3D 프린팅 산업이 다른 산업과 융합해 가져올 파급력을 측정하는 것은 불가능에 가깝다. 오가노보Organovo[11]는 바이오 프린터NovoGen MMX Bioprinter로 자가 세포를 배양해 장기를 프린트한다. 프린터로 생산하는 장기는 심장, 신장, 간과 같은 정밀한 장기들로, 장기이식 문제를 해결할 대안이다. 또한, 위험성이 큰 신약의 인체실험을 인공 장기로 먼저 수행하면 직접 인체에 실험할 때 발생하는 위험이 사라진다. 이처럼 지식은 점점 융합하며 산업혁명의 마지막 과정에서 고도의 다각화된 지식 혁명을 만들어내고 있다.

산업혁명은 인류가 인력과 축력에만 의존하던 시대를 끝내고 에너지 혁명의 시대로 들어서게 했다. 초기의 탄소에너지 중심의 1차 에너지는 2차 에너지인 전기로 변환되어 에너지 혁명을 극한으로 이끌었다. 전기와 컴퓨터는 지식의 축적 수단, 연결 수단, 활용 수단을 완전히 바꾸었고, 결국은 모든 인류와 모든 지식의 연결로 이어졌다. 연결은 모든 지식을 융합할 수 있게 했고 지식의 폭발력을 더욱 키웠다. 이제 남은 산업혁명의 마지막 불꽃은 뇌와 컴퓨터의 연결이다. 뇌와 컴퓨터의 연결은 뇌와 뇌의 직접 연결을 의미한다.

04

미래를 바꿀
새로운 기술혁명

.
.
.
.
.
.
.
.
.
.
.
.
.
.
.
.
.
.
.
.
.

청색기술은 지속 가능한 발전을 만들어내는 기술이다. 자연에서 기술을 모방하고 자연과 하나 되는 기술이 청색기술이다. 나노기술은 원자 수준으로 물질을 분해해 원하는 물질로 재조립하는 기술로, 서서히 위력을 키워가고 있다. 양자컴퓨터는 지금의 컴퓨터기술을 수백만 배 끌어 올리는 기술이다. 마지막으로 태양처럼 영원한 에너지를 만드는 핵융합발전도 수면 위로 올라오고 있다.

2020년대에 가장 급속하게 발전할 기술혁명의 9가지 분야는 인공지능, 자동화 공장, 3D 프린팅, 사물인터넷, 바이오 헬스케어, 핀테크, 데이터, 뉴 모빌리티, 식량과 에너지 분야이다. 이 분야의 기술혁명은 이미 가속도가 붙어 기울기가 급속하게 상승하기 시작했다. 인공지능은 투자가 줄고 연구성과가 빈약해지는 '3차 겨울'을 경고하는 목소리도 크지만, 당분간은 성장을 계속할 것으로 판단한다. 자동화 공장은 2020년부터 본격적으로 확산하기 시작해 2030년이면 산업 대부분을 바꿔놓을 것이다. 자동화 공장의 확산은 일자리의 감소를 의미해 일자리 구조에도 극적인 변화를 몰고 올 것이다.

자동화 공장이 생산을 변화시킨다면 사물인터넷, 바이오 헬스케어, 핀테크, 뉴 모빌리티는 서비스를 더 크게 변화시킨다. 이 기술 대부분도 자동화나 연결된 서비스에 관련되어 일자리 변화를 몰고 올 것이다. 식량은 증산이 가장 중요한 문제이고 분배가 제대로 이루어지도록 정치적인 노력이 계속되어야 할 분야이다. 한편에서는 가축의 세포를 공장에서 배양해 만든 인공 배양육이 실험실을 나와 소비자가 선택하는 수준에 이르렀다. 실제 고기보다 아직은 가격이 비싸지만, 몇 년 안에 역전될 시기가 올 것으로 전문가들은 평가한다. 에너지는 모든 기업, 모든 국가의 가장 중요한 자원이 되었다. 지금 전 세계는 가장 싼 에너지를 공급하기 위해 경쟁하고 있다.

기술혁명의 9가지 중요한 분야 외에도 조금씩 성과를 내면서 개척되는 분야가 있다. 이 분야는 다른 기술혁명의 발전 속도를 급속하게 올리거나 발전이 만든 난제를 해결해줄 중요한 분야이다. 이 기술 일부는 이미 실생활에 적용되고 있기도 하지만, 대부분 차세대 혁신기술로 개발되고 있다. 청색기술은 지속 가능한 발전을 만들어내는 기술이다. 자연에서 기술을 모방하고 자연과 하나 되는 기술이 청색기술이다. 나노기술은 원자 수준으로 물질을 분해해 원하는 물질로 재조립하는 기술로, 서서히 위력을 키워가고 있다. 양자컴퓨터는 지금의 컴퓨터기술을 수백만 배 끌어 올리는 기술이다. 마지막으로 태양처럼 영원한 에너지를 만드는 핵융합발전도 수면 위로 올라오고 있다.

지속 가능한 발전, 청색기술

풍뎅잇과 곤충은 세계적으로 25,000종이나 된다. 그중에서 나미브 사막 풍뎅이는 신기한 기술을 가졌다. 비가 내리지 않는 사막에서 말라 죽지 않는 기술이 그것이다. 나미브 사막 풍뎅이는 안개에서 물을 만들어낸다. 1976년에 알려진 이 사실에 주목하는 사람은 없었다. 그런데 2001년 〈네이처Nature〉[12]에 이 풍뎅이에 관한 논문이 한 편 실렸다. 영국의 동물학자 앤드루 파커Andrew Parker가 풍뎅이의 등에 있는 돌기에 주목하고 거기서 수분이 만들어진다는 사실을 알아낸 것이다.

나미브 사막 풍뎅이는 밤이 되면 서늘해진 사막 모래 언덕 위로 올라간다. 그리고 해가 뜨기 직전 바다 쪽에서 촉촉한 바람이 불어오면 물구나무를 서서 바람을 맞는다. 그러면 풍뎅이의 등에 난 친수성의 작은 돌기에 안개가 닿으면서 작은 물방울이 맺힌다. 더 커진 물방울은 굴러 떨어지면서 모여 풍뎅이의 입으로 들어간다. 나미브 사막 풍뎅이는 이렇게 수분을 섭취하며 사막에서 살아간다. 파커는 나미브 사막 풍뎅이에게 배운 기술로 특허를 냈다. 이런 기술을 적용하면 물이 부족한 지역의 물 문제 해결에 큰 도움이 될 수 있다. 또한, 열교환 장치의 하나인 냉각탑에 이 기술을 적용하면 사라지는 물의 10%를 회수할 수도 있다.

지금은 보기 어렵지만, 벼룩은 높이뛰기 선수로 유명하다. 자기 몸의 수십 배나 뛰어오르기 때문이다. 잠자리는 얇은 비닐 막처럼 생긴 날개를 눈에 보이지도 않는 속도로 움직여 난다. 잠자리가 날갯짓하는 속도는 1초에 30회나 된다. 한여름의 불청객인 매미는 사람이 듣기에 고통스러울 정도로 시끄러운 소리를 내며 운다. 더 놀라운 것은 이들이 반복해서 계속 행동해도 문제가 생기지 않는다는 점이다. 덴마크의 동물학자 토켈 와이스-포그Torkel Weis-Fogh는 이와 같은 곤충의 비행을 연구하다가 고무처럼 탄성이 뛰어난 단백질 레실린Resilin을 발견했다.

잠자리가 1초에 30번을 날갯짓해도 날개가 손상되지 않는 이유는 몸통에 연결된 부위가 레실린으로 구성되었기 때문이다. 벼룩의 다리 근육에도 레실린이 많다. 벼룩은 다리 근육에 압축된 레실린을 1,000분의 1초 만에 원상태로 되돌리며 에너지를 방출해 뛰어오른다. 레실린을 활용하면 탄성이 좋은 물질을 만들 수 있다. 인공 레실린은 인체에 이식하는 물질로 활용하기에 좋다. 동맥 내벽의 탄성물질인 엘라스틴Elastin

이 손상되었을 때 이를 대체할 수 있고 척추 환자의 디스크도 대체할 수 있다.

이 내용은 청색기술Blue Technology을 소개한 〈자연은 위대한 스승이다〉[13] 일부를 요약한 것이다. 청색기술은 자연에서 얻은 기술이다. 자연의 일부인 인간이 과거부터 자연에서 배워 지식을 키웠지만, 최근 과학기술은 자연에 더 주목한다. 생물체로부터 영감을 얻어 문제를 해결하는 생물영감Bioinspiration과 생물을 본뜨는 생물모방Biomimicry이 그것이다. 이를 청색기술이라고 부른다. 청색기술은 생명공학, 나노기술, 재료 공학, 로봇공학, 인공지능, 신경 공학, 집단지능 건축학, 에너지 등 연관되지 않는 분야가 거의 없다.

과학기술이 발전하기 전에는 자연으로부터 배우는 데도 한계가 있었다. 하지만 지금은 자연에 주목해 배울 수 있는 환경이 충분하다. 더구나 이 분야는 신생 분야다. 자연에서 배워 건물을 짓고 도시를 지을 수도 있다. 에너지 사용을 획기적으로 줄이고, 자연의 아름다움을 담아내고, 환경문제를 해결하는 것이 청색기술이다. 벨기에의 환경운동가이며, 제리재단Zero Emissions Research Institute[14]의 창립자인 군터 파울리Gunter Pauli는 저서 〈청색경제〉에서 "10년 안에, 100가지의 혁신기술로 1억 개의 일자리가 생긴다."라고 주장했다. 무엇보다 청색기술에는 파괴가 아니라 지속 가능한 발전이 담겼다.

우리나라 지방자치단체도 앞다투어 청색기술을 적용한 청색경제 도시를 건설하기 위해 나서고 있다. 전라남도는 청색기술의 주창자인 이인식 소장의 지식융합연구소와 손잡고 에너지, 바이오, 여행, 인재육성 등 5대 프로젝트를 추진하고 있다. 경상북도는 청색기술 산업을 새로운 미래 산업으로 정하고 청색기술 융합산업클러스터 기본 계획을 수립했다. 국회도 '청색기술개발 촉진법안'을 발의해 체계적인 지원은 물론 과학기술 혁신에 힘을 보태고 있다. 미국 컨설팅기관 FBEIFermanian Business & Economic Institute는 2030년 청색기술 시장이 1조6천억 달러에 이를 것으로 전망했다.

창조자에 도전하는 나노기술

1991년 일본의 재료공학자인 이지마 스미오는 탄소 6개로 이루어진 육각형들이 원통을 이루는 탄소나노튜브Carbon Nano Tube를 발견했다. 2004년 영국의 가임Andre Geim과 노보셀로프Konstantin Novoselov는 탄소 6개가 육각형 벌집 모양으로 결합해 한 층을 이룬 그래핀Graphene을 발견했다. 이들은 그래핀 발견의 공로로 2010년 노벨물리학상을 받았다. 2016년에는 우리나라 기초과학연구원 나노물질 및 화학반응 연구단이 3차원 그래핀 합성기술을 개발해 세계 과학계를 놀라게 했다.

그래핀은 두께 0.2nm나노미터로 얇고 투명하고 물리적, 화학적 안정성이 매우 높다. 구리보다 전류의 전도성이 100배 높고 강철보다 200배 이상 강하지만, 신축성이 좋아서 늘리거나 접어도 특성에 변화가 없다. 그래핀과 탄소나노튜브를 활용하면 전력 전송, 열 전송은 물론 투명한 디스플레이나 휘어지는 디스플레이도 개발할 수 있다. 이미 그래핀과 탄소나노튜브를 활용해 플라스틱이나 금속을 대체할 수 있는 여러 가지 제품에 응용되고 있다.

나노기술의 창시자는 에릭 드렉슬러Eric Drexler이다. 세계 최초로 분자 나노기술 분야에서 박사학위를 받은 그는 1986년 〈창조의 엔진Engines of Creation〉[15]을 저술해 과학계의 이목을 집중시켰다. 〈창조의 엔진〉에는 '원자들을 결합해 필요한 물질을 생산해내는 나노 조립 기계'가 만들어지고 이 기계로 원하는 모든 물질을 재조립할 수 있다는 아이디어가 담겼다. 또한, 그는 〈급진적 풍요Radical Abundance〉[16]에서 나노 조립 기계로 원자 정밀제조가 가능해져 식량을 비롯한 모든 물질의 급진적 풍요가 이루어진다고 주장했다.

인공지능의 미래, 양자컴퓨터

2019년 CESConsumers Electronics Shows에 양자컴퓨터Quantum Computer가 등장했다. IBM이 개발한 20큐비트Qubit 수준의 상용 양자컴퓨터이다. 2019년 9월에는 구글이 세계에서 가장 빠른 양자컴퓨터를 개발했다고 발표했다. 슈퍼컴퓨터로 1만 년에 걸쳐 풀어야 하는 수학 문제를 단 200초 만에 풀었다고 발표한 것이다. 이 일로 전 세계 과학계가 발칵 뒤집혔다. 구글은 53큐비트 양자컴퓨터 칩을 공개하고 양자화학과 기계학습 양자물리에 응용하는 실험을 하고 있다고 밝혔다. 물론, 양자컴퓨터를 활용하면 암호와 같은 관리체계가 거의 무용지물이 되는 부작용도 예상할 수 있다.

슈퍼컴퓨터보다 수백만 배 뛰어난 연산처리 능력을 갖춘 양자컴퓨터는 마이크로소프트, IBM 등 거대 IT 기업과 대학, 정부가 연합해 치열하게 개발 경쟁을 하고 있다. 특히 나사NASA는 구글과 양자컴퓨터에 관한 공동 프로젝트를 진행하고 있어 더욱 주목받고 있다. 구글과 IBM은 양자컴퓨터를 개발해 클라우드 서비스를 제공함으로써 인공지능, 빅데이터, 사물인터넷 등 초고속 데이터 처리 시장을 선점하려고 경쟁하고 있다. 이 중에서 가장 놀라운 혁신은 인공지능과 양자컴퓨터가 만났을 때 만들어진다. 최대 5년 내에는 상용서비스가 시작될 양자컴퓨터는 지금 상상할 수 있는 미래를 완전히 바꿔놓을 것이다.

태양을 만드는 핵융합발전

핵융합은 핵분열과는 반대되는 물리현상이다. 핵융합은 원자핵이 더 크고 안정적인 원자핵으로 변하는 과정이고, 반대로 핵분열은 원자핵이 분열하여 더 작은 원자핵으로 변하는 과정이다. 이 변화 과정에서 에너지가 발생하게 되는데, 핵분열을 이용한 것이 원자력발전이고 핵융합을 이용한 것이 핵융합발전이다. 원자력발전을 하게 되면 고준위 방사성 폐기물이 발생하는 데 반해, 핵융합발전에서는 저준위 방사성 폐기물만 발생해 위험이 거의 없다. 그러나 핵융합발전을 위해서는 1억도 이상의 온도가 필요하고 플라스마Plasma가 발생한 상태가 안정적으로 유지되어야 한다.

핵융합발전의 재료는 삼중수소3H이다. 삼중수소는 바닷물의 중수소2H와 리튬을 이용해 쉽게 만들 수 있다. 원료도 쉽게 만들 수 있고, 발전과정에 이산화탄소를 배출하지 않으며, 고준위 방사성 폐기물도 없고, 1g으로 석유에너지 8t의 에너지를 얻을 수 있으니 인공태양이라고 부르는 것이 이상하지 않다. 핵융합반응을 연구하는 국제 열핵융합 실험로International Thermonuclear Experimental Reactor 프로젝트가 국제원자력기구 IAEA의 지원으로 한국, 일본, EU, 러시아, 미국, 중국, 인도의 7개국의 참여로 1980년대 후반부터 진행되고 있다.

우리나라 국가핵융합연구소의 '국가 핵융합 연구개발 기본 계획'에 따르면 1995년 국가 차원의 핵융합 연구를 시작해서 KSTARKorea Superconducting Tokamak Advanced Research라는 이름의 세계 3위 수준의 초전도 핵융합 장치Tokamak를 개발하고, 국제 열핵융합 실험로ITER 프로젝트에 참여해 임무를 수행하면서 기술을 축적해, 2035년에는 핵융합 에너지를 활용하는 것을 최종 목표로 하고 있다. 실제로 KSTAR는 2019년 1억 도의 고성능 플라스마를 1.5초간 유지하는 데 성공했다. 다음 목표는 300초를 유지하는 것이며, 늦어도 2040년에는 상업 발전을 시작할 수 있을 것으로 전문가들은 평가한다.

DIVIDED

05

융합하는
9개의 미래권력

미래권력은 마치 레고블록처럼 융합해가며 미래를 결정하고 만들어갈 것이다. 각 미래권력은 하나의 독립된 권력이자 다른 미래권력과 융합해 새로운 미래를 만들 권력이다. 식량은 인공지능과 생명공학을 만나 대량생산의 길을 열어줄 수도 있지만, 디지털 권력을 잘못 만나면 일자리가 사라진 세계에서 지금보다 더 큰 분배의 문제를 키울 수도 있다.

2020년이 된 지금, 2025년, 2030년 그리고 2040년 이후의 더 먼 미래를 움직이는 가장 중요한 요인들은 어떤 것들이 있을까? 이것은 9개의 미래권력으로 시기와 상황에 따라 실제 권력이 되어 등장할 것들이다. 시간이 흐르면서 시기에 따라 미래권력 간 중요성의 차이는 생기겠지만, 중요한 미래권력 위에 새로운 미래권력이 전면에 부상하면서 융합하는 구조로 세계를 움직일 것이다. 맨 아래의 미래권력 4개는 과거로부터 현재, 그리고 미래에도 계속 미래의 형태를 결정할 기초재료가될 권력들이다. 그다음 3개는 2025년이 되면 전면에 부상하기 시작하는 새로운 미래권력들이다. 마지막 2개는 과거에 이미 등장했지만, 2035년이 넘어가면서 그 중요성이 급부상하는 미래권력들이다.

미래권력의 구조

식량과 에너지는 개인과 국가 권력의 핵심이다. 먹고사는 문제에 직접 관련되는 미래권력들이다. 생명공학은 인류 전체에게 혜택을 주겠지만, 극한의 생명공학 기술은 극히 소수에게만 희망이 되어줄 것이

[융합하는 9개의 미래권력]

다. 죽음을 결함이나 병으로 만들 생명공학 기술은 모든 사람이 누릴 미래권력은 아니다. 인공지능은 모든 곳에서 힘을 발휘하게 될 것이다. 인간 위에 군림하게 될 미래권력이다. 투명한 정치, 디지털 권력, 신경제학은 국가와 사회를 유지하는 방편이다. 통제와 편중으로 향할 것인지, 자유와 평등으로 향할 것인지를 이 세 가지가 결정한다.

휴머니즘과 로봇은 상반되면서도 연결된 미래권력이다. 휴머니즘으로 대표되는 인류의 모습은 점점 로봇을 닮아가게 될 것이다. 2020년에 인류와 로봇은 아무 관련이 없는 존재로 보이지만, 2040년 미래 인류의 모습은 로봇과 훨씬 닮았을 것이다. 2030년이 넘어가면서 인류는 생명공학과 로봇공학이 접목된 새로운 신체를 부분적으로 선택하기 시작할 것이다. 그리고 2040년에는 생명 연장의 도구로 활용할 것이다. 그리고 마침내는 외형조차 기계, 로봇 혹은 컴퓨터라고 부르는 장치로 옮겨갈 것이다. 이때 휴머니즘이라고 부르는, 20만 년간 누적한 인류의 과거도 같이 옮겨갈 수 있을까?

미래권력이 융합하는 방식

이 미래권력은 마치 레고블록처럼 융합해가며 미래를 결정하고 만들어갈 것이다. 각 미래권력은 하나의 독립된 권력이자 다른 미래권력과 융합해 새로운 미래를 만들 권력이다. 식량은 인공지능과 생명공학을 만나 대량생산의 길을 열어줄 수도 있지만, 디지털 권력을 잘못 만나면 일자리가 사라진 세계에서 지금보다 더 큰 분배의 문제를 키울 수도 있다. 투명한 정치가 디지털 권력을 적절히 제어하지 못하면 디지털 권력이 실제 권력이 될 수도 있다. 그렇게 되면 인류의 역사가 담긴 휴머니즘은 사라지고 로봇만 남는다.

식량과 에너지는 설명할 필요가 없다. 다만, 이 둘은 모두 먹고사는 문제이고 국가 간의 문제이다. 2020년 이전까지는 예행연습에 불과하던 일자리 해체가 거대한 파도가 되기 시작한다. 2023년, 5단계 자율주행 자동차가 보급되면서 파도는 덩치를 키우며 일자리를 순식간에 삼켜버린다. 자율주행 자동차와 작은 모니터에 투입된 인공지능은 병원, 공장, 학교를 가리지 않는다. 3D 프린터는 자동화 공장에 도전장을 내민다. 2025년이 넘어가면 먹고사는 문제가 심각해진 사람들이 주변에 많아진다. 2030년이 가까워지면 사람이 모여 일하는 공장은 거의 사라진다. 사람들은 정치가 힘을 발휘하길 원하고, 신경제학으로 새로운 분배의 정의가 세워지길 바란다.

하지만 한 편에서는 디지털 권력이 엄청나게 힘을 키운다. 사람들의 모든 행동이 실시간으로 기록되어 사생활이 사라진 세계처럼 보인다. 나를 드러내지 않으려면 어둠의 세계에서 살아야 할 것처럼 모든 것이 드러난다. 클라우드에서 양자컴퓨터로 처리되는 데이터는 사람들이 어떤 의사결정을 할 것인지도 예측하면서 모든 삶에 개입한다. 이런 상황에서 정치 권력과 디지털 권력은 새로운 길을 모색해야 한다. 둘 다 인간의 힘으로 만든 것이지만, 사람들은 지성으로 만들어진 정치 권력이 이성만으로 만든 디지털 권력을 통제하길 바란다. 사람이 우선인 사회가 만약 유지된다면 휴머니즘과 로봇이 공존할 수 있다. 그러나 아직 시작에 불과한 2020년을 기준으로 미래를 생각해봐도 그럴 확률은 낮고 방향도 맞지 않는다.

가장 중요한 두 개의 권력

9개의 미래권력 중에서 디지털 권력과 신경제학은 가장 중요한 두 가지 핵심 권력이다. 디지털 권력은 모든 인간 행동을 디지털 데이터로 변환하여 수집하고 보관하고 분석하고 활용한다. 2025년이 넘어가면 인간의 행동이 디지털로 수집되지 않는 곳이 없을 정도가 된다. 문제는 디지털 권력이 통제하기 어려운 방향으로 흘러간다는 데 있다. 심지어 데이터를 제공한 개인은 자신의 행동이 디지털로 기록된다는 사실조차 알지 못하는 경우가 대부분이다. 디지털 권력이 정치나 시민의 힘으로 통제되지 못하면 거꾸로 디지털 권력이 실제 권력처럼 인간의 행동을 통제하고 유도하게 될 것이다.

신경제학은 생산보다는 분배의 문제를 해결하는 기능을 해야 한다. 과거 산업혁명은 대량생산으로 대량소비를 촉발했다. 생산에 많은 사람이 참여할수록 참여자의 수입이 늘며 소비를 늘렸다. 그러나 산업혁명의 끝자락에 다다른 풍요의 기술혁명은 디플레이션과 초대형 실업을 유발한다. 기술혁명의 가장 심각한 부작용은 인간의 일자리를 없애며 실업률을 올리는 데 있다. 실업률의 끝없는 상승은 곧 디플레이션의 확대로 이어진다. 여기서 분배의 힘을 쥐게 될 신경제학은 국가, 사회, 가정을 유지할 마지막 희망이다.

미래로 가는 화살

2040년이 지나면 인류가 지구에 발을 디딘 후 200,000년 만에 처음으로 일에서 자유로운 시기가 올 수 있다. 단, 휴머니즘이 어떻게든 살아남는 경우만 해당한다. 건강과 영원한 삶의 선택권도 주어질 수 있다. 앞으로 20년, 그러니까 산업혁명 이후 300년간 달려온 인간의 과학기술 혁명이 결실을 보는 순간이 이 시기에 온다. 하지만 이것은 그냥 얻어지는 것이 아니다. 이미 시작된 '사라지는 일자리'의 고통을 견뎌야 하고, '인간의 삶이 무엇인지', 우리가 '미래를 어떤 모습으로 만들 것인지' 모두가 동의해야 가능한 일이다. 미래로 가는 화살은 시위를 떠나 가속도가 붙었다.

06

2020
생존과 추락의 갈림길

국가는 국가 전체에 일자리가 최대한 유지되게 해야 하고, 일자리가 사라지더라도 속도를 완충해야 한다. 2020년부터는 국가 간 일자리 경쟁이 본격화할 것이다. 일자리 경쟁은 기업을 유치하는 게임이고 한 번 들어온 기업을 나가지 못하게 하는 게임이다. 기업의 일자리는 세금이고 복지이고 생존의 방법이다.

산업혁명이 키운 기업은 어떤 방식으로 돈을 벌까? 기업은 인간 모두에게 똑같이 주어진 '시간'을 조직해서 돈을 번다. 기업에 특별한 아이디어를 실현할 방법이 있다면 더 빨리 돈을 벌 수 있다. 기업은 '직원들의 시간'을 특정한 가격에 산다. 특정한 가격을 급여라고도 하고 연봉이라고도 한다. 기업은 경영자를 통해 이렇게 모은 '시간을 조직'한다. 경쟁 기업보다 더 좋은 아이디어나 제품을 개발하는 데 시간을 배정하기도 하고, 제품을 생산하는 데 시간을 배정하기도 한다. 또한, 제품을 알리는 데 시간을 배정하기도 한다. 물론 여기서 '시간'은 '사람'이다.

지금까지 이런 혜택을 가장 크게 거둬간 곳은 대기업이다. 국가는 대기업 중에서도 가장 뛰어난 대기업을 만들어내려고 한다. 이것을 가장 잘하는 국가가 미국이다. 대기업은 일자리를 대규모로 만들고 유지한다. 제품을 대량으로 생산하면 국가는 제품에 세금을 부과하고 근로자에게도 급여에 세금을 부과한다. 급여를 받은 근로자가 생활하며 지출하는 모든 곳에도 세금을 부과한다. 국가는 국가를 유지하는 데 세금을 쓰고, 더 많은 세수를 확보하기 위해 세금을 쓰고, 급여가 아주 적거나 없는 국민에게 복지비로 세금을 쓴다. 그런데 기업이나 일자리가 줄어 세금이 줄면 국가는 어떻게 될까?

기술혁명은 일자리를 만들지 않는다

기술이 일자리를 해체하기 시작한 것은 산업혁명과 동시에 이루어졌다. 다만, 경제성장이 해체되는 일자리 문제를 덮고도 남았기 때문에 해체되는 일자리는 보이지 않고 증가하는 일자리만 보였을 뿐이다. 그래서 지금까지의 '일자리 해체'는 '생산성 향상'에 묻혀 설명되지 않았다. 두 명이 하던 일을 한 명이 하게 되면 생산성이 2배 향상된 것이다. 그런데 경제성장이 계속되어 일자리 하나가 사라지는 것이 아니라 제품을 2배, 3배 더 만들거나, 새로운 일자리에서 새로운 제품을 만들어야 하는 상황이 계속된 것이다. 인구의 증가도 소비를 키워 경제성장에 한 몫했다. 이처럼 빠르게 성장하던 시기에는 생산성이 높아져도 사람이 더 필요했다.

우리나라 명목 GDPNominal Gross Domestic Product는 1970년 82억 달러에서 2018년 16,198억 달러로 커졌다. 1970년을 기준으로 50년이 채 되지 않는 기간에 GDP가 약 200배 성장했다. 같은 기간 경제활동인구는 1970년 1,006만 명에서 2018년 2,789만 명으로 증가했다. 명목 GDP가 200배 성장한 약 50년 동안 경제활동인구는 약 1.8배 느는 데 그쳤다. 물가상승 요인, 제품의 부가가치, 인구의 증가를 고려하더라도 생산성 향상은 엄청났고 성장은 그보다 훨씬 거대했다.

그런데 문제는 근로자를 기준에 두고 '생산성 향상'을 말하던 시기가 끝나가고 있다는 점이다. 두 사람이 하던 일을 한 사람이 하여 생산량을 2배 늘리는 것은 기계 설비 하나가 공장에 들어올 때 가능한 상황이다. 만약 공장 전체가 순식간에 자동화되거나 대형 할인점의 계산, 재고관리, 진열업무가 순식간에 자동화되어 대부분 사람이 필요 없게 된다면 무슨 일이 벌어질까? 지금까지 공장이라고 부르는 설비와 인력 중심의 조립 공정은 이제부터 설비와 로봇 중심의 자동화 공장으로 순식간에 바뀐다. 그런데 정작 중요한 문제는 전 세계가 성장이 둔화하면서 더 많이 만들 필요가 없어지고 있다는 점이다. 선진국은 이미 인구도 감소하기 시작했다.

성장이라는 환상에서 깰 때

성장을 누구나 이해할 수 있는 방식으로 설명하면 '소비하기 게임'이다. 다른 나라에 팔아 소비하도록 하건, 국내에서 다 소비하던, 만들어진 것들을 소비하는 게임이 성장이다. 전년보다 더 많이 소비하는 방법은 두 가지이다. 하나는 같은 사람이 평균적으로 더 많이 소비하는 방법이고, 다른 하나는 소비할 다른 사람이 새로 생겨나 소비가 느는 것이다. 후자는 인구의 증가와 같은 의미이다. 그런데 선진국에는 인구가 정체하거나 줄어들기 시작한 지 오래다. 우리나라도 2020년을 기점으로 인구의 자연증가가 멈췄다. 고령화마저 진행되어 인구의 정체는 인구의 감소와 다름없다.

이제 성장하려면 소비가 느는 방법밖에는 없다. 그러나 돈을 벌어야만 소비할 수 있다. 소비가 늘려면 일자리가 유지되면서 소득이 늘거나, 소득이 늘지 않더라도 어떻게든 일자리가 증가해 소비할 돈이 만들어져야 한다. 그런데 기술혁명은 일자리를 제로로 만들어가는 과정에 이미 진입했다. 2019년 현대자동차 외부자문단은 기술혁명으로 인력의

40%를 줄이지 않으면 회사의 생존이 어렵다고 진단했다. 이에 노사는 2025년까지 20%를 줄이기로 합의했다. 기술의 진보는 자본을 고도로 유기적으로 구성함으로써 생산성을 계속 올려 노동수요를 급속하게 줄인다. 지금부터 세계는 극한의 생산성이 만드는 '기술적 실업Technological Unemployment'의 소용돌이에 진입하게 될 것이다.

2013년 영국 옥스퍼드대학 연구진은 미국에서 일자리의 47% 정도가 10년에서 20년 사이에 크게 위협받고, 20%는 중간 정도의 위협에 처할 것으로 전망했다. 미국의 직종은 3만 개 이상이다. 그에 비해 우리나라 직종은 1만2천여 개로 미국의 세분되고 분화한 직종의 1/3 수준이다. 우리나라라고 피해갈 수 없는 일이고, 무엇보다 직종의 전문성이 떨어지다 보니 실업이 미국보다 더 일찍, 더 크게 문제가 될 수 있다. 양적으로도 산업의 구조가 치우친 우리가 시스템 면에서 충격을 받기 훨씬 쉽다. 한국지엠이 철수한 군산, 조선업 불황이 이어진 울산과 거제를 지역이 아닌 우리나라 전체가 겪게 될 미래라고 생각해야 한다.

생존과 추락의 갈림길, 공장

그렇다면 생존하려면 어떻게 해야 할까? 이 문제는 개인, 기업, 국가 모두의 문제이다. 다만 기업은 생물보다 더 생물 같은 존재여서 생존의 방법을 스스로 찾아 해결할 것이다. 그렇지 못한 기업은 이런 상황이 아닐 때도 항상 사라질 운명에 처했다. 따라서 개인과 국가만 해결하기 어려운 과제를 안게 된다. 개인은 일자리를 스스로 만들거나 찾아서 해결해야 한다. 국가는 국가 전체에 일자리가 최대한 유지되게 해야 하고, 일자리가 사라지더라도 속도를 완충해야 한다. 2020년부터는 국가 간 일자리 경쟁이 본격화하기 시작했다. 이 일자리는 세금이고 복지이고 생존의 방법이다.

삼성은 중국에 스마트폰 공장이 없다. 삼성은 2019년 9월 광동성廣東省 후이저우惠州 공장을 마지막으로 폐쇄하면서 중국에서 완전히 철수했다. 베트남이나 인도에 비해 비싼 임금을 지급하면서 시장마저 사라져버린 중국에 있어야 할 이유가 없는 것이다. 이렇게 되면 그동안 중국 내에서 중국인을 위해 존재하던 삼성의 일자리가 베트남과 인도의 일자리로 변한다. 기업은 이렇게 '기업 하기 좋은 나라'로 이동한다.

이런 문제에 애플Apple은 어떻게 대응할까? 애플의 주문을 받아 주문자 상표 부착 생산OEM을 주로 하는 폭스콘Foxconn[17]과 페가트론Pegatron[18]은 대만의 전자기기 회사이다. 고용인력 규모는 한 회사당 120만 명 이상으로 중국에 대규모 조립공장을 운영하고 있다. 하지만 이들도 높아진 임금과 주문량 불안정으로 자동화 공장 건설을 추진할 수밖에 없는 상황이다. 이들도 중국을 떠나 인도로 가거나, 공장을 하나씩 자동화하여 2025년에는 전체 공장의 90% 이상을 자동화하려고 한다.

기업에 인건비만 문제가 되는 것은 아니다. 가장 중요했던 인건비 문제를 벗어날 수 있는 자동화 공장은 공장용지, 원자재, 에너지, 세금, 물류, 시장 등이 중요한 요소로 새롭게 부각한다. 만약 우리나라가 인건비가 덜 중요해진 자동화 공장을 유치하려 한다면 무엇이 기업에 유인책이 될 수 있는지 생각해보자. 공장용지, 원자재, 물류, 시장은 중국이나 베트남, 인도, 일본보다 우위에 있다고 하기 어렵다. 남은 것은 에너지 가격과 세금이다. 앞으로 10년도 마찬가지이다. 가장 어려운 시기에 사라지는 일자리를 그나마 품고 있으면서 세금도 내는 공장이 없다면 우리나라는 어떻게 될까? 이미 우리는 그 갈림길에 들어섰다.

DIVIDED

07

2025
해체와 융합의 용광로

· · · · · · · · · · · · ·

2020년부터 급속도로 확산하는 자동화 공장은 2025년이면 무덤덤하게 받아들일 수밖에 없는 상황에 이른다. 일반인들도 이것이 무엇을 의미하는지 안다. 자동화 공장이 건설되면 많은 사람이 직장을 잃고 자동화 공장이 건설되지 않으면 모두가 직장을 잃는다. 기술이 어떻게 일자리를 해체했는지도 알게 되면서 미래가 점점 두려워진다.

2025년 사회를 바꿀 대표적인 혁신기술로는 자율주행 자동차와 3D 프린터가 있다. 하지만, 이들의 폭발력을 가속할 연료와 같은 기술은 사물인터넷Internet of Things이다. 사물인터넷은 우리가 활용하는 사물들에 인터넷이 접목되어 사물과 사물, 사물과 사람 등을 연결하는 기술이다. 우리가 사용하는 스마트폰처럼 항상 인터넷에 연결된 사물이 곳곳에 깔리고, 그 사물들끼리 연결되고 다시 사람에 연결되어 언제나 모든 것이 온라인 상태가 된다. 2020년 말이면 이미 300억 개의 사물이 서로 연결되고, 시장규모가 15조 달러에 이를 것으로 IT 리서치 전문업체 가트너Gartner[19]는 전망했다.

2025년이면 어느 나라든 사람들이 일자리 문제로 고통받을 시기이다. 2020년부터 본격적으로 건설되기 시작한 자동화 공장Smart Factory은 기존의 일자리를 급속하게 줄이며 기존 공장을 대체해간다. 2019년에 건설된 자동화 자동차공장은 10년 전 건설된 자동차공장에 비해 인력을 60% 이상 줄일 수 있다. 인력이 줄어도 생산성은 25% 이상 올라가 더 인력을 줄일 여지가 있다. 또한, 품질은 2배 상승해 경쟁력에서 절대적인 우위를 점할 수 있다. 역시 가장 큰 문제는 일자리 해체이다. 기술혁명을 도입하면 일자리에 문제가 생기고, 도입하지 않으면 경쟁력을 잃어 모든 일자리에 문제가 생긴다.

자율주행 자동차 후폭풍

2020년부터 급속도로 확산하는 자동화 공장은 2025년이면 무덤덤하게 받아들일 수밖에 없는 상황에 이른다. 자동화 공장이 건설되면 많은 사람이 직장을 잃고 자동화 공장이 건설되지 않으면 모두가 직장을 잃는다. 2023년부터 해외에서 수입되는 고급 자동차는 5단계 완전 자율주행 기능이 탑재된다. 인공지능 자율주행 시스템은 계속 진보하면서 자율주행 성능을 극한으로 끌어올린다. 2025년에는 국내 자동차업체도 완전 자율주행 자동차를 출시한다. 지금 그 시기를 1년이라도 앞당기기 위해 사활을 걸었다.

기술평가 기업인 네비건트 리서치Navigant Research[20]는 매년 자율주행 기술과 관련한 중요한 지표를 발표한다. 네비건트 리서치는 5단계 완전자율주행 자동차의 시장규모를 발표했는데, 2025년 4.4%에서 가파르게 시장을 키워 2030년에 40.5%, 2035년에는 75.1%를 차지할 것으로 전망했다. 미국에서 2023년에 가장 먼저 등장할 5단계 자율주행 자동차는 거의 모든 신차를 완전자율주행 자동차로 바꿔가면서 2035년에는 도로 위 거의 모든 차를 완전자율주행 자동차로 바꾼다. 2025년 이후에 출시되는 고급브랜드 승용차와 택시, 트럭, 버스는 모두 완전자율주행 자동차이다.

자율주행 자동차는 직업으로서의 운전을 가장 먼저 사라지게 할 것이다. 사람들은 택시를 타더라도 기사의 눈치를 보거나 기사의 운전 실력에 불안해하길 원하지 않는다. 화물 운송 분야는 더 빠르게 자율주행 트럭을 도입할 것이다. 이것은 개인 운전기사도 마찬가지이다. 차 안에서 통화조차 마음대로 하기 어려운 기사보다는 자율주행 자동차를 더 선호할 것이다. 사고확률이 백만분의 일로 줄어들면 보험을 들 것인지도 고민해봐야 한다. 아마도 보험은 자동차 제조사의 몫이 될 것이다. 자동차 소재도 비싼 철이나 알루미늄을 다른 소재가 대체할 것이다. 이렇게 자율주행 자동차는 사회와 산업 전반을 감당하기 어려운 수준으로 바꿔놓을 것이다.

새로운 맞춤형 공장의 탄생

3D 프린터의 활용은 실로 놀라운 변화를 만든다. 테슬라의 CEO인 일론 머스크가 운영하는 또 다른 회사인 스페이스엑스SpaceX[21]는 국제우주정거장에 화물을 나르기 위해 로켓을 발사한다. 만약 국제우주정거장에서 고장 난 부품을 수리하기 위해 공구를 요청했다면 공구를 어떻게 보내야 할까? 어마어마한 돈을 들여 로켓에 실어 보내는 방법밖에 없다. 그런데 국제우주정거장에 3D 프린터가 있다면 지구에서 국제우주정거장에 공구를 프린트할 수 있는 설계도 파일을 전송하면 그만이다. 우주인들은 파일을 받아 프린트하고 출력된 공구를 활용하면 된다.

이런 3D 프린터가 모든 산업으로 파고들고 있다. 액세서리와 같은 작은 것에서부터 의류, 자동차, 건물, 심지어 인간의 장기도 프린트한다. 미국의 바이오기업 오가노보Organovo는 인간 체세포를 활용해 '바이오 프린터'라고 부르는 3D 프린터로 장기를 생산한다. 생산되는 장기는 심장, 신장, 간과 같은 정밀한 장기까지 다양하다. 생산된 장기는 인간의 신체에 이식되어 실제 조직과 결합한다. 자가 세포를 증식시켜 프린트하므로 장기이식을 받기 위해 하염없이 기다리거나, 장기이식으로 인한 면역 거부반응을 걱정할 필요가 없다. 2025년이면 신장과 간도 이식할 수준에 이른다.

사물인터넷의 두 얼굴

사물인터넷은 활용되지 않는 분야가 없을 것이다. 그야말로 사물인터넷은 연결을 초연결로 바꿀 기술이다. 사물인터넷과 모든 통신망, 사람과 모든 사람이 연결되는 초연결 사회Hyper-connected Society는 나를 둘러싼 모든 환경이 연결된 사회이다. 지금은 연결된 컴퓨터에 다가가 조작거나, 연결된 상태의 스마트폰을 쓰거나, 연결된 텔레비전을 통해 정보를 획득하거나, 연결된 인공지능 비서로 정보를 얻는 것이 일반적이다. 하지만 초연결 사회에서는 텔레비전과 냉장고, 냉장고와 냉장고 안의 제품들, 냉장고와 스마트폰, 스마트폰과 자동차, 자동차와 인공지능 그리고 사람이 연결되는 식이다.

냉장고 안의 몇 가지 식재료가 유통기한이 얼마 남지 않았다고 가정하자. 가정의 인공지능 비서에 연결된 냉장고는 이 재료들의 유통기한을 알려주며, 이를 활용할 레시피를 찾아 요리를 제안한다. 그리고 최근의 재료별 소비 패턴을 분석해 식재료를 추가로 주문할 것인지 가격을 분석해가며 묻는다. 주문한다면 배달되는 시간에 집에 있는지 스마트폰의 일정을 파악해 확인하고, 다른 일정이 중간에 생기면 배달 일정을 변경한다. 사물인터넷은 개인에게는 편리함을, 공장과 소매점에는 생산성을, 공공분야에는 신뢰를 제공한다.

그러나 새로운 문제도 부각한다. 사람이 하던 일을 사물인터넷이 대부분 처리하면서 일자리가 순식간에 사라진다. 모든 분야의 관리, 경비, 안내, 감시, 정산, 계산, 연결, 접수, 발권과 같은 업무는 사물인터넷으로 간단하게 해결할 수 있다. 실제로 2020년이 오기도 전에 한국도로공사 정산원 문제가 사회문제가 되는 경험을 이미 했다. 2018년부터 급속하게 증가하는 무인 편의점, 대형 할인점의 무인 계산대는 2022년이면 대부분으로 확대되어 2025년에는 사람이 하는 일로 분류되지 않는다. 사물인터넷은 모든 것을 연결해가지만, 동시에 모든 일자리를 해체해간다.

마지막 연결의 시작

2025년, 인류에게 마지막 남은 연결 과제가 해결된다. 그 마지막 연결은 뇌와 컴퓨터의 완전한 연결이다. 뇌·컴퓨터 인터페이스BCI, Brain-Computer Interface는 뇌가 컴퓨터에 직접 연결되어 생각만으로 컴퓨터나 클라우드를 검색하고 제어하는 기술이다. 이를 다른 각도로 보면 인간이 알파고와 같은 슈퍼컴퓨터에 항상 연결될 수 있다는 말과 같다. 물론, 2025년이 되어도 대부분 사람은 지금처럼 스마트폰이나 컴퓨터에 간접 연결되는 수준에 그칠 것이다. 하지만, 알파고와 같은 인공지능에 연결된 사람은 다르다. 그들은 이때부터 서서히 신과 같은 존재로 보이기 시작할 것이다.

뇌·컴퓨터 인터페이스는 컴퓨터의 활용방식을 완전히 바꾼다. 키보드나 마우스와 같은 입력 장치는 사라지기 시작할 것이다. 뇌파를 컴퓨터가 읽으면 될 일을 굳이 입력 장치로 입력할 이유가 없다. 입는 로봇이나 무인 기계장치를 사용하는 방식도 완전히 변할 것이다. 가장 혁신적인 변화는 대화하는 방식에 생긴다. 생각을 컴퓨터로 전송하고 상대의 생각을 전송받는, 그야말로 기술로 텔레파시를 주고받는 일이 가능해진다. 연결할 수 있는 모든 인류와 모든 컴퓨터가 연결되는 일이 2025년부터 시작된다.

08

2030
인류와 미래의 충돌

2030년에는 인류에게 마지막 시련과도 같은 긴 겨울이 덮친다. 2020년이 되면서 본격적으로 시작된 기술적 실업이 끝을 모르고 확대된다. 인류가 지구에 등장하면서 20만 년 동안 계속해온 '일'이 선진국 인구의 절반에 가까운 사람들에게서 사라지는 시기이다. 대부분 선진국에서 중산층은 사라지기 시작한다.

2030년에는 대부분 암이 정복된다. 2000년대 초에는 항암제가 대부분 1세대 화학항암제였다. 화학항암제는 암세포는 물론 정상 세포까지 공격해 환자에게 고통을 주었고 많은 부작용을 낳았다. 이후 등장한 2세대 표적항암제는 암세포만 골라서 공격해 부작용을 줄였지만, 내성이 생기는 문제가 있었다. 2018년 이후로는 3세대 면역항암제가 대세가 되었다. 면역항암제는 면역세포를 활성화해 암을 치료한다. 2019년 현재 면역항암제는 건강보험 적용이 확대되고 있고, 전 세계에서 시장을 급속하게 키우며 치료 범위를 넓혀가고 있다.

2030년의 또 다른 변화는 '가까워진 우주'이다. 우주개발 70년 만에 인류는 우주에 진출하는 것을 넘어 우주를 개발해 그 소득을 지구에서 활용하기 시작한다. 2030년에 가장 이목이 쏠리는 두 곳은 달과 화성이다. 달은 우주개발의 전초기지이자 우주여행의 목적지로 충분한 매력이 있다. 달의 극지방에 달기지 건설용 로봇이 보내지고 자원탐사가 계속된다. 국가 간 경쟁도 치열해져서 문제가 되기도 한다. 화성은 인류가 정착해서 살 행성으로 급속하게 부상한다. 2030년에는 이미 화성에 인류의 선발대가 도착해 지구 밖 행성에 처음으로 터를 잡게 된다.

그러나 2030년에는 인류에게 마지막 시련과도 같은 긴 겨울이 덮친다. 2020년이 되면서 본격적으로 시작된 기술적 실업이 끝을 모르고 확대된다. 인류가 지구에 등장하면서 20만 년 동안 계속해온 '일'이 선진국 인구의 절반에 가까운 사람들에게서 사라지는 시기이다. 중산층이라는 개념도 거의 사라진다. 2020년부터 기술혁명이 모든 곳으로 파고들면서 중산층은 붕괴하기 시작했다. 중산층 중에서도 단순 반복 업무를 하던 비숙련, 반숙련 노동자들이 가장 먼저 피해를 본다. 2020년 이전까지 탄탄하게 국가, 기업, 가정을 받치던 중산층은 이 시기가 되면 거의 붕괴하는 수준에 이른다.

영원한 삶의 희망과 그림자

"죽음은 질병이다. 따라서 극복할 대상이고 여러 가지 방식으로 극복될 것이다." 미국 실리콘밸리의 바이오기업 CEO들은 대부분 죽음을 질병으로 인식한다. 죽음에 관여하는 노화도 마찬가지이다. 2030년이 되어도 원천적으로 노화를 막는 기술은 개발되기 어렵겠지만, 사람들은 인간의 모든 장기가 인공 장기로 대체될 수 있다는 사실을 알게 된다. 특히, 미지의 영역처럼 보이던 뇌에 관한 연구가 결실을 보는 시기가 이때이다. 미국에서는 뇌의 모든 신경구조를 세포 단위까지 확인해 뇌지도Brain Activity Map를 만들고, 유럽에서는 2019년의 프로토타입 인공 뇌가 실제 로봇 뇌가 되어 등장한다.

뇌는 약 1천억 개의 뉴런으로 구성되어 있다. 그리고 각각의 뉴런은 약 1만 개의 다른 뉴런과 연결되어 있다. 이처럼 복잡한 뇌의 정보처리 체계를 파악해 지도를 만든다는 것은 인간 뇌와 똑같은 인공 뇌를 만들 수 있다는 의미이다. 이렇게 만들어진 인공 뇌에는 인간 뇌의 모든 정보를 옮길 수 있다. 특히, 유럽연합은 두 가지 방식으로 인공 뇌를 만드는데, 하나는 생물학적으로 인간 뇌와 똑같은 아날로그 방식으로, 다른 하나는 디지털로 로봇 뇌를 만든다. 최종적으로는 인간과 똑같이 사고하는 인공 뇌가 만들어진다.

그러나 원하는 모든 사람이 인공 장기를 이식받을 수 있는 것은 아니다. 일부는 저렴해진 가격 덕에 마치 안과 수술을 하듯 인공 눈을 장착하거나, 자가 세포를 배양해 만든 인공 눈을 이식할 수 있다. 인공 간이나 인공신장을 이식하는 일도 이 시기에 시작된다. 암은 2019년에도 약 70% 정도는 정복된 것으로 평가된다. 2030년이 되면 대부분 암은 정복되는 단계에 이른다. 그러나 이 모든 것이 모든 사람에게 돌아갈 혜택은 아니다. 소득 불평등이 계속 확대되는 이 시기에 생명과 직접 관련된 첨단 기술은 소수를 위해 존재할 가능성이 크다.

누군가에게는 사라진 미래

2030년, 거리를 질주하는 자동차 중 운전자가 없는 자율주행 자동차의 판매 비율이 40%를 넘어선다. 신규로 판매되는 자동차의 40%가 5단계 완전 자율주행 자동차라는 의미는 선진국에서 판매되는 대부분 신차가 자율주행 자동차라는 의미이다. 문제는 엉뚱한 데서 불거진다. 자율주행 자동차가 만든 차의 활용률 증가는 차의 내구성 향상과 신규 소비자 감소로 어려워진 자동차 업계를 더욱 힘들게 한다. 사고가 사라진 자동차의 출현은 자동차보험에도 큰 문제를 일으킨다. 사고가 줄어든 것은 환영할 일이지만, 교통사고 환자가 급속도로 감소하는 병원도 생존을 위해 다른 조치를 해야 한다.

경제활동인구의 절반에 가까운 인구가 안정적인 일자리가 없는 상황이 계속되지만, 정부도 마땅한 방법을 찾을 길이 없다. 폭발적으로 증가하는 복지비는 정부가 감당할 수 있는 수준이 아니다. 증가하는 연금 수령자도 문제이다. 우리나라도 신규 재원은 계속 감소하는데, 은퇴자가 매년 100만 명씩 는다. 은퇴자들은 줄어드는 연금과 복지비에 항의하고 사회에 진입하는 청년들은 엄청난 사회보장 보험료에 항의한다. 정부가 만드는 일자리는 한계에 부닥친 지 오래고, 기업은 계속 일자리를 줄여가며 생존경쟁을 벌인다. 희망은 물가가 더 빨리 내려가는 것뿐이다. 많은 사람에게 미래는 이미 사라졌다.

연결이 만든 연결되지 못한 플랫폼 근로자

2015년 이후로 가장 많이 증가한 것은 플랫폼 근로자Platform Worker이다. 플랫폼 근로자는 일용직 근로자와 유사하다. 일용직 근로자는 자신의 경력과 능력을 중개업소에 보여주고 하루하루 일자리를 얻는 형태의 근로자이다. 플랫폼 근로자는 다수의 플랫폼에 자신의 경력과 능력을 등록하고 필요할 때 고용된다. 물론, 그 기간은 몇 시간에서 몇 년까지 다양하다. 대리기사, 배달원, 전문직 프리랜서들이 대부분 플랫폼 근로자이다. 이들은 플랫폼과의 연결에서 일자리를 얻고 수익을 창출한다.

2030년 초연결 사회에서는 대부분 일자리가 비정규직화한다. 정규직이라고 하더라도 일하는 방법은 대부분 비정규직과 유사해진다. 회사에 출근하는 사람보다 출근하지 않고 일하는 사람이 훨씬 많다. 플랫폼 안에서의 경쟁도 치열하다. 잘게 나눠진 일자리를 얻는 것도 힘들지만, 모든 결과물에 평가가 꼬리표처럼 따라붙고 그 평가에 따라 다음 일자리가 결정된다. 문제는 연결되지 못한 근로자이다. 그리고 연결되었다 하더라도 경쟁에서 밀린, 연결되었지만 일자리로 연결되지 못한 플랫폼 근로자 문제도 심각해진다.

분열된 세계의 탄생

2030년은 분열된 세계로 향하는 출발점이다. 이때가 되면 분열된 세계에서 자신이 어떤 쪽에 속하게 될지 잘 알게 된다. 문제는 중산층이라고 부르던 경제적 지지층이 평평해지고 가늘어지면서 밑으로 계속 추락하는 데 있다. 이 시기가 지나면 분열된 세계의 상단으로 올라가는 일은 거의 불가능하다. 분열된 세계의 상단을 차지한 이들은 정보와 지식, 경제, 기술의 모든 부분을 움켜쥐고 행사하게 된다. 국가 간에도 분열의 문제는 계속된다. 지식과 기술을 가진 국가, 값싼 에너지를 가진 국가, 공장을 가진 국가가 점점 블랙홀처럼 변해가면서 덩치를 키운다.

09

2040
트랜스 휴먼의 선택

2040년에는 인간이 해온 일 대부분을 기계나 로봇이 한다. 2023년부터 사라지기 시작한 운전과 같은 일은 물론이고, 환자의 상태를 판단하고 치료하는 의사의 일도 2040년에는 인간이 하는 일이 아니다. 공장에서 만드는 대부분 제품도 인간이 만들지 않는다. 또한, 불행하게도 2040년 인구의 0.1%인 1천만 명의 강자들이 나머지 인간의 모든 것을 통제하는 시기가 될 수도 있다.

레이 커즈와일Ray Kurzweil과 같은 컴퓨터를 전공한 미래학자들은 컴퓨터의 미래를 인간보다 모든 면에서 뛰어난 인공일반지능의 출현으로 설명한다. 레이 커즈와일은 이 시기를 대략 2040년 이후로 추정한다. 인공일반지능은 한 분야에서만 뛰어난 기능을 발휘하는 인공특수지능이 인간의 지능이 다다르는 모든 분야로 확대된다는 의미이다. 의사이자 바둑기사이고 건축설계자이며 회계사이고 미술가인 음악가를 컴퓨터나 로봇으로 구현했다고 생각하면 된다.

여기에는 논란이 무척 많다. 인공일반지능이 출현하면 기계가 인간을 어떻게 생각할 것인지, 과연 인간이 기계를 통제할 수 있을 것인지, 창의성을 갖춘 로봇이 등장하는 일이 가능한지 등과 같은 논란은 2020년에도 벌어지지만, 전문가들은 인공일반지능을 갖춘 로봇이 등장한다는 데에 이견이 없다. 카네기멜런대 한스 모라벡Hans Moravec[22] 교수는 인간의 뇌를 컴퓨터에 연결함으로써 인간도 인공일반지능을 갖출 수 있다고 주장한다. 이는 불과 10년 전만 하더라도 가능성 정도에 불과했지만, 인간과 컴퓨터의 연결은 2020년에는 당연한 일이 되었다.

모든 것이 불확실하지만, 한 가지 확실한 것은 2040년에는 인간이

해온 일 대부분을 기계나 로봇이 한다는 점이다. 이미 2023년부터 사라지기 시작한 운전과 같은 일은 물론이고, 환자의 상태를 판단하고 치료하는 의사의 일도 대부분 2040년에는 인간이 하는 일이 아니다. 공장에서 만드는 대부분 제품도 인간이 만들지 않는다. 기계나 로봇을 설치하는 일도 인간이 하는 일이 아니다. 만약 교사가 하는 일이 남는다면 그것은 인간의 본성이 무엇인지를 두고 토론하는 정도가 될 것이다.

인류 역사에서 역사가 된 일

농업, 공업, 서비스업 등 모든 일자리가 2020년부터 순식간에 붕괴하기 시작했다. 일자리가 사라지는 일은 농업도 예외가 아니지만, 기술이 파고드는 속도가 느려 가장 늦게 일자리가 사라지는 분야이다. 다행이라면 2040년에는 재생에너지의 확대와 핵융합발전의 성과로 에너지 문제가 대부분 해결된다. 산업혁명 이후 거의 300년 동안 만들어온 극심한 환경문제는 하루아침에 해결될 수 없겠지만, 과학기술의 발전으로 해결의 실마리를 찾기 시작한다. 이때는 인간 수명의 한계도 극복된다.

긍정적으로만 바라보면 농업, 공업, 서비스의 모든 측면에서 효율이 극한으로 커지는 시기이자, 대부분 인간이 일하지 않는 시기가 2040년경부터 시작될 것이다. 사실 로봇에게 일자리를 내준다는 것의 의미는 인간이 하는 일의 효율이 엄청난 속도로 오른다는 말과 같다. 일자리가 완전히 사라지기까지는 일하는 인간과 일하지 못하는 인간이 갈등하는 힘든 시기가 지속하겠지만, 결국은 인간이 하는 일의 수천, 수만 배의 효율이 만들어지는 시기로 연결될 것이다. 2040년을 넘어가면 인간의 일은 새롭게 정의되기 시작하고 인간다움조차 새롭게 정의해야 할 것이다.

냉동인간은 부활할 수 있을까

1962년 로버트 에틴거Robert Ettinger가 저술한 〈냉동인간The Prospect of Immortality〉[23] 출간 이후 이를 사업화한 이들이 있다. 실제로 1967년부터 인체가 냉동 보존되기 시작했으며, 2020년 현재 수백 명의 인체가 미국, 러시아 등에서 영하 196도로 냉동 보관되어 있다. 문제는 냉동된 인체를 복구해야 하는데, 아직 냉동된 세포를 복구하는 기술이 존재하지 않는다는 데 있다. 특히, 뇌는 완벽하게 보존되고 해동되고 복구되어야 한다. 뇌를 복구하지 못하면 인체를 살려내는 의미가 없다.

냉동된 인체를 복구하는 데 있어 뇌를 복구하는 일이 가장 중요하다. 뇌세포를 복구한다는 것은 세포로서의 뇌의 기능을 복구해야 하는 것은 물론, 저장된 기억을 복구하는 두 가지가 다 이루어져야 한다. 전문가들은 손상된 세포를 재조립하는 나노 세포 조립 기계가 등장해 2040년이 되면 냉동인간을 되살려낼 가능성이 크다고 전망한다. 2011년 사망한 에틴거는 냉동인간의 부활을 확신하면서 자신이 설립한 냉동보존연구소에 부인과 함께 냉동 보존되어 있다. 그러나 2040년 잉여 인간이 대다수인 사회를 향할 때, 기술이 발전하더라도 과거의 인간마저 소환할 이유가 있을지는 생각해볼 문제이다.

0.1%와 99.9%

2019년 10월, 스위스의 투자은행 크레디트스위스Credit Suisse[24]는 '2019 글로벌 웰스 보고서'를 내고 상위 0.9%의 부자가 전 세계 부의 약 44%를 차지하고 있다고 밝혔다. 하지만, 2040년대는 전 세계의 모든 부와 정보가 0.1%도 안 되는 한쪽에 치우치고 다수가 불행해지는 시기가 될 수도 있다. 그래서 2040년 약 1천만 명인 0.1%의 강자들이 나머지 인간의 모든 것을 통제하는 시기가 될 수도 있다. 국가의 개념조차 변할 수 있다. 모든 것이 통제당한다는 것은 무엇보다 인간으로 사는 삶이 무너진다는 의미가 된다. 극한으로 지식과 정보, 기술이 치우쳐 영화에서나 본, 인간성이 사라진 암흑의 시기가 될 수도 있다.

분열된 인류의 마지막 선택

인류의 마지막 선택은 두 가지이다. 하나는 '미래의 인류가 어떤 모습으로 살아갈 것인지'이며, 다른 하나는 '미래 인류가 되지 못한 인류는 어떻게 살아갈 것인지'이다. 어렵고도 복잡한 문제이지만, 단순화하고 인류가 걸어온 길을 잘 생각해보면 해답은 의외로 간단할 수 있다. 다만, 결론에 이르는 시기까지 겪어야 하는 과정에서 해답은 달라질 수 있다. 앞으로 20년간 점점 편중되는 부, 점점 확대되는 기술격차 등으로 갈등이 계속되면서 해법을 만들어가는 방향 또한 변할 수 있다.

미래 인류는 어떤 모습일까? 노아의 방주가 만들어지기를 바라지는 않지만, 미래의 인류는 그들만의 노아의 방주에서 탄생하는 것이 숙명처럼 보인다. 그 수가 0.1%이든 1% 혹은 2%이든 자신의 운명을 선택하게 될 소수의 인류는 나머지 인류와 차별화된 모습으로 살게 될 것이다. 외형, 수명, 지식, 기술은 물론 다음 세대 자식을 얻는 방식마저 완전히 달라질 세계에서 살게 될 것이다. 이들에게는 존재하는 외형도 크게 의미가 없을 것이며, 무한한 생명을 얻어 더 넓은 우주로 나가게 될 것이다. 그러나 일론 머스크Elon Musk의 우려대로 신과 같은 인공지능이든, 신과 같은 존재가 된 인간이든 그들만의 싸움으로 모든 인류가 공멸할 수도 있다.

　　나머지 인류는 어떻게 될까? 한 가지 확실한 것은 나머지 인류의 운명은 그들 스스로 정할 수 없다는 것이다. 이 문제는 모든 것을 다 가진 극소수 미래의 인류가 성하게 될 것이다. 미래의 인류와 공존할 수도 있고 완전히 도태될 수도 있을 것이다. 공존한다는 것은 인류처럼 진화하지 못한 침팬지의 운명이 된다는 의미인데, 이럴 확률은 지극히 낮아 보인다. 그렇다고 지구의 종말을 다룬 영화처럼 저항하는 일도 불가능할 것이다. 모든 것을 통제할 수 있는 디지털 권력과 한 쌍이 된 인공지능은 남은 인류의 생각조차 자유롭게 허락하지 않을 것이기 때문이다. 이 모든 미래는 미래로 가는 과정에서 결정된다.

PART II

2030
미래 기술혁명

01

인공지능,
인간지능을 넘어 초지능으로

인공지능이 발전한다는 것은 무슨 의미일까? 이것은 우리가 좌뇌를 활용해서 하던 일들의 종말을 의미하고, 서서히 우뇌를 활용해서 하던 일을 인공지능이 잠식해간다는 의미이다. 이것은 일자리가 사라지는 것이 아니라, 인간의 일 자체가 사라진다는 의미이기도 하다. 이 인공지능이 곧 양자컴퓨터를 만나 수백만 배 더 강력해진다.

알파고는 왜 발전소에 갔나

인공지능 컴퓨터와 인간이 지능대결을 벌인 경우는 많았지만, 일반 대중이 인공지능의 위력을 처음 실감하게 된 것은 2016년 3월이었다. 이세돌과 알파고 리Alphago Lee 1.0라는 인공지능이 바둑 대결을 펼쳤고, 전 세계 언론의 관심이 집중됐다. '구글 딥마인드 챌린지 매치Google Deepmind Challenge Match'로 명명된 이 대국은 사람들에게 경이로움을 안기면서 동시에 공포감을 안겼다. 대국의 결과는 알파고 리의 4승 1패 승리였다.

그로부터 14개월이 흐른 2017년 5월에는 더욱 강력해진 알파고 리 2.0가 세계 1위 중국의 커제 9단과 대결해 3연승 했다. 당시 도무지 빈틈이 보이지 않는다며 눈물을 보인 커제의 모습은 앞으로 우리가 맞게 될 인공지능의 미래를 보여주는 듯했다. 다시 5개월 후, 구글 딥마인드는 새로운 학습 알고리즘을 적용한 알파고 제로Alphago Zero를 개발해 투입했다. 이 알파고 제로는 바둑 규칙을 습득한 후 30시간의 학습을 수행하고, 기존 알파고 리와 100번 대결해 모두 승리했다고 국제학술지 〈사이언스Science〉[25]에 발표되었다.

주목해야 할 점은 알파고 제로가 바둑만 두는 인공지능이 아니라는 사실이다. 알파고 제로는 쇼기將棋나 체스Chess와 같은 게임의 기초적인 규칙만 대입해주면 스스로 빠르고 효율적으로 학습해간다. 알파고 리가 특정 주제에 관해 광범위하게 정보를 수집하고 다양한 가능성을 추론해가는 알고리즘인 것과는 완전히 차별화된다. 알파고 리는 모든 가능성을 추론하고 최적의 대안을 찾아가는 구조로 만들어졌다.

반면, 알파고 제로는 심층 신경망으로 가능성이 큰 소수 대상을 선별해내고 집중해서 학습하는 강화학습Reinforcement Learning 프로그램으로 알파고 리와는 비교할 수 없는 효율과 속도, 목표를 달성한다. 또한, 주어진 환경에서 최적의 대안을 찾아내는 데만 집중하지도 않는다. 당장은 손해지만 장기적으로 유리하거나 만회가 가능한 대안도 찾는다. 이것은 알파고 제로와 같은 인공지능이 점차 감각, 직관, 통합, 통찰과 같은 인간만의 특별한 능력을 갖출 수 있음을 보여준다.

인공일반지능으로 한 걸음 더

인공지능은 크게 둘로 나눌 수 있다. 알파고 리나 알파고 제로가 바둑을 둘 목적으로 만들어진 것처럼, 하나의 특수한 기능을 수행하기 위해 설계된 인공지능을 인공특수지능Artificial Special Intelligence이라고 한다. 그래서 인공특수지능은 인간처럼 요리하고 바둑을 두고 음악을 듣고 그림을 그리는, 복잡하고 다양한 분야에서 기능을 수행하지 못한다. 오로지 하나 혹은 소수의 목적을 위해 기능하는 지능이 인공특수지능이다.

더구나 알파고 리와 같은 인공지능은 그 물리적 크기도 상당하다. 알파고 리는 1,202개의 CPUCentral Processing Unit, 176개의 GPUGraphics Processing Unit로 이루어진 연결된 슈퍼컴퓨터이다. 그러니 알파고 리의 덩치는 작은 건물의 크기와 맞먹는다. 하지만, 알파고 제로는 4개의 TPUTensor Processing Unit와 44개의 CPU 코어만으로 구성된, 알파고 리에 비하면 아주 단순한 단일체 컴퓨터이다. 이 컴퓨터가 쇼기, 체스, 바둑을 모두 통달했다. 이런 인공특수지능의 발전과정은 인간처럼 복잡하고 다양한 분양에서 지능을 발휘하는 인공일반지능Artificial General Intelligence을 향한다.

구글 딥마인드 테크놀로지DeepMind Technologies[26]는 알파고 제로의 인공지능 성과를 설명하면서 '더는 바둑을 두는 인공지능을 만들지 않을 것'이라고 선언했다. 실제로 딥마인드는 알파고를 활용해 만든 발전소의 전력분산시스템이 전력사용 효율을 평균 30% 끌어올렸다고 했다. 이는 알파고와 같은 인공특수지능이 어떻게 활용될 수 있는가를 확인한 딥마인드가 이제부터는 산업용 인공시장에 진출하겠다는 선언이다. 이 선언에는 인공지능 개발보다 활용할 아이디어가 더 중요하다는 의미가 담겼다. 실제로 IT와 관련된 대부분은 이렇게 분업과 외주로 실행되고 있다.

연결로 더 강해지는 인공지능

개인에게 인공지능은 어디서부터 피부에 와닿을까? 2020년을 기점으로 개인에게 가장 빠르게 확산할 인공지능은 가정이나 사무실에서 활용하는 작은 크기의 인공지능 스피커나 인공지능 모니터이다. 아직 음성인식 수준이나 데이터 처리 속도와 양, 콘텐츠가 소비자 요구를 충족할 만큼은 아니지만, 인공지능 스피커는 가정과 같은 작은 공간에서 역할을 계속 키워가고 있다. 앞으로는 인공지능이 냉장고, 가정용 로봇, 텔레비전에 내장되면서 스마트폰의 시리Siri, 빅스비Bixby, 어시스턴트 Assistant와 같은 인공지능 비서와 연결되고 결합할 것이다.

2022년이 되면 새로운 가전제품을 구매한 가정에서는 인공지능을 중심으로 한 가전제품 간의 연결을 경험하게 된다. 지금도 얼마든지 가능한 일이고 실제로 그런 제품이 출시되지만, 2022년이 주목받는 이유는 사물인터넷과 인공지능의 가격, 기술 등의 장벽이 낮아지고 적용 분야가 대폭 확장해 대중적 보급이 가능해지기 때문이다. 2022년은 인공지능과 인공지능이 연결되는 시기로, 앞에서 설명한 인공특수지능이 연결로 더욱 강력한 인공지능이 되는 시기이다.

인공지능, 산업의 블랙홀

인공지능을 선도하는 국가는 미국이다. IBM, 구글, 아마존, 페이스북과 같은 IT 거대기업들이 훌륭한 아이디어를 가진 인공지능 기술기업을 흡수하면서 더욱 빠르게 기술력을 확대해가고 있다. IBM은 의료, 자동화 공장, 자율주행 기술에 활용되는 인공지능에서 성과를 내고 있다. 구글과 페이스북은 안면인식 기술과 인공지능을 접목해 거의 99.9%에 이르는 성과를 냈다. 구글은 딥러닝Deep Learning, 추론Reasoning, 전이학습 Transfer Learning 기술개발에서 가장 앞선 것으로 평가된다. 아마존은 인공지능으로 소비자가 로그인하는 순간 배송을 준비하는 예측배송시스템을 이미 2014년에 개발했다.

금융 분야에서 인공지능 기술을 선도하는 국가는 미국과 일본이다. 인공지능 주가예측시스템을 활용해 인공지능 금융투자에서 높은 성과를 내고 있으며, 이 시스템은 선물, 환율과 같은 응용분에서도 다양하게 활용된다. 실제로 인간의 감각과 판단에 의존하는 투자 성과를 넘어선 지 15년이 넘었다. 중국의 신화통신은 2019년 3월에 뉴스를 진행하는 인공지능 앵커를 개발해 24시간 방송에 투입했다. 영국의 공영방송사 BBC[27]는 인공특수지능을 중심으로 한 인공지능 시장을 2019년 200조 원에서 2024년에는 3배가 커진 600조 원 이상으로 추정한다.

새로운 변수 양자컴퓨터

현재 그리고 가까운 미래에 개발되는 인공지능은 한 가지 또는 두 가지, 많게는 서너 가지 기능을 수행하는 인공특수지능이 중심이다. 이런 인공지능 컴퓨터는 외형적으로 크기가 급속하게 줄고 기능은 배가된다. 여기에 양자컴퓨터Quantum Computer의 상용화 시기도 변수다. 슈퍼컴퓨터보다 수백만 배 뛰어난 연산처리 능력을 갖춘 양자컴퓨터는 마이크로소프트, IBM 등 거대 IT 기업과 대학들이 연합해 치열하게 개발 경쟁을 해 2019년에 이미 슈퍼컴퓨터를 넘어섰다. 인공특수지능은 컴퓨터 기술 발전과 융합하면서 발전하다가 2045년경에 이르면 인공일반지능을 갖춘 컴퓨터, 로봇으로 발전할 것이다.

이인식 지식융합연구소장은 〈파퓰러 사이언스Popular Science〉[28]에서 이 인공일반지능 로봇이 출현하려면 5가지 요건이 충족되어야 한다고 말했다. 새로운 상황에서 발생하는 문제를 해결하는 능력, 자료를 분석해서 의미를 찾아내는 학습능력, 시각이나 청각과 같은 지각능력, 자연어를 이해하는 언어이해력, 자율적으로 판단하고 움직이는 능력이 그것이다. 2017년의 알파고 제로가 위 5가지 중에서 무엇을 했고 무엇을 할수 없었는지 심각하게 생각해볼 일이다. 그리고 지금 그로부터 얼마나 시간이 흘렀는지도 생각해볼 일이다.

작은 인공지능, 큰 인공지능

인공지능이 발전한다는 것은 무슨 의미일까? 이것은 우리가 좌뇌를 활용해서 하던 일들의 종말을 의미하고 서서히 우뇌를 활용해서 하던 일을 인공지능이 잠식해간다는 의미이다. 이것은 일자리가 사라지는 것이 아니라, 인간의 일 자체가 사라진다는 의미이기도 하다. 가장 먼저, 단순하고 반복되는 반숙련 노동이나 비숙련 노동이 인공지능과 연결된 로봇으로 대체된다. 이런 일은 기계가 훨씬 잘할 수 있다. 계산이나 조립 공정에서 인간이 하던 반숙련 노동이 지금 일차적으로 사라지고 있다. 다음은 논리적으로 연결하고 근거를 찾아 판단하는, 지금까지는 똑똑한 인간이 하던 숙련 노동을 똑똑한 기계가 대체할 것이다.

작은 인공지능의 침투

규모가 작은 인공지능은 이제 누구나 접할 수 있는 수준으로 실생활에 파고들고 있다. 애플 스마트폰의 시리Siri나 삼성 스마트폰의 빅스비Bixby, 스피커를 장착한 구글의 어시스턴트Assistant나 아마존의 에코Echo가 그것이다. 대화를 통해 정보를 찾아주고, 음악을 틀어주고, 스마트 가전을 제어하고, 간단한 놀이를 하고, 자동차에 연결되면 앱을 구동하거나 지도에 연결해 길 안내도 할 수 있다. 스크린을 장착한 모델은 화상통화도 무료로 할 수 있고, 비디오를 찾아서 재생할 수도 있고, 홈 오토메이션과 연결해 제어할 수도 있다.

조금 더 보급이 늘면 작은 인공지능을 장착한 제품 간의 연결이 급속하게 이루어진다. 실제로는 제품에 내장된 인공지능의 크기에 상관없이 인공지능은 무한으로 연결되어가며 발전한다. 예를 들어, 자동차 안에서는 자동차의 인공지능을 주로 사용하면서 스마트폰의 인공지능을 선택적으로 활용해 가정의 인공지능을 제어할 수 있다. 그러다가 집 안에 들어오면 가정의 인공지능이나 스마트폰의 인공지능을 선택해 다른 인공지능을 제어할 수 있다. 물론 마트와 같은 곳에서는 그곳에 비치된 로봇 카트의 인공지능을 직접 활용하거나 스마트폰의 인공지능을 카트와 연결해 활용할 수 있다.

작지만, 목숨을 맡길 인공지능

작은 인공지능 중에서 가장 경쟁이 치열한 분야는 자율주행 자동차를 구동하는 인공지능이다. 자율주행 인공지능 기술은 파급효과가 크다. 자율주행 기술은 20,000개도 넘는 자동차부품처럼 많은 기술이 융합해 만들어진 기술이다. 대개 이렇게 기술이 융합하면 파급효과가 엄청나게 커진다. 그저 사람이 하던 운전을 대신해주는 기계장치의 출현은 절대 아니라는 의미다. 미국에서는 2023년, 한국에서는 2025년이면 등장할 완전한 5단계 자율주행 기술은 일자리를 심각하게 위협할 것이다.

드론에 탑재된 자율비행 기술은 자율주행과 비슷하지만, 전파를 사용하고 덜 복잡한 하늘을 나는 기술이어서 자율주행보다 먼저 자리를 잡을 것이다. 다만 추락과 충돌과 같은 사고를 예방할 수 있는 제도와 체계를 만드는 것이 중요하다. 미국 정부는 2003년부터 이 분야에 관심을 두었고, 2005년부터는 차세대교통시스템연구소를 설립해 하늘과 땅을 모두 통제하는 교통시스템을 연구하기 시작했다. 안전한 통제, 면허, 보험이 모두 제도화되어야 하늘을 나는 안전한 비행이 시작될 수 있다.

큰 인공지능의 파괴력

중국의 메이디그룹Midea Group[29]은 2015년 8월부터 독일의 쿠카Kuka 지분을 사들이기 시작해 94.55%를 사들였다. 당시 중국의 메이디그룹이 독일의 쿠카를 인수하는 문제는 독일의 문제를 넘어 유럽연합의 문제였다. 유럽연합은 중국의 쿠카 인수를 반대했다. 왜냐하면, 쿠카는 유럽 과학기술 혁명의 상징과도 같은 회사이기 때문이다. 쿠카는 로봇 및 자동화의 선도기업이다. 현재 세계 20여 개 국가에 진출했으며, 자동차 산업용 로봇 시장 1위 기업이다. 이들의 산업용 로봇팔은 메르세데스 벤츠, BMW, 아우디, 폭스바겐, 테슬라 등 상위 자동차 회사를 비롯한 수많은 제조업체에서 활용한다.

지금 쿠카는 미국의 IBM과 같은 인공지능 회사와 손잡고 자동화 공장을 만드는 일에 사활을 걸고 있다. 현재 자동화 공장은 완전한 공장 자동화를 목표로 공정별 자동화를 진행하는 방식과 공정 전체를 자동화하는 방식으로 나뉘어 설계되고 개발된다. 공정별 자동화를 예로 들면,

자동차 제작공정을 5단계로 나누고 단계별로 40%~100%의 자동화 목표를 정해 해당 공정을 자동화하는 방식이다. 이런 방식을 활용하면 자동화할 수 있는 부분부터 단계적으로 자동화해가면서 생산성을 계속 올릴 수 있다. 비용적인 측면에서도 일시적인 대규모 투자를 분산할 수 있다. 쿠카의 로봇팔로 신발을 제작하는 완전 자동화된 아디다스의 실험용 공장 스피드 팩토리Speed Factory는 후자를 택했다.

자동차 제작공정을 크게 5단계로 나눠보자. 독립적으로 생산하는 동력전달장치 제작공정, 각 부분의 차체를 만드는 프레스 공정, 차체를 접착하고 용접하는 차체 조립 공정, 부식을 방지하고 색을 입히는 도장 공정, 마지막은 최종 조립 공정이다. 이 5단계 공정에서 레이저 용접, 접착 등이 이루어지는 차체 조립 공정은 100% 로봇이 수행한다. 도장 공정도 마찬가지다. 동력 전달 장치 제작공정과 프레스 공정은 95% 이상 로봇이 수행한다. 최종 조립 공정 단계만 로봇 수행 비율이 40% 수준으로 낮다.

쿠카의 로봇이 투입된 자동차공장은 우리가 생각하는 공장을 어떻게 바꿀까? 우선 투입되는 인력의 수가 30% 수준으로 떨어진다. 기존의 일자리 2/3 이상이 사라진다는 의미이다. 품질은 인간이 수행하던 때보다 약 2배 향상된다. 생산능력은 평균 25% 이상 상승하고 원가는 22% 절감된다. 새롭게 만들어지는 일자리인, 로봇을 가동하고 점검하는 인력을 고려해도 기존 일자리의 60% 이상이 사라진다. 이것은 고급 자동차 제조사에서 벌어지는 일이 아니라, 불과 몇 년 안에 모든 공장에서 벌어질 일이다.

인공지능을 품은 스마트 의료

앞으로 인공지능이 일상을 바꿀 파급효과를 낼 곳은 자동화 공장, 자율주행 자동차 그리고 의료장비 분야이다. 미국 IBM의 왓슨Watson이 암을 진단하는 인공지능 의료장비라는 사실은 잘 알려졌다. 이미 IBM은 전 세계 대형병원에 왓슨을 연결해 거대한 의료 데이터를 축적하고 있다. 우리나라 대형병원도 왓슨을 도입하는 곳이 계속 는다. 물론 한국인의 유전적 특수성 때문에 초기에는 미국처럼 진단이 정확하지는 않다. 하지만, 이렇게 축적된 의료 데이터가 더욱 신뢰도 높은 진단 기술을 확보할 수 있게 한다. 또한, 데이터가 쌓이면 빅데이터를 기반으로 질병을 예측하는 기술을 융합할 수 있다.

인공시능이 사물인터넷과 결합한 가정용 의료장비나 의료기기 분야도 급속하게 파급될 분야다. 예를 들어, 변기는 사용자의 배설물을 분석해 데이터를 분석하고 축적하고 가정 내 인공지능 비서에 전달하는 일을 한다. 인공지능 비서는 변기로부터 받은 의료 데이터를 정상 범위인지 확인하고 병원의 인공지능 의사에게 전달할 것인지 판단한다. 그 다음에는 인공지능 의사가 데이터를 실제 주치의에게 전달할 것인지 판별하고, 인공지능 의사와 실제 주치의의 조치 결과가 사용자에게 피드백된다. 의료분야로 파고드는 인공지능은 연결로 더욱 강력해진다. 이미 손목 위의 의료기기인 스마트워치가 일부 기능을 수행하고 있다.

숙련 노동을 대체하는 인공지능

기업의 회계, 관리, 검수, 정산과 같은 일은 인공지능이 개입하면 더 쉽고 편하게 처리된다. 적용할 법을 찾고 판례를 모아 검토하고 결과를 선고하는 판사의 일은 IBM 왓슨이 환자의 암을 진단하는 일과 비슷한 것이 아니라 똑같은 일이다. 게다가 의사나 판사처럼 판단하는 사람에 따라 좌우되지도 않는다. 호텔에서 제공하는 대부분 서비스는 사람보다는 로봇이 해주는 것이 고객이 심리적으로 편하다고 생각한다. 일본에서는 이미 이런 호텔이 영업 중이다.

가까운 미래에 로봇이 가져간 일 대신 인간의 고유한 일로 남을 영역은 어떤 것이 있을까? 인공지능이나 컴퓨터로 상당 기간 대체하기 어려운 일은 어디에서 찾을 수 있을까? 그 해답은 우리가 우뇌를 활용해서 하는 일에서 찾을 수 있다. 우뇌는 아름다움을 인식한다. 음악과 미술과 같은 예술의 기초를 모두 우뇌가 담당한다. 감각과 관련된 섬세한 처리도 우뇌의 몫이다. 입체적인 사고와 통찰력, 즉 창조적 상상력이 우뇌에서 촉발된다. 하지만 우뇌가 할 수 있는 일에 관해 우리가 아는 부분은 아직 적다. 거기서 인간의 일, 로봇과 구분되는 사람의 일을 찾아야 한다. 물론 그조차도 로봇이 서서히 침투해 들어올 것이다.

인공지능이 바꿀 일의 지도

작은 인공지능은 규모가 작은 곳에서 적은 수의 일자리를 줄인다. 예를 들어, 아마존의 슈퍼마켓 아마존고AmazonGo, 알리바바의 타오카페 Taocafe와 징둥닷컴의 세븐프레쉬7Fresh와 같은 편의점은 센서와 카메라를 통해 수집된 정보로 인공지능이 제품 선택과 구매 의사를 판단하고, 전체 구매 목록을 취합하여 소비자의 애플리케이션으로 정산 명세를 보낸다. 이렇게 하면 편의점 내의 재고 파악이나 재고가 부족한 물건의 재주문, 정산 업무를 자동화할 수 있다. 인공지능은 소비자의 취향 변화, 판매시간대 변화, 재고보유량 등을 실시간으로 파악해 관리할 수 있다. 이처럼 작은 인공지능은 작은 공간에서 판매원과 같은 소수의 일자리를 감소시키지만, 기술이 보편화하면 모든 곳에서 그 일 자체를 사라지게 하는 위력을 발휘한다.

늦어도 2022년이면 미국에서 완성되고 2023년에 출시할, 작지만 최고의 기술력이 집중된 자율주행 자동차는 일을 어떻게 변화시킬까? 그리고 지금 앞다투어 건설을 시작한 자동화 공장은 사람이 하던 일을 어떻게 변화시킬까? 기술혁명과 일자리에 관해서는 논란이 많다. 새로운 일자리가 사라지는 일자리보다 더 많을 것이라는 목소리는 주로 경제학자들이, 반대로 일의 종말을 말하는 목소리는 주로 공학자들이 낸다. 지금 우리가 주목해야 할 것은 기술혁신이지만, 혁신으로 만들어진 기술 간의 융합은 더욱 무서운 결과를 만든다.

인공지능이 일을 없애는 방법

아마존고와 같은 무인 편의점이 확산해 소비자들이 정산 과정 없이 편의점을 이용할 수 있게 되었다고 가정하자. 정산이 사라진 신속함과 자동화된 명세로 소비자는 편리해질 수밖에 없다. 편의점 운영자나 기업은 자동화에 대한 초기 투자가 늘지만, 인공지능이 대신해주는 인건비와 재고관리비를 대폭 줄일 수 있다. 이렇게 되면 경쟁 관계에 있는 다른 편의점도 비슷한 방식으로 자동화할 수밖에 없다. 특정한 기능이나 일이 누군가에 의해 자동화되면 그 일과 유사한 대부분이 자동화된다. 편의점, 슈퍼마켓, 대형 할인점으로 순식간에 작은 인공지능이 보급되어 일자리를 없앤다.

자동화 공장은 실제로는 주문생산, 혼류생산, 재고 제로, 품질향상, 무인생산 등을 목표로 한다. 그리고 모든 자동화 공장의 최종 목표는 무인생산이다. 공장 안의 모든 상황을 감지하는 센서 네트워크Sensor Networks, 기계와 통신을 통해 제어하는 사이버네틱스Cybernetics, 전자기계 시스템을 구동하는 메카트로닉스Mechatronics 시스템을 결합한, 사람 없이 인공지능으로 통제되는 완전한 공장이 자동화 공장의 최종 목표이다. 사이버물리시스템Cyber-Physical Systems으로 대표되는, 사람의 개입이 거의 필요 없는 인공지능 생산시스템이 자동화 공장이다.

자율주행 자동차의 실제 의미

자율주행은 '자동차自動車'라는 단어의 원래 의미를 완성하는 일이다. '스스로 움직이는 차'가 한자漢字로 조합된 '자동차'의 실제 뜻이다. 하지만, 지금까지 자동차는 스스로 움직이지 못했다. 계속 뭔가를 조작해야만 움직이는 것이 자동차였다. 그러던 자동차가 카메라, 레이다Radar, 라이다Lidar, 센서를 융합해 눈을 만들고 스스로 판단하는 컴퓨터인 인공지능을 탑재해 스스로 움직이는 마지막 단계에 이르렀다. 게다가 자동차는 앞으로 사람이 아닌 로봇이 생산한다. 자율주행으로 '자동차'라는 원래 의미가 완성되면, 어쩌면 '자동차'라는 이름도 다시 생각해봐야 할지도 모른다.

사람의 운전을 사라지게 하는 자율주행 기술은 파급효과가 크다. 자율주행은 20,000개 이상이나 되는 자동차부품처럼 많은 기술이 융합해 만들어진 기술이다. 대개 이렇게 기술이 융합하면 파급효과가 엄청나게 커진다. 그저 사람이 하던 운전을 대신해주는 기계장치의 출현은 아니라는 의미다. 많은 사람이 '직업으로서의 운전'이 가장 크게 문제가 될 것으로 생각하겠지만, 운전이 사라진 후의 이차 효과는 훨씬 심각하다. 운송과 같은 물류 산업은 물론 보험, 철강, 병원, 대중교통에도 영향이 미친다.

자율주행 자동차의 일차 효과

5단계 자율주행 기술이 자동차에 상용화되려면 아직 시간이 남았지만, 열차처럼 정해진 철로로 움직이는 이동수단은 무인화된 지 오래다. 정밀하게 설계된 운행제어시스템과 센서, 카메라와 같은 장비와 소수의 운영인력이면 기존 열차와 큰 차이 없이 운행할 수 있다. 우리나라 신분당선, 부산지하철 4호선, 인천지하철 2호선 등도 기관사 없이 무인으로 운영된다. 가끔 센서나 기계장치의 오작동으로 문제가 되기도 했지만, 2018년 이후로는 이런 문제조차 거의 나타나지 않았다.

자율주행 기술이 철로를 점령하고 이동할 다음 목적지는 어디일까? 자율주행 기술이 탑재된 자동차, 트럭, 버스가 될 것이다. 그중에서도 공공부문보다는 민간부문에서 먼저 자율주행 기술을 도입할 것이다. 획기적으로 줄어든 사고, 사라진 운전자 인건비만으로도 기업은 앞다투어 자율주행 택시, 트럭, 버스를 도입할 것이다. 개인 운전기사는 어떻게 될까? 비서 역할을 하지 않는다면, 개인 운전기사도 특별한 경우를 제외하고는 사라질 직업이다. 그들의 고객인 뒷좌석에 앉은 사람들은 차 안에서 옆 사람과 대화하는 내용이나 통화하는 내용을 기사가 아는 것을 원하지 않을 확률이 높기 때문이다.

자율주행 자동차의 이차 효과

자율주행 기술의 본질은 '운전을 대신'하는 것이 아니라, '안전하게 운전'하는 것이다. 자율주행을 활용한다는 것은 탑승객이 목숨을 기술에 맡기는 것과 같다. 그만큼 완성도가 높은 기술이고, 사람이 운전할 때보다 백만분의 일 이상으로 사고확률이 줄어야만 운전을 맡길 수 있다. 사고가 거의 사라진 자동차는 이차로 무슨 효과를 낼까? 우선 자동차보험, 운송보험 등은 들어야 할 이유가 사라진다. 사고가 사라진 차는 보험을 들더라도 보험료가 극히 낮아질 것이다. 실제로는 자동차 제조사들이 자사 자동차가 더 안전하다고 광고하면서 출고와 동시에 보험을 대신 들어줄 것이다. 자동차나 운송과 관련된 보험산업은 타격이 불가피하다.

사고가 거의 사라진 자동차는 자동차의 소재를 다시 고려하게 만든다. 안전을 위해 더 튼튼한 자동차를 만들어야 한다던 목소리가 사그라진다. 일반적인 자동차 소재인 철강은 심각한 위기에 직면한다. 철강보다 강화 플라스틱과 같은 소재가 더 주목받을 수 있다. 플라스틱보다 더 가볍고 싼 소재도 주목받을 것이다. 가벼워진 차체는 철을 기반으로 제작하는 내연기관의 종말을 더욱 앞당긴다. 또한, 가벼워진 차체는 배터리 성능의 향상 없이도 더욱 긴 주행거리를 보장한다. 자율주행 기술은 소재의 혁신은 물론 자동차의 전동화를 촉진한다.

자율주행 자동차의 전후 효과

자율주행 자동차는 그 자체로 자동차 활용률을 극한으로 끌어올린다. 다른 사람과 자동차를 공유하는 시스템을 사용하지 않더라도 독립된 자동차조차 효율이 극대화된다. 예를 들어, 출근에 사용한 자동차는 다시 집으로 돌아가 아이들을 통학시킨다. 집으로 돌아온 차는 쇼핑이나 여가에 활용되다가 다시 퇴근하는 데에 활용된다. 모두가 차를 이렇게 활용하지는 않겠지만, 한 집에 차를 두세 대씩 두어야 할 이유는 거의 사라진다. 이는 차량 수요가 줄어든다는 의미다.

버스나 택시와 같은 대중교통 이용자도 줄어든다. 자율주행 자동차와 차를 공유하는 시스템이 결합하면 일반적인 대중교통의 기능은 급속하게 약화한다. 오히려 대중교통은 장거리를 중심으로 한 고속 이동수단에 집중될 것이다. 사용하지 않는 차를 세우는 주차장도 차의 활용도가 올라감에 따라 비어 있는 시간이 많아진다. 자동차 운전면허를 준비하는 학원이나 사고가 난 차를 수리하는 카센터, 심지어 교통사고 환자가 확 줄어든 병원도 경영에 문제가 생긴다.

자율주행 자동차로 인해 늘 일자리도 있다. 그중 가장 일자리가 많이 늘 분야는 운전하지 않는 차 안의 승객을 위한 콘텐츠와 연계된 분야다. 차 안에서 소비할 음악, 영상, 학습, 가상체험, 증강현실, 지역 체험과 같은 콘텐츠가 여기에 해당한다. 철강을 대신할 다양한 신소재나 차량을 개별화하여 맞춤형으로 개조하는 분야도 일자리가 는다. 엔진을 대신해 차를 구동하는 배터리와 같은 분야에도 새로운 일자리가 생긴다. 하지만 문제는 새로운 일자리가 사라지는 일자리를 절대 메울 수 없는 데 있다.

좌뇌의 역사에서 우뇌의 미래로

인간의 역사는 놀랍게도 좌뇌의 역사다. 우뇌도 사용하지만, 좌뇌가 해온 일에 비하면 우뇌가 차지하는 비중은 작다. 하지만 우뇌가 해온 일은 평상시에는 인간으로서의 존재 이유를 만들었고, 결정적인 순간에는 인간만의 창조성을 빛나게 했다. 좌뇌는 수리, 언어, 논리, 판단과 같은 기능을 하고 우뇌는 미인식, 감성, 통합, 직관에 관여한다. 좌뇌와 우뇌의 기능만 보아도 우리가 만든 지식의 역사 대부분이 좌뇌를 통해 이루어졌다는 사실을 알 수 있다.

좌뇌는 수학, 과학, 언어처럼 지구 위의 다른 동물과 인간을 구별 지었고, 이것이 증폭된 것이 지금 폭발하는 과학기술 혁명이다. 그런데 좌뇌가 폭발력을 키울 수 있도록 결정적인 역할을 한 것은 우뇌다. 우뇌는 서로 다른 것들을 통합적 시각으로 바라볼 줄 알게 한다. 무엇인가 새로운 세계가 만들어질 수 있다는 가능성을 직관적으로 파악하고 좌뇌가 논리적으로 해결하도록 촉진한다. 무엇인가 새로운 것이 만들어질 때, 이것을 다른 사람이 좋아할지 싫어할지 감성적이고 감각적으로 판단할 수 있다. 천재라고 부르는 소수 인재가 우뇌의 기능을 증폭해서 만든 예술 세계는 인간만의 특징이다.

좌뇌를 추월하는 인공지능

알파고와 같은 인공지능은 좌뇌가 해온 기능 대부분을 대신하는 수준에 이르렀다. 아직 자연어를 완전하게 이해하지 못하고, 사람처럼 감각적으로 이미지를 처리하지 못하는 것 정도가 아직 해결해야 할 숙제이다. 이조차 수년이면 완전히 해결될 것으로 전망된다. 우뇌의 기능도 일정 부분은 이미 컴퓨터의 몫이다. 마치 우뇌가 발휘하는 직관처럼 서로 완전히 다른 분야에서 연관성을 찾아내고, 완전하지 않은 해답에서 가능성이 큰 쪽을 선택해서 보여주고, 이에 대응하는 사람에게 새로운 대안을 제시하는 능력은 이미 왓슨이나 알파고와 같은 인공지능이 보여줬다.

인공지능은 두 가지 측면에서 좌뇌를 활용하는 인간을 이미 월등하게 앞섰다. 한 가지는 지식을 연결하는 능력이고 다른 하나는 찾아내는 능력이다. 원래 인터넷은 한 곳에 존재할 수밖에 없는 인간과 지식을 가상의 공간에서 무한으로 연결한다. 하지만 인간은 컴퓨터를 통해서만 연결된다. 연결된 컴퓨터는 완전히 연결되지 않은 인간을 앞선다. 또한, 인간은 연결되더라도 어디에 무엇이 있는지 컴퓨터를 통해서만 알수 있다. 스스로 찾아낼 줄 아는 인공지능 컴퓨터에 밀릴 수밖에 없다. 연결된 상태에서 스스로 찾아 알아내고, 자기 것처럼 활용하며, 스스로 능력을 키우는 인공지능 컴퓨터가 등장한 지금, 컴퓨터를 인간이 이길수는 없다.

이제 인간이 좌뇌를 활용하는 분야에서는 인공지능 컴퓨터를 이길수 없다. 남은 일은 인간과 컴퓨터가 공존하며 인공지능의 도움을 받아 과학기술을 더 키우는 것이다. 최고의 과학자가 만든 어떤 것도 컴퓨터에 연결된 순간 컴퓨터의 것이 된다. 바둑으로 치면 알파고는 이세돌을 비롯한 거의 모든 바둑기사이고 여기에 커제가 결합하였으니 커제가 포함된 그런 인공지능 컴퓨터를 커제가 이길 수는 없다.

하지만 우뇌의 영역은 다르다. 미와 관련된 예술적 영역은 컴퓨터에 쉬운 영역이 아니다. 정밀하게 변화하는 감성에 관련된 영역도 그렇다. 감성은 다시 감각에 관여한다. 이런 분야는 컴퓨터가 한동안 따라오기 어렵다. 이 분야와 연관된 기술도 아직은 인간의 일이다. 여기에 어떤 것을 담을 것인지 통합하는 영역도 인간이 더 잘할 수 있는 일이다. 이런 영역 대부분은 창조성과 관련된 영역이다. 특히 '인간을 위한' 콘텐츠에 창조성이 담기면 컴퓨터가 한동안은 흉내 내기 어렵다.

무한한 콘텐츠의 세계

콘텐츠의 세계는 한동안 인간의 영역이다. 기술은 그것을 구현해 내는 '방법'을 제공할 뿐이다. 여기서 혼동하지 말아야 할 것은 그저 단순하게 '방법을 바꾸는 것'은 쉽게 컴퓨터나 인공지능이 해결할 일이라는 점이다. 예를 들어, 콘텐츠를 통역하고 번역하는 일은 이제 전부 다 인간의 일에서 컴퓨터의 일이 된다. 글자로 만들어진 콘텐츠를 음성으로 전환하는 일은 성우의 일이 아니라, TTSText To Speech와 같은 컴퓨터 프로그램의 일이다. 이미 컴퓨터는 자연어를 거의 완벽하게 이해하는 수준에 이르렀다. 다만, 우리에게 공개되는 정도는 실제 개발된 수준보다 낮아서 착각할 뿐이다.

가상현실에 사용될 삼차원 콘텐츠는 이제 시작이다. 이런 콘텐츠는 인간의 상상력이 빚어낼 무한한 세계다. 삼차원 콘텐츠는 놀이, 학습, 체험, 여행, 훈련 등 모든 분야를 망라한다. 잘 만들어진 삼차원 콘텐츠로 비행훈련을 하면 실제 비행기로 훈련하는 것보다 더 효과적이다. 삼차원 체험과 연관된 고객 경험을 만들면 가상세계에서 유통을 혁신할 수 있다. 가상현실과 결합한 교육용 콘텐츠는 그 자체가 우뇌가 주도해 만든 콘텐츠지만 우뇌를 키우는 데도 혁신적이다. 과학기술과 결합하고 과학기술에 활용하고 산업에 융합되는 콘텐츠는 시작도 되지 않았다. 페이스북의 스페이스Facebook Spaces[30]는 삼차원으로 놀이, 사교, 여행, 교육, 유통을 끌어들였다.

새로운 학습의 탄생

학습은 유사 이래 가장 큰 변화를 맞고 있다. 어느 순간 우리가 열심히 공부하는 모든 것들이 연결로 한 번에 해결된다면 어떤가? 뇌파를 정밀하게 인지하는 5G 스마트밴드를 착용한 사람이 인공지능 컴퓨터에 연결된다면 어떤 일이 벌어질까? 그 사람은 생각만으로 모든 지식과 정보를 획득할 수 있게 된다. 이것이 2025년부터 서서히 구현되기 시작할 뇌·컴퓨터 인터페이스Brain-Computer Interface이다. 이 시기에 진입하면 컴퓨터의 모든 입출력장치에 변화가 생길 수밖에 없고 컴퓨터의 기능도 지금과는 달라질 것이다.

뇌·컴퓨터 인터페이스가 가능해지면 그다음 단계는 어떤 인터페이스가 가능해질까? 그다음은 사람과 사람의 뇌가 통신을 통해 직접 연결될 수 있다. 미국의 물리학자 미치오 카쿠Michio Kaku는 저서 〈마음의 미래The Future of The Mind〉 [31]에서 뇌·뇌 인터페이스Brain-Brain Interface가 가능해지면 사람들의 뇌를 네트워크로 연결해 소통하는 세상이 열린다고 주장했다. 초심리학에서 다루는 텔레파시Telepathy로 소통하는 세상을 사람이 기술로 구현할 시기도 머지않았다.

시작된 우뇌의 미래

이제 인간이 만들어온 좌뇌의 역사는 컴퓨터 속으로 사라진다. 그래서 일하든 공부하든 앞으로는 그것이 좌뇌가 하는 일인지 우뇌가 하는 일인지 판단해봐야 한다. 뇌·컴퓨터인터페이스가 시작되는 2025년이 그 출발점이다. 2025년이 되면 대부분 일에서 좌뇌가 하던 부분은 급속도로 줄어든다. 신체를 활용하는 일도 우뇌와 연관되지 않으면 사라진다. 예를 들어, 도로에서 운전이 사라지더라도 스포츠가 된 레이싱은 살아남는다. 물론 직접 스포츠로 즐기는 운전도 살아남는다.

좌뇌의 역사에서 만들어진 많은 것 중에서도 우뇌가 개입할 수 있다면 그것은 산업이 될 수 있다. 감성이나 감정, 감각, 통합과 관련된 부분은 그 자체로 산업이 된다. 기록을 중시하는 스포츠에 직접 기술을 접목하면 재미없는 분야가 되어 외면받겠지만, 감성과 감각을 자극하는 익스트림 스포츠나 로봇을 직접 활용하는 스포츠는 가파르게 성장할 것이다. 마찬가지로 기술에 감각을 결합한 체험산업도 커질 것이다. 특히 성性과 관련된 산업이 가장 먼저 성장할 것이다. 2025년을 출발점으로 점점 많은 사람이 우뇌를 중요하게 생각할 것이다.

우뇌는 주로 예술가들이 활용했다. 하지만 여기서 말하는 우뇌는 좌뇌와 분리된 우뇌를 말하는 것이 아니다. 뇌가 그렇게 분리되어 작동하지도 않을뿐더러, 우뇌만을 극한으로 활용하는 그런 일은 신체적 손상으로 좌뇌를 사용하지 못하는 서번트 증후군Savant Syndrome 환자와 같은 소수에게만 허락된 일이다. 중요한 것은 산업이나 일이 좌뇌 중심적이라면 과학기술의 영역으로 해결해야 하는 소수의 일이고, 우뇌 중심적이라면 인간으로서 누구나 도전하고 키울만한 일이라는 점이다.

과학기술은 점점 더 좌뇌적으로 변한다. 그렇다고 우뇌가 개입하지 않는 것은 아니지만, 컴퓨터나 인공지능이 더 많이 개입한다는 의미는 그것을 활용하는 사람도 컴퓨터나 인공지능을 중심으로 활용법을 모색해야 한다는 말이 된다. 반면에 많은 인간은 우뇌적 해결책을 모색해야 한다. 좌뇌적인 문제에도 우뇌적인 해결책을 내야 한다. 그것이 인간과 기계를 구분 짓는 일이며, 인간다운 일이다. 이제 교육은 우뇌적 감성을 키우는 일, 우뇌적 감성에 기술을 적용하는 일, 인간의 기본을 다시 생각하는 일에 집중해야 한다. 2025년부터는 놀라운 우뇌의 역사가 시작된다.

DIVIDED

02

자동화 공장,
사람이 사라진 공장

로봇으로 가득한 공장은 물리 세계의 공장이다. 물리 세계의 공장은 컴퓨터 안의 공장인 가상 공장과 연결된다. 쉽게 말하면, 정밀한 기계로 가득한 실제 공장이 인공지능 컴퓨터로 통제되는 환경이 만들어진다. 인간이 할 일은 에러가 발생하지는 않는지 확인해서 조치하는 일, 자동으로 만들어지는 제품이 제대로 만들어졌는지 검사하고 테스트하는 일, 잘 팔리는지 확인해서 생산량을 조절하는 일이다.

자동화 공장이 탄생하기까지

　　인류의 역사 20만 년 중에서 2020년은 과거로부터 99.99%에 위치한다. 인류는 이 중에서 거의 95%를 선사시대로 보내고 겨우 13,000년만 역사시대로 살았다. 또한, 그 13,000년 중에서 98%를 인력과 축력만을 사용하다가 불과 300년 전에서야 에너지를 대규모로 사용하게 되었다. 따라서 1750년대의 '산업혁명'은 내연기관이라는 기계장치를 발명함으로써 인력과 축력을 벗어나 대대적으로 에너지를 사용한 인류 역사상 처음 벌어진 혁명이었다. 산업혁명은 에너지를 활용해 대량생산을 가능케 했고 더욱 먼 곳으로 제품 운송을 가능케 했다.

　　그러다가 에너지를 전송할 수 있는 전기의 대규모 활용은 1800년대 말에 이르른 산업혁명을 한 단계 끌어올렸다. 당시 1차 에너지인 탄소에너지를 직접 내연기관에 사용하다가 이를 전기로 바꿔 사용한 일은 산업혁명만큼이나 획기적인 일이었다. 먼 거리로 전기를 전송할 수 있고 여러 가지 기계장치를 연결해 구동할 수 있는 계기가 만들어졌다. 또한, 전기는 저장할 수 있는 에너지가 되어 더욱 효율적으로 사용할 수 있게 되었다. 2020년에도 대부분 1차 에너지는 2차 에너지인 전기로 변환되어 사용된다.

모든 지식의 연결과 융합

1940년대 컴퓨터의 등장은 지식의 저장과 활용에 중대한 변화를 가져왔다. 과거 언어가 없던 구석기인들은 거의 19만 년 동안이나 배운 지식을 동굴벽화로 남길 수밖에 없었다. 그러다가 언어가 발달하면서 구전이 가능해졌고, 문자의 기록으로 발전되었고, 체계적으로 지식을 엮은 책이 되었다. 인쇄술이 발달하면서 책은 범위를 더욱 확장해 많은 사람에게 새로운 지식으로 전달되었다. 책의 보급은 곧 지식의 보급이고 지식의 축적을 의미했다. 1940년대 만들어진 컴퓨터는 저장하고 연산하고 꺼내는 기능에서 책보다 확실한 우위를 점하기 어려웠다. 그러나 1960년대에 컴퓨터를 연결하는 인터넷이 등장하자 연결된 지식을 즉시 활용할 수 있게 되었다.

2000년대에 들어서면서부터는 상황이 급변했다. 모두가 컴퓨터를 활용하고 모두가 인터넷으로 연결되었다. 지금은 걸어가면서도 스마트폰으로 연결된 상태이다. 연결된 상태에 검색엔진이 등장하자 다른 사람의 모든 지식과 내 지식이 융합하기 시작했다. 심지어 지식을 검색해주거나 스스로 사람처럼 학습해 문제를 해결해주는 인공지능이 등장하자 지식은 폭발적 증가와 융합의 소용돌이에 진입했다. 생명공학에 기계공학이나 로봇공학이 접목하고 인공지능에 로봇공학, 의학, 건축학이 결합하는 식이다.

생산기술의 융합, 자동화 공장

자동화 공장Smart Factory은 인공지능, 로봇, 센서, 사물인터넷, 물류, 건축 등 수많은 분야가 결합해 탄생했다. 자동화 공장 분야에서 가장 앞선 국가는 독일이다. 독일은 '인더스트리 4.0'을 내세우며 20년 이상을 자동화 공장 연구에 투자했다. 독일은 자동화 공장을 통해 제조의 표준화를 선도하겠다고 선언했다. 이들의 생각에는 몇 가지 아이디어가 융합되어 있다. '사이버 세상과 물리적 세상은 같은 것이다, 사물인터넷과 센서로 구축된 시스템을 통해 공장을 통제한다, 인공지능으로 시스템을 제어한다.'와 같은 것이다. 현실의 공장과 연결된 가상의 공장을 만들어 가상의 공장을 통제하면 현실에서 공장이 통제되는 환경을 만드는 것이다. 사물인터넷과 센서, 인공지능으로 공장을 통제하는, 사람이 거의 필요 없는 공장을 운영하는 것이다.

2018년 OECD는 자동화 공장을 운영하는 가장 중요한 기술인 인공지능에서 독일을 세계 7위권으로 평가했다. 미국이 1위이고 다음이 중국, 이스라엘 순이다. 한국은 12위권이다. 그래서 독일은 인공지능에서 크게 앞선 미국 기업과 협력하는 전략을 택했다. IBM이 공장을 인공지능으로 구동하는 '사이버 운영시스템'을 설계하고 독일의 쿠카Kuka가 생산용 로봇을 제작하고, 일본의 키엔스Keyence가 센서와 계측 장비를 설계하여 협업으로 자동화 공장을 건설한다. 2020년부터 다양한 국가, 다양한 기업이 협업한 자동화 공장이 전 세계에 급속하게 확산할 것이다.

센서 혁명, 센서라이제이션

산업혁명 이전과 달라졌다고는 하지만, 인간은 지금도 직접 근육의 힘으로, 근육으로 기계나 컴퓨터를 조작하는 방식으로 일한다. 굳이 생산직과 사무직을 구분하자면 생산직은 근육과 감각을 많이 사용하고, 사무직은 뇌와 감각을 많이 사용한다. 상대적으로 비교하면 생산직은 근육 사용량이 많고 사무직은 뇌 사용량이 많다. 과거의 자동화는 주로 인간의 근육과 뇌를 기계가 보조하고 대체해가는 것이었다. 자동차공장에서 프로그램에 따라 기계가 철판을 자르고, 프레스 장비가 차체를 만들고, 로봇이 용접하는 것이 그것이다. 사무실에서는 컴퓨터로 문서작업을 하고, 삼차원 설계도면을 만들고, 공장 내부의 움직임을 분석하는 것이 또한 그것이다. 발전의 방향은 기계가 보조하는 양과 대체하는 비율을 높이는 쪽이었다.

그런데 인간의 근육과 뇌를 보조하고 서서히 대체하는 방식으로 생산성을 끌어올리는 데는 한계가 있을 수밖에 없다. 이조차도 자동차, 반도체, 배터리나 스마트폰 제조와 같은 IT산업에 한정된 일이다. 이유는 두 가지다. 하나는 생산 현장이든 사무실이든 사람이 감각을 통해 작업 현황과 변화를 인지하는 가장 중요한 일을 기계가 대신하기 어렵다는 점이다. 실제로 가장 자동화된 테슬라의 전기자동차 공장은 최근까지도 생산에 여러 가지 문제를 일으켰다. 다른 이유 하나는 공장 전체를 읽어 판단하고 제어할 수 있도록 완전한 자동화를 구축하는 일이 너무 복잡하고 어렵다는 점이다.

그러니까 문제의 중심에 사람의 감각과 판단을 기계로 대체하기 쉽지 않다는 점이 있다. 그런데 이런 문제가 과학기술의 발전으로 상당 부분 해결되고 있다. 기계나 로봇에서 사람의 감각을 대신하는 것이 센서이다. 실제로 로봇의 핵심은 정밀한 센서이다. 센서가 정밀하지 못하면 정밀한 움직임을 만들 수 없다. 게다가 미세한 오류나 불량을 알아챌 수도 없다. 그런데 이 센서가 공장에서 기계를 활용하는 평균적인 사람의 작업보다 정밀해졌다. 2018년 말을 기준으로 평균 생산능력이 사람보다 30% 이상 높아졌고, 2배 이상 정밀해졌다. 이렇게 '공장 안에서 일하는 기계'가 사람을 넘어섰다.

두 번째 제약이었던 공장 전체를 읽어 판단하고 제어하는 가상 공장을 만드는 일은 센서 문제가 해결되면서 거의 동시에 해결되었다. 이렇게 센서 기반 기술혁명으로 불리는 센서라이제이션Sensorization으로 자동화 공장이 완성되고 있다. 일본의 키엔스는 자동화 공장의 센서 및 계측기, 검사장비 등을 생산한다. 앞서 설명한 센서를 통해 자동화 공장을 만들어가는 회사다. 키엔스의 센서는 자동화 공장 안의 대부분 로봇에 장착된다. 현재는 자동차, 정보통신 분야의 자동화 공장에 주로 활용되지만, 제약, 화학, 식품, 기계 등의 분야로 영역이 급속도로 확대되고 있다. 센서 시장 또한 2016년에 이미 120조 원을 넘어섰고, 2021년에는 거의 두 배로 커져 210조 원을 넘어설 것으로 BCC 리서치BCC Research[32]는 예측했다.

물류시스템, 자동화 공장의 혈관

자동화 공장의 구축에 직접 관련되는 중요한 다른 한 가지 요소는 자동화된 물류설비다. 그래서 자동화 공장에 물류 운반 시스템은 필수다. 또한, 원자재나 제품을 창고에 저장하고 출고하는 물류설비도 완전히 자동화되어야 한다. 다이후쿠Daifuku[33]와 같은 자동화 설비 회사는 과거의 체인 컨베이어 시스템을 아마존의 첨단 물류시스템과 같은 혁신적인 설비로 바꾸고 있다. 공장 안의 물류는 이제 완전 자동화에 가까워지고 있다. 물론 공장 밖으로 나가면 아직은 물류에서 인간이 차지하는 비중이 크지만, 곧 배송 로봇이나 드론이 그 자리를 차지할 것이다.

로봇으로 가득한 공장은 물리 세계의 공장이다. 물리 세계의 공장은 컴퓨터 안의 공장인 가상 공장과 연결된다. 쉽게 말하면, 정밀한 기계로 가득한 실제 공장이 인공지능 컴퓨터로 통제되는 환경이 만들어진다. 인간이 할 일은 에러가 발생하지는 않는지 확인해서 조치하는 일, 자동으로 만들어지는 제품이 제대로 만들어졌는지 검사하고 테스트하는 일, 잘 팔리는지 확인해서 생산량을 조절하는 일이다. 그러나 생산량을 조절하는 일조차도 고객의 주문에 따라 생산하는 방식을 적용하면 필요 없는 일이 된다. 실제로 독일 지멘스Siemens의 자동화 공장은 인공지능 PLCProgrammable Logic Controller에 의해 그렇게 운영된다.

아디다스 스피드 팩토리의 미래

자동화 공장, 그러니까 공장자동화는 '완전한 공장자동화'로 바로 이행되기도 하지만, 대부분 회사는 공정별로 자동화율을 나눠 '공정별 공장자동화'를 추진할 것이다. 자동차공장이라면, 현재 5단계로 나눠 제작하는 공정을 단계별로 세분하고, 단계별로 자동화율을 조절할 수 있다. 이를 일자리 측면에서 판단해보면 서서히 일자리가 줄어드는 형태가 될 것이다. 그래서 일자리가 줄어드는 상황에서는 공장의 위치가 무척 중요해진다. 일자리가 줄어들수록, 그 줄어든 일자리가 어디에 있느냐는 국가든 지방자치단체든 일자리 경쟁에서 점점 민감한 요소가 된다.

근로자에게도 일자리의 위치는 매우 중요한 문제인데, 그에 비하면 기업은 어떨까? 자동화는 기업에 임금이 덜 중요해진다는 의미다. 노동집약적이던 것이 점차 자동화되면 소비자, 용지用地, 물류, 세금, 에너지와 같은 요소가 입지 선정에서 중요한 요소로 부각한다. 우리나라가, 지방자치단체가 주목해야 할 부분이다. 트럼프 행정부가 '자국 우선주의', 중국이 '중국 제조 2025', 독일이 '인더스트리 4.0'을 내세우며 왜 자기 나라에 공장을 세우려고 전쟁을 벌이는지 알아야 한다. 이제부터는 한 번 세워진 공장은 이전할 이유가 사라진다. 줄어든 일자리를 뺏기 위한 경쟁은 이미 시작되었다.

치열해지는 일자리 경쟁

과거에는 생산의 3요소로 토지, 노동, 자본을 가르쳤다. 그렇다면 2020년에는 생산에서 무엇이 중요할까? 만약 자본을 가진 기업이 공장을 지을 투자처를 모색한다고 가정해보자. 토지를 대규모로 확보하기 위해 기업이 용지를 구매하거나 개발하는 일은 쉽지도 않고 시간이 오래 걸리는 일이다. 그래서 국가와 지방자치단체는 세금을 만들어내는 기업을 유치하기 위해 이 부분에 공을 들인다. 토지를 무상으로 임대하기도 하고 여기에 더해 세금을 깎아주기도 한다. 이러한 경쟁은 국가 간에는 물론 지방자치단체 간에도 치열하다.

SK이노베이션은 2019년 3월에 미국 조지아주 잭슨카운티 커머스 시Commerce, Jackson County, GA에 112만㎡의 자동차 배터리공장을 착공했다. 이 공장에는 2025년까지 1조9천억 원이 투자되고, 생산되는 배터리는 폭스바겐 전기차에 장착될 예정이다. 근처에는 BMW, 다임러, 현대기아차 등이 있어 향후 시장확대에도 유리하다. 더욱이 북미자유무역협정NAFTA 개정으로 북미에서 생산되는 자동차는 북미지역 내에서 생산되는 자동차부품을 75% 이상 사용해야 관세 혜택을 받을 수 있다. 따라서 SK이노베이션이 우리나라 서산공장에서 생산한 자동차 배터리를 수출한다고 해도 폭스바겐은 사용할 수 없다.

조지아주에 건설되는 배터리공장은 자동화로 대규모 일자리를 창출하지는 못한다. 하지만 조지아주는 이 공장에서 생산되는 배터리에 세금을 부과할 수 있고, 상당수의 안정적인 일자리를 확보할 수 있다. 투자기업은 조지아주가 주는 특별 세금 혜택도 받을 수 있다. 미국은

2018년에 법인세율을 35%에서 21%로 크게 낮췄다. 반면 한국은 22%에서 25%로 올렸다. 트럼프 정부는 법인세율을 낮추면 기업의 투자가 늘어 고용이 증가할 것으로 판단했고, 우리 정부는 세금을 통한 분배에 우선순위에 두었다. 하지만, 기업이 미국에 공장을 세우면 투자금으로 쓸 수 있는 돈을 세금으로 내면서까지 한국에 공장을 세우고 싶을까?

문제는 그다음부터 발생한다. 미국은 계속되는 기업유치로 생산도 늘고 일자리 문제도 해결하면서 더 많은 세금을 기업으로부터 걷을 수 있다. 반면 투자 매력이 떨어진 한국은 생산이 늘지 못하고 일자리 문제도 해결하지 못하게 된다. 일자리 문제를 해결하지 못한다는 말은 일자리가 없는 사람들에게 들어갈 복지 예산이 더 필요하다는 의미로, 점점 세수가 부족해진다는 말이 된다. 실제로 2018년 한국의 삼성전자나 SK하이닉스는 25% 이상의 법인세를 부담했다. 반면, 미국의 인텔은 9.7%로 한국기업의 39% 수준만 부담했다. 2019년처럼 우리 경제가 계속 악화하는 상황에 직면하면 세수조차 심각해진다.

자동화 공장의 에너지

기술적인 부분을 제외한다면 앞에서 설명한 대로 자동화 공장 건설에 중요한 문제는 용지나 자본의 문제가 아니다. 물론 자동화 공장 가동과 유지에 필요한 고급인력은 중요하다. 이를 제외하면 남은 것은 자동화 공장을 가동하는 데 필요한 물류를 포함한 원자재 비용과 인간을 대신해 일할 로봇의 구동력인 에너지 가격이다. 원자재 비용은 위치나 규모에 따라 달라지지만, 세계가 하나처럼 움직이며 경쟁하는 경제구조에서는 경쟁 기업 간의 비용 차이가 크지 않다.

하지만 에너지 가격은 제품 가격에 결정적 영향을 미칠 수 있다. 현재는 장기적 관점에서 인건비보다 훨씬 저렴한 로봇에 투자하면서 동시에 생산성과 품질을 올리는 시기다. 그러니까 현재는 인간이 중심이 된 공장과 로봇이 중심이 된 공장이 경쟁하면서 점점 후자로 이동하는 단계다. 하지만 조금 더 자동화 공장이 보급되고 나면 상황은 달라진다. 자동화 공장에서 비슷한 가격의 원자재로 비슷한 품질과 생산성을 갖춘 제품을 생산한다면 그 제품을 생산하는 데 사용한 에너지의 가격은 절대적으로 중요하다. 인건비처럼 전기료가 제품의 가격에 큰 영향을 미친다는 의미다. 자동차처럼 제품의 복잡도와 크기가 커질수록 영향도 커진다. 어쨌건 이 모든 것을 포함하여 최종적으로 공장이 어디에 건설되는가가 가장 중요하다.

스피드 팩토리의 미래

독일의 아디다스는 중국과 동남아시아에 약 100만 명을 고용해 신발과 스포츠 의류 등을 생산하고 있다. 신발을 기준으로 보면 1년에 4억 켤레에 가까운 양이 생산된다. 그리고 신발을 생산하는 프로세스가 완료되는 데는 평균 24일이 소요된다. 새로운 제품을 출시하기 위한 연구개발 기간을 포함하면, 제품의 기획과 디자인, 시제품 제작, 설비 변경과 생산까지 거의 18개월이 소요된다. 아디다스는 이렇게 제작되는 기성품 신발 외에 맞춤형 신발을 제작하기 위해 새로운 공장을 설계했다. 이 공장은 독일 쿠카의 로봇팔을 활용해 신발을 제작하는데, 스피드 팩토리Speed Factory로 불린다.

첫 번째 스피드 팩토리는 2016년에 아디다스 본사가 있는 헤르조 겐나우라흐Herzogenaurach에서 멀지 않은 안스바흐Ansbach에 세워졌다. 두 번째 스피드 팩토리는 미국 애틀랜타에 2018년에 준공되어 가동되고 있다. 이 공장에서 만드는 신발은 개인 맞춤형 스포츠 신발이다. 애틀랜타 공장의 규모를 기준으로 한 공장에서 연간 100만 켤레의 맞춤형 신발을 생산할 수 있다. 공장 안에서는 10명이 운영하는 1대의 로봇과 생산설비로 600명이 생산하는 분량의 신발을 생산한다. 100만 켤레를 생산하려면 5대의 로봇라인과 물류설비를 갖추면 된다. 약 50명이 3,000명이 생산하는 신발을 생산하는 셈이다. 주문에서 생산까지의 기간도 24일에서 5일로 줄었다.

이 공장의 가장 큰 특징 두 가지는 다품종소량생산 방식으로 맞춤형 주문생산이 가능하다는 것과 생산인력이 1/60 수준으로 줄어든다는 데 있다. 이런 이점이 있더라도 아디다스가 당장 모든 신발을 주문생산 방식으로 바꾸지도 않을 것이고, 그렇게 되지도 않는다. 하지만 10년의 세월이 흐르면 어떻게 될까? 이미 신발은 의류나 액세서리만큼이나 개성을 표현하는 도구가 되었다. 못 신게 되어 신발을 사야 하더라도 당장 신발가게로 달려갈 만큼 신발은 조급하게 소비되지 않는다. 신발이 하나뿐인 사람도 거의 없다. 이는 소비자가 주문생산으로 살 수 있는 신발이라면 기성품보다 선호할 확률이 훨씬 높다는 의미이다.

아디다스는 이미 스피드 팩토리 실험을 마친 상태이다. 아디다스는 스피드 팩토리에서 얻은 물류, 생산, 제작의 자동화 공정 일부를 동남아시아 공장에 적용하기 시작할 것이다. 그래서 하루아침에 동남아시아에서 100만 명이 해고되고 전 세계에 스피드 팩토리가 줄지어 들어서는 일은 없을 것이다. 산술적으로는 100만 명이 하던 일을 약 17,000명으로 대체할 수 있지만, 순식간에 그런 일이 벌어지지는 않는다. 하지만 주문생산 방식을 선호하는 소비자가 계속 증가하거나, 동남아시아 공장의 자동화율이 계속 올라가게 되면 동남아시아 공장에서는 어떤 일이 벌어질까? 길게 10년이나 15년을 두고 생각해보면 100만 명의 일자리 대부분은 사라질 일자리이다.

자동화 공장, 혁명 그 이후

산업을 바꿀 여러 가지 기술 중에서 가장 중요한 한 가지는 인공지능을 기반으로 구동되는 '자동화 공장'을 짓는 기술이다. 이렇게 건설된 공장은 생산공정 대부분을 자동으로 처리하면서 극한의 효율로 제품을 생산한다. 자동화 공장은 가격과 품질 경쟁력이 월등한 제품을 만들어 내며, 그로 인해 더욱 기업경쟁력이 향상된다. 2배 향상된 품질, 30% 상승한 생산성, 25% 절감된 원가가 2019년에 가동되는 자동화 공장의 표준이다. 이런 공장에서 만든 제품과 인간이 노동집약적으로 만든 제품은 점점 경쟁하기 어려워진다.

우리의 미래인 인구, 특히 경제활동인구 중 취업자는 약 10년 후부터 급속하게 줄어든다. 일 년에 100만 명씩 태어나던 1970년생이 약 10년 후에는 대부분 은퇴하고, 경제의 주축이 되는 세대의 인구는 40대가 된 1990년생 65만 명을 기점으로, 60만 명, 50만 명, 40만 명으로 급속하게 줄어든다. 2018년 출생아는 32만 명에 그쳤고, 2019년 출생아는 29만 명이다. 이는 두 가지를 의미한다. 산업이 인구 감소 문제를 해결할 수는 없겠지만, 공장만 있다면 줄어든 인구 모두에게 일할 자리를 만들어 줄 수 있다는 말이 된다. 하지만 이들이 일자리를 얻지 못하면 복지는커녕 나라 전체가 가난을 면치 못하게 된다.

기계를 움직이는 기술

　2020년부터 눈에 띄게 커지기 시작할 산업은 공장을 짓는 자동화 공장 건설 산업이다. 이 시기부터 대부분 공장이 자동화로 돌아선다. 제품디자인, 생산기획, 생산설계, 생산, 서비스의 단계로 구성되는 공장은 제품디자인과 생산기획에만 사람이 필요하다. 생산기획도 실행 단계에서는 사람이 크게 중요하지 않다. 주문에 따라 자동으로 조절하면 된다. 자동화된 공장의 실제 구조는 인공지능 컴퓨터로 구성된 가상의 공장, 센서와 로봇과 소재로 가득한 실제 공장이 전부이다. 공장 안과 밖, 공장 안의 물류도 모두 자동이다. 실제로 자동화된 공장 안에는 로봇의 생산과정, 에러, 품질을 확인하고 검사하는 사람이 있을 뿐이다.

　이런 공장을 짓는 산업은 상상을 초월하는 규모이고, 자본과 기술 능력을 갖춘 거대기업 연합체가 모든 일을 독점한다. 이들이 이런 공장을 연구한 것은 이미 20년 이상이다. 이 일은 독일이 미국의 인공지능과 운영소프트웨어를 결합하고 일본의 센서와 물류설비를 활용해서 하는 일이다. 실제로 독일은 공장 상당수를 이렇게 바꿔가고 있다. 공장을 짓는 기술은 곧 일등 품질을 만들고 일등 생산성을 만든다. 독일이 주축이 된 공장용 로봇과 일본이 주축이 된 센서와 물류시스템 산업은 계속 커진다. 특히 센서는 공장에만 사용되는 것이 아니고 로봇의 기능 일부가 들어간 모든 곳과 사물인터넷의 파이프라인 끝에 대량으로 사용된다.

　공장 안에서 제품을 만드는 로봇은 복합적인 임무를 수행한다. 형태나 크기가 다른 제품을 번갈아 가며 만들거나 조립하는 일은 아주 쉽다. 인공지능으로 작동하는 프로그램이기 때문이다. 여기서 가장 고부가가치의 일은 공장을 설계하는 일이다. 설계 과정을 들여다보면, 생산에 관련된 거의 모든 아이디어를 발주자가 제공하지만, 돈은 공장을 설계하고 짓는 사람들이 가져가고 이를 데이터로 축적해 다른 공장을 짓는 데도 활용한다. 그래서 공장을 짓는 데는 고도로 숙련된 엔지니어가 필요하다. 이들은 사람을 몰아내고 로봇이 일할 공장을 설계하고 짓는 일을 하는 사람이다.

2020년에 지은 자동화 공장을 2030년에 완전히 새로 짓는다면 기업은 어떤 선택을 할 수 있을까? 공장을 처음 지은 회사가 아닌 다른 회사를 선택해도 될 것 같은데, 공장 업그레이드를 수차례 진행하면서 공장은 공장을 지은 회사에 종속된다. 인공지능 컴퓨터부터 로봇까지 맞춤형으로 발전해온 것이어서 바꿀 수 있는 것이 거의 없다. 독일과 미국, 일본은 앞으로 30년간 전 세계에 자동화 공장을 지으면서 자동화 공장 때문에 일자리가 사라지는 시기를 버틸 것이다. 중국과 일본은 공장 안의 로봇, 센서와 같은 부품, 물류시스템을 만들며 버틸 것이다.

자동화 공장의 그림자

2020년부터 급속하게 건설되는 자동화 공장은 어떤 충격을 가져올까? 자동화 공장의 건설은 로봇에게 인간이 하던 제조를 완전히 내어주는 일이다. 1750년대 산업혁명은 인간이 과거 이십만 년 동안, 인류 역사에서 대부분 동안 지속해온 인력과 축력에서 벗어나 대규모로 탄소 동소체를 활용하기 시작한 에너지의 대전환이었다. 목탄은 물론 석탄, 석유, 천연가스를 활용해 인력이나 축력으로는 상상하기 어려운 규모의 에너지를 만들어 쓸 수 있게 되었다. 이것은 대량생산을 의미했다. 대량 생산은 인력을 에너지로 대체해 생산량을 증가시키는 일이었고, 대체 비율이 점점 증가하며 현재에 이르렀다. 지금 그 대체 비율을 개별 공장 별로 90%, 100%를 향하게 하는 것이 자동화 공장 건설이다.

자동화 공장은 지난 약 20년의 실험과 개선과정을 마치고 자동화를 적용할 수 있는 제조 분야를 계속 넓혀가고 있다. 지금은 자동차, 대형가전, 발전기 생산과 같은 대형 고부가가치 산업에 집중되지만, 그 영역이 스마트폰, 신발, 심지어는 김치 제조에 이르는 모든 분야로 확산한다. 다행스럽게도 자동화 공장 분야에서 우리나라도 규모가 조금 작은 공장은 도전할만한 분야다. 공장을 짓는 기술을 선점한 기업들이 모든 공장을 다 지을 수는 없기 때문이다. 한편, 일부 전문가들은 자동화 공장 도입 시기를 2025년경으로 추정하기도 하는데, 글로벌 경쟁 시대에 그렇게 되지도 않겠지만 실제로 그렇게 되면 우리나라 제조업은 완전히 경쟁력을 잃는다.

폭스콘, 페가트론 그리고 조립 로봇

폭스콘Foxconn과 페가트론Pegatron은 대만의 전자기기 회사이다. 주문자 상표 부착 생산OEM을 주로 하고 있으며, 핵심 주문자는 애플Apple이다. 몇 년 전만 하더라도 이 회사 직원들은 최악의 업무환경에서 주 60시간 이상을 일해야 하는 열악한 노동환경의 피해자로 자주 등장했다. 고용인력 규모도 한 회사당 120만 명 이상으로 중국에 대규모 조립 공장을 운영하고 있다. 하지만 사고가 끊이지 않고 임금이 상승하고 애플의 주문량이 요동치면서 자동화 공장 건설을 지속해서 추진할 수밖에 없었다. 이들은 공장을 하나씩 자동화하는 방식으로 자동화를 추진해 최종적으로 2025년에는 공장의 90% 이상을 자동화하려고 한다.

폭스콘은 자체적으로 자동화 공장 건설을 주도하기 위해 폭스봇 Foxbots을 개발했다. 폭스봇은 인공지능 프로그램으로 운영되는 조립 로봇이다. 폭스콘은 약 10년에 걸쳐 3단계로 자동화 공장을 건설해 최종적으로 2015년의 10% 인력으로 모든 조립공장을 가동할 계획이다. 2020년에는 약 30%까지 자동화 공정을 완료할 것이다. 폭스콘은 1단계로, 반복적인 작업을 자동화하기 위해 로봇으로 구동되는 워크 스테이션을 설치했다. 2단계로, 워크 스테이션에서 사용되는 로봇 수를 줄이기 위해 공정을 간소화해 효율을 높였다. 마지막 3단계는 물류, 제품 검사, 성능 테스트 등에 최소한의 인력을 투입하는 체계를 마련했다.

생산공정을 자동화하는 방식은 페가트론도 유사하다. 폭스콘과는 애플의 제품을 생산하는 경쟁사이다 보니 이 둘의 자동화 경쟁 또한 치열하다. 먼저 자동화하고 먼저 안정화하고 먼저 불량률을 줄이는 회사가 더 많은 제품을 수주해 생산할 것이기 때문이다. 실제로 2019년 3월, 페가트론의 퉁즈셴Hsu-Tien Tung 회장은 "이미 중국 공장에서 직원의 90%를 줄였다ZDNet Korea."라고 발표했다. 중국 조립공장을 자동화 공장으로 바꾸었다는 말이다. 이와 경쟁하듯 폭스콘도 이미 아이폰을 로봇으로 조립해 생산할 준비를 마쳤으며, 100만대의 폭스봇이 설치될 것이라고 했다.

대만 기업 두 곳이 고용하고 있는 300만 명에 이르는 직원들은 지금 자동화 공장 하나가 완성될 때마다 대부분이 감원의 태풍을 맞고 있다. 폭스콘은 이미 청두成都, 선전深圳, 정저우郑州 공장의 3단계 자동화를 거의 완성했다. 그다음은 공장이 안정화되는 단계에 따라 90%에 가까운 인력을 감원하는 일이다. 2019년 3월, 신화통신은 신 샤오멍新小萌이라는 여성 앵커를 통해 중국의 양회兩會 소식을 전했다. 이 앵커가 등장하는 화면에 'AI 앵커'라는 표기가 없었더라면 중국인도 앵커가 사람이 아니라는 사실을 알아채지 못했을 것이다. 이렇게 인공지능으로 운영되는 자동화는 공장과 사무실을 가리지 않고 일자리를 없애고 있다.

선진국과 우리 일자리의 차이

　자동화 공장의 도입 시기는 정부가 정책적으로 지원하면 앞당길 수 있다. 하지만 지금 정부에서 추진하는 자동화 공장 추진 목표나 실행 방법은 더 면밀하게 들여다보고 고민해봐야 있다. '자동화 공장을 통한 일자리 창출'과 같은 목표는 앞서 설명한 '자동화'의 의미조차 이해하지 못한 데서 기인한다. 자동화는 '근력을 사용하는 사람'을 '전기에너지를 사용하는 로봇'으로 대체하는 일이다. 그러니 일자리 창출의 반대인 일자리 감소가 일어난다. 대신 자동화 공장은 품질과 생산성이 올라간다. 결국, 사람을 로봇으로 대체해 기업경쟁력을 올리는 방법이 자동화 공장의 건설이다.

　그렇다면 자동화 공장을 건설해서 줄어든 일자리는 어떻게 해결해야 할까? 결국, 더 많은 자동화 공장을 유치해서 해결할 수밖에 없다. SK이노베이션이 미국에 자동차 배터리공장을 건설하고 삼성SDI가 헝가리에 자동차 배터리공장을 건설하는 것은 미국과 헝가리에 일자리를 만든 일일 뿐이다. 그리고 이것은 유럽 자동차 기업의 경쟁력에 도움이 되는 일이다. 절대 우리나라 자동차 기업에 도움이 되는 일도 아니고, 우리나라에 일자리가 만들어지는 일도 아니다. 그래서 외국 기업이든 우리 기업이든 자동화가 진전되면 될수록 우리나라에 공장을 세우도록 하는 것이 무엇보다 중요한 일이다. 지금 우리는 이 모든 것을 법인세를 인상하면서까지 가로막고 있다.

자동화와 일자리 창출

자동화 공장이 일자리를 창출한다는 아이디어는 왜 잘못된 것일까? 일자리는 자동화 공장 기획, 공장 설계, 인공지능 공장 운영 프로그램 개발, 로봇용 센서 개발, 공장용 로봇 개발, 자동화 물류시스템 개발, 자동화 공장 운영, 생산 및 판매 데이터 분석, 공장용지 조성, 공장 건설, 로봇을 비롯한 생산시스템 유지보수 분야에서 늘어난다. 그런데 자동화 공장 기획, 공장 설계, 인공지능 공장 운영 프로그램 개발, 로봇용 센서 개발, 공장용 로봇 개발, 자동화 물류시스템 개발, 로봇을 비롯한 생산시스템 유지보수는 대부분 공장을 짓는 기술을 가진 기업의 일자리이다. 이 영역 일자리 대부분은 우리 것이 아니다. 공장용지 조성, 공장 건설, 자동화 공장 운영, 생산 및 판매 데이터 분석, 제품의 성능과 품질 검사 분야의 일자리 일부만이 공장을 짓는 기업의 몫이다.

그런데 공장이 건설되는 순간, 폭스콘처럼 공장 근로자 일자리가 순식간에 사라진다. 결국, 자동화 공장은 일자리를 창출하지 못한다. 그래서 자동화 공장을 지으면서 동시에 일자리를 창출하고 지속해서 세금을 늘릴 방법은 공장을 계속 유치하는 것 외에는 없다. 미국은 무역 전쟁을 하고 세법을 고치고 무역협정을 개정하면서까지 새로운 공장을 유치하고 자국에서 생산한 부품을 사용하고 완제품을 수출하기 위해 노력한다. 이에 따라 법인세도 대폭 낮아져 기업이 미국에 공장을 지을 명분이 만들어졌다. 지금 우리는 이 공장을 짓는 게임에서 자충수를 두고 있다.

사라지는 일자리와 만들어지는 일자리

자동화 공장의 건설은 일자리 수의 감소를 의미하기도 하지만, 일자리의 내용을 들여다보면 이전 일자리와는 완전히 다른 차원의 일자리가 만들어진다는 사실을 확인할 수 있다. 그중에서 자동화 공장 건설과정에 만들어지는 일자리는 제외하고, 실제 공장이 가동된 이후 지속해서 유지되는 일자리는 어떻게 변화하는지 살펴보자. 자동화 공장 기획, 공장 설계, 인공지능 공장 운영 프로그램 개발, 로봇용 센서 개발, 공장용 로봇 개발, 자동화 물류시스템 개발, 자동화 공장 운영, 생산 및 판매 데이터 분석, 공장용지 조성, 공장 건설, 로봇을 비롯한 생산시스템 유지보수가 일자리 분야이다.

그중에서 건설과정의 일자리 분야를 제외하면, 인공지능 프로그램으로 운영되는 자동화 공장 중앙 제어 센터 운영, 생산 및 판매 데이터 분석, 로봇이 투입된 실제 공장의 부문별 생산 프로그램 제어, 프로그램과 실행 에러 관리, 로봇을 비롯한 생산시스템 유지보수, 제품의 성능과 품질 검사가 공장 건설 후 계속 유지되는 일자리이다. 이 일자리 중에서 기존의 생산직 일자리로 존재했던 것은 무엇일까? 제품의 성능과 품질 검사와 관련된 일자리가 전부이다. 그럴 수밖에 없는 이유는 사람이 하던 일을 전부 자동화했으니 결과물인 제품을 검사하는 일만 같고, 나머지는 프로그램이나 로봇에 관련된 일로 변화한 것이다.

자동화 공장의 건설과 운영에서 일자리 수의 증감은 가장 중요한 문제이다. 증감의 방향이 대폭 감소라면 이를 메우기 위한 공장의 유치가 가장 중요하겠지만, 다음의 두 가지도 함께 해결해야 한다. 하나는 새로 만들어지는 일자리에 투입될 인력의 양성이다. 새로 만들어지는 일자리에 대응할 인력은 기성세대보다는 신세대인 청년층에서 찾아야 한다. 이는 대부분 기술과 기술융합에 관련된 일자리로 청년들이 더 잘 할 수 있는 분야이기 때문이다. 문제는 아직 이들이 살아갈 미래와 기술을 대학과 사회가 잘 가르치지 못하는 데 있다. 이 부분은 기업에도 심각한 문제가 될 수 있다.

다른 하나는 기존에 생산직으로 일하던 반숙련 근로자의 문제다. 이들 대부분은 자동화 공장에서 일자리를 얻기 어렵다. 또한, 자동화가 계속 진전될수록 원래 하던 일자리와 유사한 일자리가 동시에 사라져 유사한 일자리로 이동할 수 없는 결과를 만든다. 이들을 실업자로 만들지 않으려면 이들이 이동할 일자리에 관한 연구가 선행되어야 하고 재교육은 필수이다. 2025년이 되면 이들의 재교육 문제는 사회문제가 되기 시작하고 실질 실업률이 50%에 육박하는 2030년엔 정점에 다다를 것이다. 국가가 평생교육 차원에서 접근해야만 조금이라도 해결할 수 있는 일이다.

GDP와 경제활동인구로 본 일자리

우리나라 명목 GDPNominal Gross Domestic Product는 1970년 82억 달러, 1980년 649억 달러, 1990년 2,793억 달러, 2000년 5,618억 달러, 2010년 10,943억 달러, 2018년 16,198억 달러로 커졌다. 1970년을 기준으로 50년이 채 되지 않는 기간에 GDP가 약 200배 성장했다. 그렇다면 같은 기간 경제활동인구는 어떻게 변했을까? 1970년 1,006만 명, 1980년

1,443만 명, 1990년 1,853만 명, 2000년 2,208만 명, 2010년 2,486만 명, 2018년 2,789만 명이다. 중간에 경제활동인구에 관한 정의가 변경되었지만, 크게 달라질 수치는 아니다.

명목 GDP가 200배 성장한 약 50년 동안 경제활동인구는 약 1.8배 늘었다. 공업생산의 비중이 커졌고, 물가가 상승했고, 생산하는 제품의 부가가치가 높아졌다고 하더라도 인구 대비 성장률의 가장 큰 요인은 자동화에 있다. 1970년대 모든 공장이 조립 공정으로 대표되는 설비와 인력이 중심이었다면, 2020년대 모든 공장은 자동화 공정으로 대표되는 설비와 로봇이 중심이 된다. 과거에는 자동화된 설비나 사람을 돕는 설비 하나가 들어와 자동화율을 조금씩 진전시켰지만, 지금은 대다수 공장의 자동화율이 순식간에 90%나 100%를 향하는 시기다.

인구구조로 본 일자리의 미래

대략 10년 단위로 출생아 수를 살펴보면, 1960년 79만 명, 1970년 100만 명, 1980년 86만 명, 1990년 65만 명, 2000년 63만 명, 2010년 47만 명, 2019년에 29만 명이 태어났다. 출생아가 100만 명이 넘은 시기는 1969년부터 1971년의 3년으로 가장 출생아가 많았던 시기는 1971년에 102만 명이었다. 출생아가 계속 줄다가 약 10만 명까지 다시 늘던 시기가 있었는데 1988년부터 1992년까지다. 올림픽 개최로 선진국에 대한 열망과 민주화에 대한 성취감이 작용하던 시기였다. 출생아 수로 가장 많이 태어난 1970년 전후 세대가 아직 50세 정도로 왕성한 경제활동을 하고 있다.

그렇다면 미국, 독일, 일본은 어떨까? 이들 국가의 공통점은 베이비붐 세대Baby Boom Generation, 1946~1965가 대부분 은퇴하고, 출생아 수가 계속 감소한 시기에 태어난 사람들이 사회에 진출한 지 20년 이상 흘렀다는 점이다. 이들 국가의 경제는 계속 성장하고 있고, 자동화로 대체할 수 없을 정도로 경제활동인구가 줄어든다. 미국은 완전고용 상태이고, 독일과 일본은 일자리 문제가 아닌 구인난이 사회문제가 된 지 오래다. 결국, 선진국은 줄어드는 경제활동인구로 자동화가 필수인 데 반해, 우리는 자동화가 일자리 문제를 계속 가속할 것이다. 앞에서 살펴본 대로 인구구조로만 보면 대규모 은퇴가 있을 10년 후인 2030년에나 일자리에 숨통이 트이겠지만, 이 시기는 실질실업률이 50%를 향하는 시기이다.

03

3D 프린팅,
허물어진 제조의 경계

3D 프린터가 만드는 맞춤형 자동차는 이제 쿠카나 에이비비의 로봇팔이 만들어가는 생산성과 품질 중심의 자동차와 충돌할 것이다. 이런 일은 자동차 산업뿐만 아니라 섬유, 바이오, 건축, 전자 등 모든 산업으로 급속하게 확산하면서 벌어질 일이다. 이렇게 3D 프린팅 산업은 다른 산업을 융합하고 다른 산업에 융합되고 경쟁하고 파괴하면서 제조를 혁신할 것이다.

공장과 경쟁하는 프린터

　미래를 만들고 바꿔 가는 기술로는 인공지능, 생명공학, 나노기술, 3D 프린팅, 사물인터넷, 로봇공학, 재료 공학, 에너지 기술 등이 있다. 그중에서 3D 프린팅은 산업혁명 이후 지속해온 공장의 개념을 송두리째 바꿀 산업이다. 우리가 잘 알듯이 공장은 곧 일자리와 같은 개념이어서 3D 프린팅 산업으로 인한 공장의 변화는 곧 일자리의 변화로 연결된다. 3D 프린팅 산업이 어떻게 공장을 조금씩 해체해 변화시키는지, 또 일자리를 어떻게 만드는지도 생각해보자.

　3D 프린터는 작은 개인용 프린터부터 공장이나 건설현장에서 활용하는 대형 프린터까지 다양하다. 책상 위에 올려놓고 쓸 수 있는 크기의 프린터도 있고, 자동차나 로켓의 부품을 프린트하거나 건축물을 프린트하는 초대형 프린터도 있다. 3D 프린터를 활용하는 산업은 자동차, 항공, 의료, 바이오, 교육, 엔터테인먼트를 가리지 않고 그 범위를 계속 확대하고 있다. 자동차나 항공 분야에서도 부품은 물론 차체에서 엔진에 이르기까지 75% 이상에 적용할 수 있다. 우주로 로켓을 발사하는 스페이스엑스SpaceX의 주요 부품도 프린터를 활용해 제작한다. 의료나 바이오 분야에서도 보철에서 인공 장기에 이르기까지 프린터를 적용해 생산하고 있다. 시제품, 완구, 작품의 제작에도 3D 프린터가 활용된다.

전 세계를 자신들의 공장으로

3D 프린터를 제작하는 산업은 미국이 주도한다. 미국의 3D 프린터 제조사 '스트라타시스Stratasys'[34]와 '3D 시스템즈3D Systems'[35]는 자동차, 항공, 의료, 바이오, 교육, 엔터테인먼트 등 각 산업과 연관된 프린터를 생산해 보급하고 있다. 미국은 전략적으로 3D 프린팅 산업을 육성하고 있고, 이 분야에서 앞선 기술력을 확보하려고 노력하고 있다. 그 이유는 3D 프린터가 관련 산업의 다음 세대를 견인하기 때문이다. 현재의 소품종 대량생산에서 다품종 소량생산의 시대가 되면 프린터가 설치된 곳이 곧 공장이 된다.

3D 프린터가 설치된 공장은 가정에서부터 실제 대형 공장까지 다양하다. 그리고 새로운 기술이 적용될 때마다 더 성능이 높은 새로운 프린터가 필요해진다. 프린터가 사용하는 재료인 플라스틱, 금속 분말, 형상기억합금, 인조섬유에 이르는 소재 산업도 같이 성장한다. 그래서 미국은 전 세계에 자신들이 만든 소형 공장인 3D 프린터를 보급하려고 한다. 독일 쿠카의 로봇팔이 자동차 브랜드와 상관없이 새로운 공장에 계속 설치되는 것과 마찬가지다.

헨리 포드Henry Ford로 대표되는 조립 공정은 같은 제품을 신속하게 대량생산하는 길을 열었다. 그런데 이런 공정을 완전히 혁신한 것이 3D 프린터이다. 3D 프린터로 만들 수 없는 것은 거의 없다. 자동차 엔진, 로켓 추진체, 유리 렌즈, 로봇, 음식, 회로기판, 인간의 장기, 집, 드론, 의류도 만들 수 있다. 형상기억합금과 같은 소재로 프린트하면 순식간에 자동으로 조립할 수도 있다. 자동차는 전체를 한 번에 출력할 수도 있지만, 보통 5가지 모듈로 나눠 출력한 후 조립하는 방식을 택한다. 그리고 타이어처럼 더 품질이 좋은 기성품을 활용하기 위해 자동차의 70%만 프린터로 출력하기도 한다.

개인이 3D 프린터를 소유하면 무슨 일이 벌어질까? 사실 3D 프린터를 소유할 필요도 없다. 지금처럼 가정에 2D 프린터가 없으면 킨코스 Kinkos나 문방구에 가서 파일을 건네주고 종이에 프린트를 부탁하듯, 3D 프린팅 가게에 가서 파일을 건네주면 그만이다. 그것도 귀찮다면, 온라인으로 사진 파일을 전송하듯 파일을 보내고 출력물을 집으로 배달시키면 된다. 실제로 전 세계에서 3D 프린팅을 대행해주는 '3D 허브3D Hubs[36]'는 1만 개 점포를 눈앞에 두고 있다. 독일에서 시작한 이 회사는 네덜란드인 브람 데 즈발트Bram de Zwart에 의해 설립되었다. 계산상으로는 자동차로 10분만 이동하면 3D 허브 지점을 만날 수 있다.

3D 프린터가 무서운 이유

3D 프린터는 설계도면이라고 할 수 있는 프로그램 파일만 있으면 무엇이든 만들 수 있는 기계장치이다. 프로그램 파일이 없더라도 프린터에 내장된 음파 스캐너로 물체를 읽어 똑같이 프린트할 수 있다. 자동차도 100% 3D 프린터로 만들 수 있고, 자전거 정도는 클릭 한 번으로 완성된 상태로 출력할 수 있다. 건축물을 프린터로 만들면 제작하기 어려운 곡선이나 기하학적 형태를 적용해 출력할 수 있다. 옷도 프린트할 수 있다. 계속 시제품을 만들어 테스트해야 하는 기업은 프린터를 활용하면 비용과 시간을 대폭 줄일 수 있다. 심지어 3D 프린터의 80%는 자가

복제 기능이 있어서 자기보다 작은 3D 프린터를 프린트할 수 있다.

한번 국제우주정거장ISS의 기계장치에 문제가 생겼다고 가정해보자. 우주인들이 스패너와 드라이버 그리고 간단한 부속품이 있다면 신속하게 수리할 수 있다고 하자. 이때 스패너와 드라이버와 부속품을 전달할 방법은 무엇이 있을까? 지금까지는 지상에서 로켓에 실어 보내는 방법 외에는 대안이 없었다. 저 세 가지를 실어 보내기 위해 천문학적 비용을 들여 로켓을 발사해야만 해결할 수 있는 문제였다. 하지만 국제우주정거장에 3D 프린터가 있다면 파일을 전송해주는 것으로 모든 문제를 해결할 수 있다. 실제로 나사NASA는 3D 프린터 제조업체 테더스 Tethers[37]와 공동으로 리퍼브리케이터Refabricator라는 플라스틱 재활용 프린터를 만들어 시험에 성공했다.

부품 생산에서 자율주행차까지

자동차부품처럼 금형으로 부품을 생산할 때는, 금형으로 부품을 제작한 후 부품을 냉각하는 과정이 무척 중요하다. 금형으로 만들어지는 부품은 대개 복잡한 형태를 띠고 있어서 두께가 다른 부분이 많다. 그래서 균일하게 냉각하지 못하면 형태가 변형되어 사용할 수 없게 된다. 또한, 냉각 속도는 생산량과 직결되므로 금형으로 생산한 부품의 냉각방법이 무척 중요하다. 그래서 자동차부품 회사들은 금형 냉각장치에 3D 프린터로 제작한 특별한 냉각부품을 설계해 적용하기 시작했다. 폭스바겐 그룹 스코다Skoda의 협력사 마그나Magna[38]는 3D 프린터로 3mm 수준의 세밀한 냉각관을 냉각장치에 프린트해 설치함으로써 냉각

속도를 높여 생산성을 20% 향상했다.

존 제이 로저스John Jay Rogers가 운영하는 미국 애리조나 피닉스에 본사를 둔 로컬모터스Local Motors[39]는 자동차를 거의 100% 프린터로 제작한다. 소재는 강화 플라스틱과 탄소섬유 등을 사용한다. 20,000개나 되는 부품을 조립하는 방식 대신 차체, 대시보드 등 5개 정도의 큰 유닛으로 나눠 출력한 후 조립한다. 여기에 IBM의 왓슨을 기반으로 제작된 인공지능 자율주행 기능과 주문형 디자인을 적용한다. 색이나 소재를 바꾸는 수준이 아니라 디자인까지 완전히 다른 차를 만드는 주문형 디자인은 3D 프린터만이 가능한 방법이다. 로컬모터스 본사는 제작과 관련된 기술과 디자인만을 담당하고 실제 자동차를 만드는 프린팅 공장은 세계 곳곳에 별도로 설립을 추진하고 있다.

공장에 도전하는 프린터

3D 프린터로 제작하는 자동차는 공장에서 조립되는 자동차와 비슷한 수준으로 가격이 낮아졌다. 로컬모터스가 제작하는 2인승 자동차는 2018년을 기준으로 4,000만 원 선까지 낮아졌다. 아직 공장에서 만드는 자동차와 비교해 성능과 품질에서 차이가 있지만, 용도를 오프로더로 한정하면 곧 수요를 창출할 수준에 이르렀다. 3D 프린터로 같은 재료를 사용해 옷을 생산한다면 오히려 더 싸게 만들 수 있다. 프린터를 활용하여 제품을 생산하는 가장 큰 이점은 맞춤형 생산 이외에도 물류비를 제로에 가깝게 할 수 있다는 점이다. 적합한 프린터가 있는 곳에 파일을 전송해 제품을 생산하면 끝이다.

3D 프린터는 앞으로 특유의 제품을 만들기도 하겠지만, 더 많은 기성품을 복제하고 대체할 것이다. 아무리 새로운 디자인의 제품이 출시된다고 해도 누군가는 스캔해서 파일로 공유할 것이다. 매장에 전시된 제품도 마음만 먹으면 똑같이 만들거나 변형해서 만들 수 있다. 그렇지만 아직은 3D 프린터로 제작한 제품은 공장에서 제조한 제품보다 품질이 떨어진다는 평가를 받는다. 이는 당연한 과정이다. 초기 디지털카메라는 10만 화소도 되지 않는 제품이 필름카메라와 맞먹는 가격이었다. 사용자가 적을 수밖에 없었다. 하지만 지금은 어떤가? 초기 디지털카메라보다 200배나 뛰어난 화질의 카메라가 스마트폰마다 두 대에서 다섯 대까지 장착되지 않는가.

3D 프린터, 융합의 용광로

3D 프린터가 자동차를 완전히 융합한다면 어떤 일이 벌어질까? 실제로는 3D 프린터가 자동차를 프린트하겠지만, 자동차산업으로 보면 산업 자체를 융합하지 말라는 법도 없다. 현재 기술이 발전하는 방향으로 판단하면, 기존 자동차산업은 공장자동화를 거의 100%에 이를 정도로 발전시켜 생산성과 품질을 계속 끌어올릴 것이다. 반면 3D 프린터는 소재를 혁신하고 단가를 더욱 낮추고 개성을 반영한 자동차를 프린트해서 공장에서 만든 자동차와 경쟁할 것이다.

하지만, 자동화 공장에서 생산한 자동차와 3D 프린터로 생산한 자동차로 자동차 생태계가 양분되고 끝나지는 않을 것이다. 초기에 3D 프린터로 생산한 자동차를 운행하다 보면 자동화 공장에서 생산한 자동차의 장점을 흡수하기를 원하는 소비자도 생길 것이다. 그래서 최종적으로는 3D 프린팅 자동차 회사와 자동화 공장을 운영하는 회사가 서로 협력하는 모델도 출현할 것이다. 가장 가능성이 큰 상황은 자동화 공장을 운영하는 기업들이 협력해 설립한 3D 프린팅 자동차 회사의 등장이다.

예를 들면, 고급 자동차 브랜드는 자동화를 계속 추진하고 성능과 품질의 고급화에 힘쓰겠지만, 이들과 경쟁하는 하위 브랜드들에 개성을 반영한 3D 프린팅 자동차는 새로운 대안이 될 수 있다. 하지만 상위 브랜드와 경쟁하면서 3D 프린팅 자동차 기업을 독자적으로 운영하기에는 어려움이 따르고, 다양한 고객의 요구를 모두 반영할 수 없는 한계 때문에 몇몇 회사가 협력하는 모델이 가장 현실적이다. 그렇다고 고급 자동차 브랜드가 3D 프린팅 자동차를 만들지 말라는 법도 없다. 같은 차대 Chassis에 수백 가지 차체를 가진 자동차가 탄생할 수도 있다.

더욱 가능성이 큰 상황은 인공지능이나 전자제품을 만드는 기업이 3D 프린팅 자동차를 만드는 경우다. 동력으로 내연기관을 사용하지 않고 배터리를 사용하는 전기자동차는 우리가 아는 자동차보다 훨씬 전자제품에 가깝다. 인공지능이나 전자제품을 만드는 기업이 전기자동차 회사로부터 차체 제작기술을 공급받는다면 더욱 뛰어난 자동차를 프린트할 수도 있다. 현재 연간 300만 대를 생산하지 못하는 10위권 밖의 자동차 기업은 언제라도 인공지능 기업이나 전자제품 기업, 혹은 배터리 기업과 협력해 자동차를 혁신하려고 할 것이다.

인공 장기를 출력하는 프린터

3D 프린팅 산업은 융합하지 않는 분야가 거의 없을 정도다. 그래서 3D 프린팅이 다른 산업과 융합해 가져올 파급력을 측정하는 것은 불가능에 가깝다. 오가노보Organovo는 인간 세포를 활용해 'MMX 바이오 프린터NovoGen MMX Bioprinter'라고 불리는 3D 프린터로 장기를 프린트해 생산한다. 이 회사는 이미 2012년에 실험실에서 인공신장을 생산하는 수준에 이르렀다. 2019년에 생산할 수 있는 장기는 심장, 신장, 피부, 혈관, 간과 같은 정밀한 장기까지 다양하다. 생산된 장기는 인간의 신체에

이식되어 실제 조직과 결합한다. 자가 세포를 증식해 프린트하므로 장기이식을 받기 위해 하염없이 기다리거나, 장기이식으로 인한 면역 거부반응을 걱정할 필요가 없다. 이들은 미국 FDA의 승인을 거치면 10년 이내에 대부분 장기를 인간에게 이식할 수 있을 것으로 전망한다. 하지만 현재는 인류가 한 번도 경험하지 못한 인공 장기에 관한 생명윤리 문제부터 해결해야 한다.

실제로 바이오 프린터로 만든 자가 세포를 활용한 인공 간을 이식받기 위해서는 법과 제도 정비에만 많은 시간이 필요할 것으로 판단된다. 그렇다면 그동안 기술을 가진 기업은 어떻게 생존할 수 있을까? 미국 FDA는 이런 특별한 사안에 대해 규제를 일부 풀어 기업이 기술을 축적하고 생존을 모색할 길을 열어준다. 예를 들어, FDA는 오가노보의 인공 간을 활용해 제약사가 신약 독성실험을 할 수 있도록 허가해줬다. 세계 1위의 제약사 로슈Roche[40]를 비롯한 많은 제약사가 동물이나 인체로 하기 어려운 실험을 인공 간으로 대신함으로써 위험을 줄이고 신약 개발에 크게 도움받고 있다.

몸에 피부를 출력하는 프린터

2019년 2월, 〈네이처Nature〉에 '화상 환자의 화상 부위에 피부세포를 직접 프린트해 화상을 치유하는 방법'에 관한 논문이 실렸다. 실제로 피부조직이 깊게 화상을 입은 경우는 자가 피부세포를 이식해야 하는 경우가 많다. 하지만 부위가 큰 경우는 자가 피부세포를 원하는 만큼 확보할 수 없어서 치료에 애를 먹는다. 또한, 수차례의 수술을 반복해야 해서 환자는 고통스러운 과정을 반복하며 견뎌야 한다. 외과수술 과정과 이후 회복과정에서의 감염도 문제고 제어하기 어려운 흉터도 문제이다. 이와 유사한 것이 당뇨 환자의 손발에 나타나는 궤양인데, 화상과 마찬가지로 치료하기 어려운 증세로 사망에 이르는 원인이다.

웨이크 포레스트 재생의학연구소Wake Forest Institute for Regenerative Medicine의 연구팀은 환자의 피부세포를 추출하여 배양한 후 케라틴 세포와 섬유아세포를 바이오 프린터로 환자의 상처 부위에 직접 프린트함으로써 기존 피부세포와 융합해 신속하게 피부가 재생되도록 하는 방법을 개발했다. 아직은 정밀하게 기존 피부세포와 융합시키는 기술에까지 이르지는 못했지만, 정상적인 피부구조로 안착하도록 촉진하는 것을 확인했다. 피부 치료에 활용하는 이 3D 바이오 프린터는 휴대가 쉽고, 정밀하게 환자의 피부를 읽어 피부세포를 프린트할 수 있으며, 쉽게 환부를 멸균 처리할 수 있는 것은 물론 외과 수술보다 비용이 훨씬 저렴하다.

건물을 출력하는 프린터

건축에 3D 프린터를 활용하면 어떤 장점이 있을까? 2019년을 기준으로 건축 재료 약 50%, 노동력 80%, 시간 70% 이상을 절감할 수 있다. 무엇보다 시간과 비용을 절감할 수 있다는 점은 건축용 프린터 산업이 무궁무진하다는 사실을 증명한다. 또한, 프린터를 활용하면 곡선과 빈 곳을 자유롭게 디자인 설계에 반영할 수 있다. 각종 배관을 설계에 반영해 출력할 수 있고, 마감재를 사용하면 기존 건축물과 구분할 수 없는 수준의 품질을 구현할 수 있다. 3D 프린팅 건설회사들은 건축물의 기초공사만 전통적인 방식으로 마친 후 그 위에 직접 건축물을 프린트하거나 골조공사까지 수행한 후 부분으로 출력해 조립하는 방식을 택한다.

이스라엘의 3D 프린팅 건축 설계기업 3DMTP3D Model To Print는 고층 또는 복층 건물 전체를 한 번에 프린트해 건축하는 기술을 개발해 적용하고 있다. 스웨덴의 건설회사 농단Nordan은 2,000명에 가까운 직원을 고용한 대형 건설회사인데, 출입문과 창틀까지 반영해 한 번에 프린트하는 기술로 건축물을 시공하고 있다. 이렇게 되면 기존 건축용 프린터가 창틀과 창문, 출입문을 제외하고 프린트하던 방식에 획기적인 변화가 생기고 건축 속도도 빨라진다. 건축에 3D 프린터가 도입된다는 것은 대폭적인 비용 절감은 물론, 형태적인 측면에서도 사각형이나 육면체를 완전히 벗어날 수 있다는 의미이다.

의류를 출력하는 프린터

3D 프린터로 옷은 어떻게 만들까? 옷을 만드는 소재는 코지플렉스Cosyflex라는 합성섬유를 활용한다. 영국의 타미케어Tamicare[41]에서 개발한 코지플렉스는 라텍스, 실리콘, 테플론, 폴리우레탄과 같은 고분자 재료에 비스코스, 면, 폴리아마이드Polyamide 등과 같은 직물 재료를 혼합하여 만든다. 여기에 색, 패턴, 이미지를 추가해 스프레이 노즐로 적층 출력하면 된다. 적층하면서 중간에 센서와 같은 전자소재도 넣을 수 있어서 스마트 의류도 생산할 수 있다. 이렇게 만들면 개성을 담은 단 한 벌의 옷이 탄생한다. 디자인, 기능, 패턴, 색, 섬유까지 개별화한 세상에 하나뿐인 옷이 프린터로 만들어진다.

3D 프린터로 만든 옷은 원단을 잘라 사용하지 않으므로 소재도 거의 낭비되지 않는다. 바느질도 하지 않는다. 인건비도 거의 들지 않는다. 신발을 제작하는 데에 이 방식을 적용하면 3단계로 제작이 끝난다. 실제로 아디다스는 미국에서 2018년부터 3D 러너3D Runner라는 제품을 프린터로 주문생산해 판매하고 있다. 액체 수지를 원료로 제작하는 밑창과 중창은 운동성과 안정성에서 개별 소비자에 최적화된다. 아디다스는 10만 켤레의 신발을 생산하는 것을 일차적인 목표로 하고 있으며, 가격은 켤레당 333달러이다. 이렇게 3D 프린터는 적층제조Additive Manufacturing 방식으로 구조가 복잡해서 나눠 제작한 후 조립하거나, 구현하기 불가능한 구조의 제품도 생산할 수 있는 길을 열었다. 이제 프린터가 설치된 모든 곳은 모든 것을 만드는 공장이다.

연결로 더 강력해지는 프린터

3D 프린팅은 산업으로서 이제 걷기 시작했다. 3D 프린팅 산업이 자동차산업과 융합한다고 해도 당장 자동차산업을 송두리째 변화시키지는 못할 것이다. 3D 프린터가 만드는 맞춤형 자동차는 이제 쿠가나 에이비비ABB[42]의 로봇팔이 만들어가는 생산성과 품질 중심의 자동차와 충돌할 것이다. 이런 일은 자동차산업뿐만 아니라 섬유, 바이오, 건축, 전자 등 모든 산업으로 급속하게 확산하면서 벌어질 일이다. 이렇게 3D 프린팅은 다른 산업을 융합하고 다른 산업에 융합되고 경쟁하고 파괴하면서 제조를 혁신할 것이다.

아디다스가 신발을 생산하는 방식을 구분해보면 현재 세 가지가 혼재되어 있다. 전통적인 생산 방식으로 중국과 동남아시아에 100만 명에 이르는 대규모 인력을 고용하여 정형화된 신발을 생산하는 방식, 독일과 미국의 스피드 팩토리에서 로봇팔과 최신 물류설비로 완전 자동화해 맞춤형 신발을 대량생산하는 방식, 3D 프린터를 대량으로 설치해 맞춤형 신발을 프린트해 생산하는 방식이 모두 존재한다. 전통적인 방식과 나머지 두 가지 방식은 두 가지 측면에서 차이를 보인다. 하나는 새로운 제조방식이 완전 자동화에 가깝다는 점이고, 다른 하나는 주문생산 방식이라는 점이다. 여기서 주문생산은 소비자와 생산자의 직접 연결을 의미한다.

넘쳐나는 프린팅 파일들

3D 프린터에서 활용할 공개된 무료 디자인 소스는 온라인 세계에 넘쳐난다. 메이커봇MakerBot에서 운영하는 싱기버스Thingiverse[43]나 3D시스템즈가 운영하는 큐비파이Cubify[44], 울티메이커Ultimaker가 운영하는 유매진Youmagine[45], 셰이프웨이스Shapeways[46]와 같은 사이트에 가면 무료로 사용할 수 있는 3D 프린팅용 파일이 얼마든지 있다. 이들은 이미 저작권이 사라진 세상이 올 것처럼 비즈니스 모델을 선점해가고 있다. 심지어 독창적인 디자인 프로그램을 회원끼리 거래하기도 한다. 누군가 획기적인 디자인을 적용한 파일을 올리면 음원을 내려받듯 최소 비용으로 활용할 수도 있다. 이것이 자동차 디자인 파일이라면 어떨까? 그리고 이들을 막을 방법이 있을까?

우리는 3D 프린터를 알기도 전부터 이미 연결에 익숙해진 상태다. 공유하고, 나누고, 연결해서 찾아내는 데 익숙한 사용자들은 필요한 물건이 아니라 필요한 3D 프린팅 파일을 찾는 데도 쉽게 익숙해질 것이다. 파일을 연결로 찾게 되면 가장 멋지게 출력할 방법만 생각하면 된다. 필요하다면 직접 디자인과 기능을 수정할 수도 있고, 전문가에게 의뢰해 더 멋진 디자인으로 재탄생시킬 수도 있다. 그리고 출력은 작고 단순한 것은 집에서, 나머지는 더 좋은 프린터를 가진 곳에 맡기면 된다.

전 세계 디자이너를 연결로

스레드리스Threadless[47]는 티셔츠를 만드는 회사이다. 하지만 이 회사에 티셔츠 디자인을 담당하는 사람은 없다. 스레드리스 티셔츠는 300만 명의 스레드리스 커뮤니티 회원이 출품한 디자인 중에서 투표로 선정해 한정 생산한다. 최고의 디자인을 선정하는 것도 온라인 커뮤니티이다. 선정된 디자인을 제공한 회원에게는 다양한 방식으로 보상이 제공된다. 이렇게 회원들의 투표로 선정된 디자인으로 한정 생산한 티셔츠가 안 팔린다면 오히려 이상한 일이 아닐까? 스레드리스는 전 세계에 소비자이자 생산자인 커뮤니티를 만들어가고 있다.

그야말로 항공기 다음으로 부품이 많다는 자동차를 스레드리스처럼 온라인으로 연결해 디자인하는 것은 가능한 일일까? 로컬모터스는 고작 수십 명 규모의 자동차 회사이다. 사실 로컬모터스는 자동차 회사라고는 하지만 '자동차에 미친 디자이너 커뮤니티'가 더 맞는 표현이다. 로컬모티스의 도론방은 항상 수천 명의 디자이너가 아이디어를 쏟아내고 더 놀라운 아이디어가 더해지는 용광로이다. 지금 거리를 질주하는 BMW의 '전기자동차 i3'[48]도, 미군의 오프로드용 지프도, 도미노피자의 배달차도 로컬모터스가 디자인했다. 지금 로컬모터스는 커뮤니티가 디자인한 자동차에 IBM 자율주행 기술과 3D 프린팅을 적용해 자동차를 생산하고 있다.

개인이 프린터에 사용할 디자인, 즉 원하는 파일을 어떻게 얻을지도 생각해보자. 직접 만드는 방법도 있지만, 로컬모터스처럼 디자이너 커뮤니티가 협업으로 만든 디자인을 사거나 얻는 방법이 있다. 그리고 스레드리스처럼 개인 디자이너의 창의력을 기반으로 만든 디자인을 사거나 얻을 수도 있다. 심지어 음악 파일을 유통하는 스포티파이Spotify[49]나 멜론Melon처럼 유료로 원하는 파일을 살 수도 있다. 그러나 가장 쉽게 파일을 얻는 방법은 프린터에 장착된 음파 스캐너로 실제 제품을 스캔해서 만든 파일을 얻는 것이다. 앞으로는 누군가 사거나 얻거나 직접 스캔한 명품 핸드백 신제품 파일이 순식간에 원하는 모든 사람의 손에 들어갈지도 모른다.

제조와 물류 혁신을 연결로

실제로 3D 프린터가 공장에서의 제조를 대체하는 데 장애는 거의 없다. 지금 3D 프린터는 가장 바꾸기 쉬운 곳에서부터 서서히 제조를 바꿔가고 있을 뿐이다. 개인 취미용 완구, 의료용 보철, 선수용 맞춤 의류, 기업이나 개인의 시제품, 대형 제품의 부품과 같은 것이 그것이다. 그러나 현재 수천에서 수만 달러에 이르는 고성능 3D 프린터 가격이 더 내려가면 대부분 장애가 순식간에 사라진다. 우리가 기억해야 할 것은 대부분 IT 장비들이 매년 같은 가격에 성능이 두 배가 된다는 점이다. 디지털카메라 초기에는 필름카메라와 경쟁할 수 없는 몇만 화소도 안 되는 수준이었지만, 지금은 필름카메라를 99.999% 대체했다.

이런 고성능 3D 프린터가 곳곳에 깔리게 되면 무슨 일이 벌어질까? 무엇보다 프린터로 생산하는 제품의 품질과 가격이 공장에서 만든 제품과 크게 차이가 생기지 않는다면 어떻게 될까? 이것은 프린터가 있는 곳이 실제 공장이 된다는 의미이다. 이 작은 공장은 전 세계 어디서든 파일만 전송받으면 소비자 곁에서 제품을 생산할 수 있다. 이렇게 물류비가 제로를 향하는 일이 벌어진다. 심지어 전통적인 제조공장에서 자신들이 만드는 제품 파일을 전송해 3D 프린터로 출력하는 일도 벌어질 것이다. 새로운 제조가 새로운 물류를 만들어갈 것이다.

미래의 3D 프린팅 제조업체가 하는 일

3D 프린터와 관련해서 한 가지 생각해볼 문제가 있다. '미래의 3D 프린팅 제조업체는 무엇을 만드는 곳일까?' 시간이 흘러도 현재의 제조업체 일부는 대규모 공장을 가동하면서 자체적으로 제품을 생산하고 유통하겠지만, 아디다스가 제조방식을 다변화하는 것처럼 한 가지 방식만을 고집하며 생산하지는 않을 것이다. 대다수 제품은 킨코스Kinkos를 닮은 '3D 허브'나 '포노코Ponoko'[50]와 유사한 형태의 '소규모 생산거점'에서 지역과 세품 특성에 따라 생산하게 될 것이다. 특별한 제품들은 국가별 거점에서 생산될 수도 있다. 아디다스가 미국에 설립한 3D 프린팅 신발 공장은 신발을 실제로 이렇게 생산하기 위해 설립되었다.

그러면 3D 프린팅 제조업체는 '제품을 디자인하여 직접 운영하는 공장에서 생산하거나 3D 프린터를 가진 곳에 파일을 제공하는 일'을 하는 곳인가? 이를 생각해보려면 LP나 CD를 제작해 팔던 음반제조업이 어떤 길을 갔는지 생각해보면 된다. 가끔 복고의 바람이 불고 음악 애호가가 있어서 명맥은 유지되지만, LP나 CD는 디지털 음원으로 변환되어 유통된다. 원한다면 음원을 CD에 담을 수도 있다. 미래의 3D 프린팅 제조업체는 자신들의 제품을 어디에 어떤 3D 프린터를 가진 생산거점과 협업할 것인지를 결정하게 될 것이다. 물론 로컬모터스처럼 자신들이 직접 생산거점을 운영할 수도 있다. 그렇더라도 자신들의 제품이 해킹되거나 복제되어 엉뚱한 곳에서 생산되지 않는다는 가정이 있어야 한다.

3D 프린터의 새로운 도전

　이제 걷는 시기에 진입하기 시작한 3D 프린터는 크게 3가지 측면에서 경쟁력을 갖췄다. 첫째는 미래가 원하는 다품종 소량생산이나 개인 맞춤형 생산에 최적이라는 점이다. 산업혁명이 만든 소품종 대량생산 체제에서 탈피할 방법이 3D 프린터에 담겼다. 둘째는 비용, 원료, 시간 등 자원 측면에서 낭비 요소를 획기적으로 줄일 수 있다. 잘라서 버리는 낭비 요소, 접착하거나 꿰매거나 용접하는 공정, 원료와 제품을 수송하고 배송하는 물류까지 비용을 획기적으로 줄인다. 셋째는 다른 산업과의 융합이나 파급력이 기존의 혁신과는 완전히 차별화된다는 점이다. 바이오기술과 프린터의 융합이 생명공학의 새로운 길을 연 것이 대표적이다.

　다품종 소량생산이나 개인 맞춤형 생산은 소비자의 요구에 최적화된 생산 방식이다. 그 누구도 같은 옷을 입고, 같은 가방을 메고, 같은 차를 타고, 같은 장소에 나타나기를 원하지 않는다. 이런 삶은 같은 교복을 강제로 입고 등교해야 하는 학생들조차 원하지 않는다. 비싼 자동차도 마찬가지다. 똑같은 차를 타서 행복하다는 사람은 거의 없다. 같은 차를 타는 자동차 동호회 회원도 만나서 하는 얘기는 공통의 문제 해결에 관한 것이 아니라면 어떻게 개성 넘치는 튜닝을 할 것인가이다. 3D 프린터는 이런 소비자의 개성을 반영하는 길을 열었고 프린팅 소재를 통해 잠재력이 더욱 강화될 것이다.

무한 가능성의 3D 프린팅 소재

가장 많이 사용하는 3D 프린팅 소재는 광경화성 수지, 플라스틱 필라멘트, 메탈 분말 정도로 분류할 수 있다. 2019년 현재 ABSAcrylonitrile-Butadiene-Styrene, 폴리프로필렌Polypropylene 계열의 광경화성 수지가 전체 소재의 50% 정도를 차지하고 있고, PLAPoly Lactic Acid 등을 활용하는 플라스틱 필라멘트가 25%, 티타늄이나 알루미늄과 같은 메탈 분말이 23% 수준으로 비슷한 수요를 창출하고 있다. 하지만 사용량 증가 추이로 보면 2020년부터는 플라스틱 필라멘트가 광경화성 수지를 크게 앞지를 것으로 예상한다. 또한, 메탈 분말 소재는 티타늄과 철이 절대 우위를 점하게 될 것이다.

하지만, 이외에도 유리 분말, 카본, 목재, 세라믹, 종이, 콘크리트, 생체 세포, 나이론 등 이미 활용되는 소재가 다양하고, 새로 개발되는 프린터나 제품의 활용 목적에 따라 새로운 소재도 끊임없이 개발되고 있다. 특허 출원된 소재로 판단해보면, 세계 1위 미국의 3D시스템즈는 거의 모든 산업에서 활용할 수 있는 프린터와 소재를 개발하고 있고, 경쟁사인 2위 스트라타시스는 바이오기술과 연관된 인체조직과 기계 제작에 관련된 프린터와 소재를 개발하고 있다. 항공사 보잉Boeing[51]은 자동차와 항공에 관련된 소재를 개발하고 있다.

달에서 사용할 프린팅 소재

달에 사람이 거주할 건축물을 짓는다면 어떤 방법이 있을까? 우주 개발 경쟁이 치열한 우주 강국들은 달기지 건설에 관한 아이디어를 내기 시작했다. 유럽우주항공국European Space Agency[52]은 이미 2013년에 달기지 건설에 관한 놀라운 아이디어를 냈다. 그것은 3D 프린터를 활용하는 방법이다. 달의 토양은 알루미늄, 실리콘, 철 산화물과 같은 물질로 구성되어 있다. 지구에서 프린터와 프린팅 첨가제 및 관련 장비를 달에 가져가면 토양 성분을 활용해 3D 프린팅으로 돔 모양의 기지를 건설할 수 있다. 달에서 사용할 장비도 제작할 수 있고 향후 주거에 필요한 다른 설비도 제작할 수 있다.

유럽우주항공국은 달의 토양과 유사한 토양을 구성해 1.5톤 분량의 돔 빌딩을 완성했다. 실제로 달에 돔 빌딩을 완성하면 돔과 돔을 서로 연결해가며 우주 방사선과 우주 낙하물로부터 보호받는 대규모 기지로 확대해갈 수 있다. 완성된 기지 내에는 서로 다른 기능의 프린터들이 의식주를 해결할 제품과 임무에 필요한 장비를 계속 생산할 수 있다. 지구에서는 부족한 소재를 보급하고 프린팅 파일을 전송해주면 된다. 유럽우주항공국의 로런 팜바귀안Laurent Pambaguian은 "3D 프린팅 기술로 달기지 전체를 프린트할 수 있다. 이미 우리는 달 기지를 건설하는 데 프린팅 기술을 활용할 수 있는지 확인했다."라고 말했다.

생명 연장의 바이오 프린팅 소재

생명공학과 결합한 3D 프린팅 기술은 상상하기 어려운 과제들을 해결해가고 있다. 인공피부, 인공각막, 인공간, 인공신장, 인공심장도 한 번에 출력하는 단계에 이르렀다. 2019년 4월에는 이스라엘 텔아비브 대학 연구팀이 심실, 혈관, 근육이 가득한 미니 심장을 완벽하게 바이오 프린터로 출력하는 데 성공했다. 이 바이오 프린터에 활용한 주소재는 인간의 세포이다. 인간 신체에서 추출한 세포를 실험실에서 배양해 프린팅 소재로 활용한 것이다.

하지만 인공심장과 같은 복잡한 장기를 만들려면 여러 가지 세포 조직이 필요하다. 동맥과 정맥, 근육, 혈관, 판막 등 서로 다른 세포조직을 융합해 하나의 심장으로 프린트해야 하기 때문이다. 또한, 각 세포가 프린트하는 과정에서 결합해 안착해야 하고, 실제 신체와 결합하는 과정을 촉진해야 하므로 이에 필요한 다양한 첨가제가 보조 소재로 개발되어 쓰이고 있다. 하지만 프린터로 생산한 장기를 이식하기까지는 넘어야 할 장벽이 많다. 장기간의 장기이식 실험을 통해 부작용을 검증해야 하는 단계를 넘어야 하고, 아직 정립되지 않은 여러 가지 생명윤리 문제를 극복해야 하는 과제도 남았다. 2030년, 바이오 프린팅 기술로 만든 인공 장기는 신체조직을 복구, 재생, 대체하는 세 가지 목표에 확실하게 다다를 것이다.

혁신을 프린트하는 4D 프린팅 소재

3D 프린터로 생산한 제품이 조건에 따라 형태가 변하거나 기능이 변한다면 어떨까? 예를 들어, 체온이 올라가면 더 많은 땀을 외부로 배출할 수 있도록 섬유조직이 열리거나 느슨해지는 운동복을 생각할 수 있다. 수압이 올라가면 지름이 더 커지는 배관용 파이프나 프린트 후에 자동으로 조립되는 제품도 생각할 수 있다. 이런 프린팅 개념을 MIT의 자가조립연구소 티비츠Tibbits 소장이 TED에서 4D 프린팅으로 소개했다. 3D 프린팅과 4D 프린팅의 가장 큰 차이는 프린팅 소재가 다르다는데 있다.

4D 프린팅을 활용하면 체온에 따라 기능이 변하는 운동복과 같은 혁신적 기능을 갖춘 제품을 생산할 수 있는 강점도 있지만, 자가조립이 가능한 소재를 사용하면 작은 프린터로 큰 물체를 프린트할 수 있는 강점이 더해진다. 특히 형상기억합금과 같은 소재를 활용해 만든 제품의 자가조립 기능은 조립 공정을 줄이거나 없애기 때문에 신속하게 만들어 활용할 수 있다. 따라서 4D 프린터는 항공, 군사, 의료, 건축 등의 분야에서 향후 활발하게 활용할 것으로 전망한다.

프린터가 만든 일자리 빅뱅

2021년 미국에서 본격적으로 3D 프린터가 제조에 활용되면 기존의 제조 자체를 급속도로 파괴하기 시작한다. 이미 미국에는 3D 프린터가 보급되지 않는 곳이 없을 정도이다. 이 말은 3D 프린터를 활용한 산업으로 이동하거나, 3D 프린터를 활용한 비즈니스를 미리 선점하면 긴 시간 자기 일이 될 수 있다는 의미다. 물론 사라지는 산업과 마찬가지로 경쟁은 급속도로 치열해진다. 다른 분야도 그렇지만, 3D 프린터 제조 분야는 우리나라가 이미 늦었다. 바이오 프린터를 개발하듯 프린터 전문기업과 협업해 프린터를 일정 부분 개선하고 개조해 활용하는 일로 눈을 돌려야 한다.

프린터 제작을 제외하면 프린터 소재 개발이 가장 상위의 산업이 된다. 의류, 의료, 건축, 소품, 시제품 제작의 모든 분야에 3D 프린터 소재를 개발하는 일자리가 만들어진다. 하지만, 3D 프린터가 간단하게 물건을 제작할 수 있다는 말은 복잡하게 만들던 여러 사람의 일이 버튼 하나로 해결된다는 의미다. 3D 프린터로 집을 짓는다면 그만큼 집을 짓는 사람의 일은 줄어든다. 생산과 관련된 용접, 판금, 단조, 도장, 가공, 세공, 조립, 정비의 일자리도 이미 프린터에 자리를 내어주고 있다. 전문가에게 맡겨 처리하던 일이 스스로 할 수 있는 일이 되는 것이다. 간접적인 새로운 일자리로는 프린트 대행, 개인 맞춤형 디자인, 3D 프린팅 교육이 있다. 3D 프린터용 디자인 파일을 제작하는 프리랜서 디자이너는 훌륭한 디자인을 공개해 스타가 될 수 있다.

04

사물인터넷,
5G 통신기술과의 융합

5G는 4G보다 20배 빠른 데이터 전송 속도를 갖췄다. 또한, 1㎢ 내에 100만 개의 단말기나 사물인터넷을 연결할 수 있다. 미래학자 스티브 사마티노가 <위대한 해체>에서 처음으로 언급한 초연결 사회로 가는 필수 요소가 5G 통신과 사물인터넷이다. 지금 우리는 이미 5G 세상에 들어왔다.

5G, 초고속 초연결 사회

2019년 4월, 세계 최초를 놓고 한판 대결이 펼쳐졌다. 이는 5세대 이동통신인 5G 상용화를 놓고 한국과 미국이 벌인 대결이다. 2019년 4월 12일, 미국 트럼프 대통령은 5G 주도권을 확보하기 위한 특별 기자회견을 백악관에서 미국연방통신위원회Federal Communications Commission [53]위원장과 함께 열었다. 트럼프 대통령은 "5G를 향한 게임이 시작됐다. 반드시 미국이 이겨야 한다. 다른 나라가 미국을 앞지르는 것을 절대 용납할 수 없다. 정부는 기업이 필요한 만큼 무선 주파수를 풀고 네트워크 규제도 제거할 것이다."라고 말했다. 이 대결에서 '세계 최초'라는 타이틀은 예정일보다 며칠 앞당겨 한밤중에 상용화를 시작한 한국에 돌아갔지만, 정작 중요한 것은 '세계 최초'가 아니라 '세계 최고'에 있다는 사실이다.

5G는 LTELong Term Evolution로 불리는 4G 통신과 어떻게 다를까? 우선 5G는 4G보다 20배 빠른 데이터 전송 속도를 갖췄다. 또한, 1km² 내에 100만 개의 단말기나 사물인터넷을 연결할 수 있다. 그래서 5G 통신은 4G보다 더 넓은 주파수 대역을 사용함으로써 4K, 8K와 같은 대용량 데이터를 대규모로 빠르게 전송한다. 미래학자 스티브 사마티노Steve Sammartino가 〈위대한 해체Great Fragmentation〉[54]에서 처음으로 언급한 초연결 사회Hyper-connected Society로 가는 필수 요소가 5G 통신과 사물인터넷이다. 지금 우리는 이미 5G 세상에 들어왔다.

초저지연성과 고신뢰성이라는 새로운 무기

5G는 초저지연성超低遲延性, Ultra-low Latency과 고신뢰성이라는 새로운 특징을 갖췄다. 초저지연성은 통신환경의 종단End-to-end 간 전달 시간이 매우 짧다는 의미로, 전달 시간이 0.001초에 불과하다. 만약 초저지연성이 떨어지는 상태에서 가상현실을 구현하거나 다자간 통신을 구현하면 지연 현상으로 인한 통신 왜곡이 발생한다. 마치 생방송으로 현장을 연결할 때, 리포터를 부르면 한참을 기다려야 대답하는 것이 그런 사례이다. 초저지연성은 쌍방향 가상현실은 물론, 드론이나 자율주행 자동차와 같은 뉴 모빌리티 통신환경에도 필수적이다. 시속 100㎞를 넘나드는 속도로 질주하는 차량이 정보를 주고받는 데 지연 현상이 발생한다면 사고에 취약해질 수밖에 없다.

고신뢰성은 데이터의 정밀도와 관련된다. 우리가 GPSGlobal Positioning System로 받는 위치 정보는 5m 정도의 오차가 발생하는 수준이다. 반면에 군사용 GPS는 1㎝ 수준으로 정밀하다. 그래서 정밀 유도무기의 정확도는 곧 GPS의 정밀도이다. 이와 유사하게 1999년부터 이미 300만 건 이상 수술에 투입된 인튜이티브 서지컬Intuitive Surgical의 다빈치 수술 로봇da Vinci Surgical System으로 원격 수술을 집행한다고 가정하자. 이 수술이 성공하려면 원격지에서 정밀하게 움직이는 의사의 손동작 데이터가 오차 없이 다빈치에 전달되어 재현되어야 한다. 5G의 고신뢰성은 자동화 공장의 증강현실 조립 공정, 가상현실 사무실, 원격 의료, 자율주행 자동차 등으로 무한 확장할 확실한 기반이다.

5G가 만드는 미디어 융합과 빅뱅

5G 통신기술은 통신의 효용성이나 속도를 개선하는 데 그치지 않는다. 5G 통신기술은 미디어 자체의 활용도를 무한으로 확장할 수 있다. 텔레비전 방송과 같은 전통적인 미디어는 4K에서 8K로, 16K로 계속 진화해가며 가정 내 미디어로서의 강점을 부각하겠지만, 가상현실 글라스와 같은 새로운 미디어는 5G를 만나 텔레비전보다 훨씬 강력한 미디어가 되어갈 것이다. 지금 우리는 미국 메이저리그 야구를 텔레비전이나 컴퓨터, 스마트폰으로 시청한다. 영국 프리미어리그도 마찬가지이다. 그런데 5G 통신환경에서 가상현실 글라스를 착용하고 시청한다면 어떻게 될까?

우선 가상현실 글라스를 착용하고 시청을 원하는 프로그램으로 이동한다. 예를 들어, 글라스를 착용하고 미국 메이저리그 홈페이지에 로그인하면 류현진이 등판하는 경기의 1루 관중석 가장 좋은 자리에서 야구를 관람할 수 있다. 관람 위치에 따라 차별화된 요금을 지급하도록 가상현실 프로그램이 작동하는데, 원한다면 공격과 수비에 따라 자리를 이동해가며 관람할 수도 있다. 이것은 텔레비전 중계화면을 보는 것이 아니라, 실제 관중이 되어 경기를 관람하는 것이다. 이렇게 되면 방송과 같은 미디어가 아니라 콘텐츠 생산자가 직접 관중을 전 세계에서 무한으로 모을 수 있다.

5G 통신기술은 콘텐츠 크리에이터를 그대로 미디어로 전환하는 촉매가 될 것이다. 지금은 어떤가? 크리에이터와 미디어 플랫폼이 별개로 작동한다. 그래서 유튜브라는 미디어 플랫폼은 네이버와 같은 미

디어 플랫폼과 크리에이터를 두고 경쟁한다. 그런데 5G 통신기술은 앞의 메이저리그 사례처럼 크리에이터를 분리된 개별 미디어로 바꿀 것이다. 물론 작은 미디어가 된 크리에이터를 위한 플랫폼도 생겨날 것이다. 분리된 미디어이지만 미디어 플랫폼과 협업하는 미디어도 많아지고, 플랫폼 간에도 경쟁하게 될 것이다. 지금 66억 개를 넘어선 미디어가 융합하고 빅뱅하는 분기점에 발을 디뎠다.

자율주행 기술과 융합하는 5G

현재 사용하는 GPS의 오차는 5m 수준이다. 그래서 GPS에 의지해서는 자율주행 자동차를 운행할 수는 없다. 더구나 GPS 수신이 불가능한 터널, 수신 환경이 좋지 못한 고층건물 아래와 같은 곳에서는 GPS 정보를 신뢰하기 어렵다. 그래서 자율주행 자동차는 카메라, 레이더 Radar, 라이더Lidar 시스템을 함께 활용한다. 하지만 광선을 활용하는 카메라와 전자파를 활용하는 레이더는 정확성에서 기상상태와 거리에 크게 영향을 받는다. 그래서 레이저를 활용해 3차원으로 사물을 인식하는 라이더를 통해 이를 보완한다. 여기에 30cm 수준의 정확도로 위치 정보를 확인할 수 있는 5G 위치 정보는 자율주행 기술의 완성도를 더욱 높여준다.

하지만 GPS, 카메라, 레이더, 라이다, 5G 정보를 통합해 처리한 정보라고 하더라도 일반도로 기준 최소 도로 폭 3m, 고속도로 기준 3.5m를 달리는 자동차의 안전을 100% 보장하기는 어렵다. 그래서 중앙분리대, 도로표지판, 차선, 신호등과 같은 인프라에 사물인터넷을 설치하고,

5G 통신으로 달리는 차와 지속해서 교통 정보와 변화를 교환Vehicle-to-Infra하는 것이 중요하다. 또한, 차와 차Vehicle-to-Vehicle가 5G 무선통신으로 정보를 주고받을 수 있으면 사고를 예방하고 안전을 담보할 수 있다. 마지막으로 5G는 이런 모든 정보를 모아 분석하고 가공해 최신정보를 제공하는 중앙교통통제소와의 통신을 가능하도록 한다.

자동화 공장에서 엔터테인먼트까지

BMW는 몇 년 전부터 증강현실과 가상현실 장비를 개발해 조립 및 품질 검사에 활용해 왔다. 작업자가 증강현실 글라스를 착용하고 조립 설비에 서면, 작업하는 순서나 속도 등을 중앙통제장치에 무선으로 연결된 작업자용 글라스에 표시해주거나 음성으로 알려준다. 차체를 조립하는 과정에서도 패널 간의 유격이나 조립 품질 등이 어떤지를 작업자에게 정밀하게 알려준다. 이렇게 되면 불량을 원천적으로 예방할 수 있다. 무선통신으로 연결된 3차원 스캐너와 카메라와 같은 장비는 품질 검사에도 활용된다. 이제부터는 눈으로 확인하기 어려운 작업을 정밀한 기계가 5G 이동통신으로 더욱 정밀하게 처리할 것이다.

"2023년, 일정표에 있는 백화점으로 자율주행차가 출발하자 스마트폰과 연결된 앱이 차량 인포테인먼트 시스템에 실행된다. 쇼핑 목록 몇 가지를 선택하자 할인쿠폰이 자동으로 다운로드 되고 도착 시각과 하차 위치, 자동주차 위치, 차량 무인이동 동선이 표시된다. 30분 정도 남은 이동시간에는 초고화질 영화를 5G 통신으로 내려받아 본다. 백화점에 도착하자, 하차 구역에 진입하기도 전에 이미 자동차는 예약된 주차 위치 정보와 이동 경로를 다시 확인했다. 사람이 내리고 나면 자동차는 주차구역까지 자동으로 이동해 정해진 위치에 주차한다. 쇼핑을 끝내며 호출한 자동차는 5G 통신으로 내 위치를 확인하고 이동을 시작한다."

5G 이동통신은 자율주행 컨넥티드 카, 자율주행 대중교통, 자율주행 드론, 자동화 공장, 증강현실 및 가상현실, 초고화질 콘텐츠, 리테일 산업, 사물인터넷과 결합해 초고속 초연결을 실현하면서 온라이프Onlife 사회를 완성해갈 것이다.

　우리의 삶을 오프라인과 온라인으로 구분할 수 있을까? 우리는 백화점이나 대형 할인점에 가서 제품을 보고, 온라인으로 더 싸게 살 수 있는지 확인하고 구매방법을 선택한다. 반대로 온라인으로 제품을 검색하고 살펴본 후, 오프라인 매장에 들러 구매하기도 한다. 콘텐츠도 마찬가지다. 텔레비전으로 방송국에서 송출하는 화면을 오프라인으로 소비하기도 하고, 온라인으로 찾아 들어가 원하는 콘텐츠를 원하는 시간에 소비하기도 한다. 우리는 이미 오프라인과 온라인을 구분하지 않는다. 쇼핑이든, 시청이든, 체험이든, 학습이든 오프라인과 온라인을 구분하지 않는 온라이프 사회를 이미 살고 있다.

　'온라이프 사회'는 이탈리아 철학자 루치아노 플로리디Luciano Floridi가 유럽연합 집행위원회European Commission[55]에서 '온라이프 선언문'에서 설명한 용어이다. "온라인과 일상적인 삶의 차이가 점점 희미해져서 마침내는 두 영역의 구분이 사라지게 된다."[56]는 것이 핵심이다. 네덜란드의 미래학자 바이난트 용건Wijnand Jongen은 파이낸셜뉴스신문이 주최한 '온라이프 사회가 온다' 강연에서 이를 이렇게 설명했다. "온라이프 사회는 사람들이 단지 인터넷이나 어떤 도구로 연결된 상태로 끝나는 것이 아니라, 서로의 욕구가 모이는 그곳에 즉각적으로 연결된다는 의미이다."

인류는 길게는 20만 년 이상을 오프라인 물리 세계에서만 살아왔다. 이 기간의 95%가 구석기 시대 이전이고, 많은 인류가 동시에 온라인 가상세계를 경험한 지는 20년도 채 되지 않는다. 그래서 가상세계를 자꾸 물리 세계와 구분하려고 한다. 익숙해질 만도 한데 가상세계를 물리 세계와는 다른 세계로 생각한다. 하지만 스마트폰으로 본 기사가 곧 컴퓨터로 본 기사이고 실제로 일어난 일이고 종이신문에 활자화된 기사이다. '인더스트리 4.0'을 내세우는 독일은 공장도 가상 공장과 물리 공장을 합쳐가고 있다. 독일은 가상 공장과 물리 공장을 연결하고 가상 공장을 움직여 물리 공장을 100% 가동하는 목표를 세웠다. 사람이 거의 사라진 완전 자동화된 공장이다. 이런 일은 가정, 매장, 공장, 도로를 가리지 않는다.

연결된 가정, 매장, 공장, 도로

온라이프 사회는 모든 것이 연결되어 이루어진다. 스마트폰과 PC와 인터넷이라는 도구로 연결된 세계가 급속하게 모든 것이 다양한 방법으로 연결된 세계로 진화하고 있다. 그중에서 온라이프 사회를 가장 먼저 실현해가는 곳은 가정이다. 가정에는 스마트홈을 구현해내는 다양한 제품들이 속속 자리를 잡아가고 있다. 심지어 주택 자체도 연결된 상태로 건축되고 더 많은 연결이 가능하도록 설계된다. 냉장고는 안에 든 음식물의 종류와 양은 물론 유효기간도 알고 있다. 나아가 그 음식물로 만들 요리도 추천한다. 세탁기는 언제 가동해야 전기료를 절약할 수 있는지 알고 있다. 가정의 작은 인공지능 비서나 스마트폰 앱은 가정에서 이런 모든 일이 어떻게 실행되는지 알고 있다.

매장은 지금 사람이 하던 일을 '연결'로 완전히 대체하는 방향으로 이동하고 있다. 아마존고AmazonGo는 인공지능, 기계학습, 컴퓨터 비전, 센서를 활용한 이미지 처리기술을 기반으로 무인으로 운영된다. 아마존고는 오프라인으로 매장이 운영되지만, 계산과 정산 등의 모든 과정이 온라인으로 처리된다. 중국의 알리바바와 징둥닷컴은 경쟁하듯 RFIDRadio Frequency IDentification를 활용한 무인점포를 계속 늘려가고 있다. 징둥닷컴은 2020년까지 무인점포를 1,000개까지 늘릴 계획이다.

2020년, 기업의 관심은 온통 자동화 공장으로 쏠린다. 가상 공장과 물리 공장을 연결하고 물리 공장에서 사람 대신 로봇으로 제품을 생산하는 자동화 공장은 품질과 생산성에서 제품 경쟁력을 최고로 끌어 올려줄 확실한 대안이다. 2022년은 사물인터넷 활용이 모든 곳에서 폭발적으로 증가하는 티핑 포인트Tipping Point이다. 2023년에는 5단계 완전 자율주행 자동차가 시판된다. 이 차는 일반도로에서도 인간보다 100만 배 운전을 잘하지만, 도로 곳곳에 사물인터넷이 깔리면 차와 도로, 차와 신호, 차와 차를 연결해가며 사고확률을 제로를 향하게 할 것이다.

현실과 연결되고 혼합된 가상세계

게이머들은 오큘러스Oculus[57]의 가상현실Virtual Reality 글라스 리프트Lift를 쓰고 3차원 도시에서 로봇과 한판 전투를 벌인다. 잭과 다이안은 생일을 맞은 멜리사를 현실과 가상이 융합된 놀이공원으로 초대해 파티를 열어준다. 그리고 가상의 카메라로 기념사진을 찍어 페이스북Facebook Spaces에 올린다. 실제로 우리는 가상현실이나 증강현실Augmented Reality을 아무 거부감 없이 일상에서 활용하고 있다. 친구들과 사진을 찍을 때, 실제 얼굴에 가상의 수염을 붙인 우스꽝스러운 장면을 스마트폰으로 찍기도 하고, 정보를 증강해주는 앱으로 눈에 보이지 않는 약국과 음식점을 찾는다.

현실을 강화한 증강현실, 현실과 가상의 경계를 융합한 융합현실Mixed Reality, 가상의 환경을 만들어 활용하는 가상현실은 모두 가상현실의 범주로 정의할 수 있다. 물론 물리 세계와 가상세계가 혼합되는 정도와 구현 방법에 따라 다르게 표현하기도 하지만, 그런 차이보다는 이런 기술이 곳곳에 반영될 때 어떤 모습으로 변화할 것인지를 확인하는 것이 중요하다. 월마트Walmart[58]는 가상현실 글라스를 착용하고 가상 매장으로 들어가 쇼핑하면 실제로 제품을 배송해주는 시스템 특허를 냈고, 월마트에서 중국의 징둥닷컴이 인수한 이하오디안Yihaodian[59]은 증강현실로 만들어진 매장에서 제품을 클릭해 구매하면 배송해준다. 홈플러스도 서울과 부산의 대중교통 요충지에 가상 매장을 여럿 열었다. 2025년이 되면 글라스를 착용하지 않고도 삼차원 홀로그램을 활용하는 가상현실이 어디서나 활용될 것이다.

연결된 전자화폐와 가상화폐

한국이나 일본은 아직 현금 사용량이 많지만, 유럽은 이미 현금 사용량이 10% 선으로 현금 없는 사회로 이행하기 시작했다. 그중에서도 스웨덴은 현금 비중이 1% 미만으로, 이미 현금을 사용할 수 없는 경제 구조로 변화되어가고 있다. 스웨덴은 현금 크로나Krona를 1:1로 환산한 e-크로나를 전자화폐로 사용한다. 개인은 중앙은행에 e-크로나를 보관하다가 카드나 휴대전화에 내려받아 사용한다. 은행도 보관에 불리한 현금 예금을 받지 않아 현금 유통은 더욱 줄어든다. 그러나 아직 전자화폐는 100% 해킹에서 벗어날 수 없고 전쟁과 같은 비상상황에서 현금을 온전하게 대체하기 어렵다. 그렇더라도 2022년이면 여러 국가에서 현금이 있더라도 현금을 사용하지 않게 될 것이다.

비트코인과 이더리움으로 대표되는 블록체인 기술 기반의 가상화폐는 새로운 단계로 진화하기 시작했다. 특히, 거대기업과 각국 정부가 주목하는 가상화폐 형태는 스테이블 코인Stable Coin이다. 스테이블 코인은 '제머나이 달러Gemini USD'처럼 미국 달러를 1:1로 대체하는 화폐 담보형, 가상화폐를 대체하는 가상화폐 담보형, 아무런 담보가 없는 무담보형으로 나뉜다. 전 세계에서 회원을 확보한 페이스북은 스테이블 코인 리브라Libra로 회원들이 미국 달러 기반의 금융거래를 할 수 있도록 준비하고 있다. 이들은 가상화폐로 자신들의 플랫폼 위에 경제활동 도구를 지원해 생태계를 키우고 수익을 확대하려고 한다. 그러나 현재는 화폐의 기능을 민간에 내주지 않기 위해 각국 정부가 규제를 확대하는 형국이다. 그렇지만, 계속 그렇게 하기는 어려울 것이다. 페이스북 스페이스와 같은 연결된 삼차원 가상공간에서 현금이나 신용카드처럼 가상화폐를 사용할 날도 머지않았다.

연결된 공유경제와 플랫폼

온라이프 사회는 소비하는 방식을 소유에서 임대나 공유로 확장해 가고 있다. 하지만 우리가 아는 공유경제Shared Economy를 조금 더 들어가 보면, 공유로 생각하는 대부분은 임대Rent이다. 에어비앤비Airbnb로 방을 예약하든, 집카Zipcar나 쏘카Socar의 자동차를 빌려 타든, 정수기를 빌려 쓰든 전부 임대다. 그래서 임대가 아닌 '공유'가 되려면 공동 투자해서 공동 소유가 되어야 한다. 임대경제는 새로 생긴 것이 아니다. 과거에도 농사철에는 농기구를 빌려 썼고 맞선을 보러 가기 위해 옷도 빌려 입었다. 그래서 실제로 우리가 공유경제라고 부르는 소비형태는 실제로는 임대경제Rental Economy이다. 어쨌든 연결로 만들어진 임대경제는 덩치를 키워 온라이프 사회의 소비 방식을 완전히 바꿔가고 있다.

온라이프 사회의 다른 변화는 소비자들이 연결된 플랫폼을 다양하게 활용할 수 있다는 데 있다. 온라이프 사회의 소비자들은 서로 다른 플랫폼을 활용하면서도 어떤 플랫폼은 같이 활용한다. 문제는 더 많이 연결된 플랫폼, 더 큰 플랫폼이 공룡처럼 소비자와 인접 플랫폼을 흡수해버린다는 데 있다. 심지어 거대 플랫폼은 저렴한 가격, 할인정책, 포인트, 편리성 등 다양한 수단을 앞세워 커진 권력으로 소비자들을 플랫폼에 가둔다. 하지만 온라이프 사회에서도 모든 권력은 소비자, 시민에게서 나온다. 집중된 권력은 부패하기 마련이다. 온라이프 사회의 시민들이 집단지능을 발휘하고 더욱 현명해져야 할 때다.

연결의 종착역, 뇌-뇌 인터페이스

    연결은 효율이다. 더 많이, 더 잘 연결된다는 것은 더 높은 효율을 이룬다는 말과 같다. 그리고 결국은 모든 것이 항상 연결된 상태가 된다. 하지만 연결은 기존의 질서를 해체하기도 하고 철저하게 파괴하기도 하고 다시 융합하게 하기도 한다. 이 연결은 급진적이기도 하지만 때로는 알기 어려울 정도로 조금씩 스며들기도 한다. 연결이 해체하고 파괴하는 방식도 마찬가지다. 연결은 산업을 통째로 사라지게 하기도 하지만, 때로는 조금씩 해체해서 감지하기 어려운 속도로 파괴하기도 한다. 심지어는 연결하는 방식, 융합하는 방식, 해체하고 파괴하는 방식조차 바뀌버린다.

    현재 진행 중인 연결에서 주목할 부분은 플랫폼과 플랫폼의 연결이다. 지금까지의 연결은 주로 개인과 개인의 연결, 플랫폼과 개인의 연결, 플랫폼과 작은 기업의 연결이었다. 하지만 덩치가 커진 플랫폼은 주변으로 영역을 넓히면서 다른 플랫폼을 연결하고 파괴하고 융합해갈 것이다. 2014년 페이스북은 4억5천만 명의 사용자를 확보한 세계 1위 메신저 플랫폼 왓츠앱WhatsApp을 200억 달러에 인수했다. 2018년 말에는 페이스북 사용자 22억 명, 왓츠앱 사용자 15억 명에 이르는 거대 플랫폼이 되었다. 여기에 2014년에 10억 달러에 인수해 10억 명의 사용자를 확보한 사진 및 동영상 공유 플랫폼 인스타그램이 있다. 이미 이 플랫폼들은 융합해 유통 플랫폼으로 변신을 시작했다.

마지막으로 남게 될 연결은 인간과 기계의 완전한 연결이다. 지금 인간은 스마트폰이나 PC와 같은 기계로 연결되고, 이 기계를 통해 다른 인간이나 플랫폼에 연결되지만, 인간이 생각만으로 기계에 직접 연결될 수 있다. 실제로 이런 연결은 곳곳에서 현실이 되어가고 있다. 영국의 의수 제조업체인 RSL 스티퍼RSL Steeper가 만든 비바이오닉Be.Bionic 의수義手는 뇌파를 동작으로 바꾼다. 의수를 착용하면 글씨를 쓸 수도 있고 동전도 집을 수 있다. 이와 같은 원리로 사람의 뇌가 직접 기계인 컴퓨터에 연결될 수 있다. 뇌·컴퓨터 인터페이스Brain-Computer Interface 혹은 뇌·기계 인터페이스Brain-Machine Interface라고 불리는 인간과 기계의 완전한 연결은 곧 현실이 된다.

연결, 파괴, 융합의 현재

대기업에서 운영하는 대형 할인점은 크기와 편리성 등으로 철저하게 전통시장을 파괴했다. 편리한 주차장에 다양한 상품은 많은 사람을 대형 할인점으로 향하게 했다. 하지만 일주일 치, 한 달 치 농축산물과 해산물을 사서 냉장고에 보관하면서 이게 옳은 방법인지 고민하게 됐다. 대형 할인점 냉동창고에 보관되었다가 고객에게 선을 보이기 위해 한참이나 매대에서 녹던 그 식재료들을 다시 가정의 냉장고로 옮겨 냉동 보관하는 것이 현실이다. 그리고 식재료는 한번 냉장고에 들어가면 언제 나올지 기약할 수가 없다. 상하고 안 먹어서 버린 식재료가 얼마나 많은가?

그렇다고 생산자가 할인점처럼 돈을 버는 것도 아니다. 어느 나라나 다수의 생산자는 소수의 대기업 앞에 약자가 될 뿐이다. 이런 모습은 미국이나 호주나 영국이나 한국도 마찬가지이다. 이를 참을 수 없던 호주의 브래든 로드Braeden Lord는 가장 효율적이고 편리한 방식으로 대형 할인점에 도전하기로 했다. 대형 할인점처럼 파는 것은 생산자에게도 소비자에게도 도움이 되지 않는다고 생각했다. 로드는 오프라인과 오프라인을 최적으로 연결한다고 자부해온 대형 할인점을 없애기로 했다.

우선 소비자를 연결하는 방법으로 모바일 애플리케이션을 채택했다. 오프라인에서 실제로 농수산물을 모으기 위해 도시 외곽에는 대형 창고를 마련했다. 온라인으로 오후 늦게까지 수집된 주문정보는 자동으로 취합되어 생산자에게 통보된다. 지방의 생산자는 즉시 냉장 트럭에 신선한 농수산물을 실어 보낸다. 냉장 트럭에 실려 대형 창고로 새벽에 모인 농수산물은 분류된 후, 가맹점에서 보낸 냉장 트럭에 나뉘어 다시 지역으로 배송된다. 가맹점들은 이 농수산물을 지역의 냉장 우유 배달차에 실어 새벽에 주문한 가정으로 배달한다.

2017년에는 호주 전 지역에서 25만 가정이 신선한 달걀, 우유, 빵, 해산물, 과일, 축산물을 매일 필요한 만큼씩 가정에서 받아 썼다. 이것이 오지 파머스 디렉트Aussie Farmers Direct[60]가 농부 셋과 우유 배달원 한 명으로 시작한 일이다. 오지 파머스 디렉트는 호주 농가의 희망이고 건강의 파수꾼이었다. 이들은 가장 빠른 연결을 선택해 기존산업을 해체해갔다. 새로운 연결은 새로운 일도 만들어냈다. 심지어 사라지던 우유 배달업도 새롭게 부활시켰다. 그러나 오지 파머스 디렉트는 사업모델을 카피한 대형 할인점들이 배달업을 일제히 시작하면서 사업에 심각한 타격을 입고 2018년에 유어그로서YourGrocer[61]에 인수되었다. 새로운 연결은 기존 연결의 해체일 수도 있다. 이 사업모델을 카피한 한국기업들에도 똑같은 위기가 닥치고 있다.

새로운 연결, 새로운 미래

페이스북은 플랫폼 공룡이다. 2018년 기준 페이스북으로 22억 명, 왓츠앱으로 15억 명, 페이스북 메신저Messenger로 13억 명, 인스타그램으로 10억 명 이상의 회원을 확보하며 계속 팽창하고 있다. 각각 특징이 있는 플랫폼을 이동하면서 사용할 수 있도록 설계되어 사용자가 서로 다른 플랫폼으로 빠르게 유입된다. 여기서 주목할 플랫폼 세 가지는 페이스북, 왓츠앱, 인스타그램이다. 페이스북은 사진, 뉴스, 글, 영상 등을 복합적으로 활용할 수 있고, 왓츠앱은 메신저에 기업서비스가 더해졌으며, 인스타그램은 단문에 사진과 동영상을 올릴 수 있다.

페이스북은 세 가지 플랫폼에 오큘러스의 삼차원 가상현실 플랫폼을 얹은 스페이스Facebook Spaces를 선보였다. 여기에 각 플랫폼에서 공통으로 사용할 미국 달러 기반의 스테이블 코인인 가상화폐 리브라를 준비하고 있다. 이것으로 페이스북이 구현하고자 하는 실제 모습은 무엇일까? 페이스북은 이런 미래를 그리고 있다. "왓츠앱 기업 계정으로 '빅히트 엔터테인먼트'는 삼차원 가상공간에서 열릴 BTS의 실시간 공연을 알린다. 전 세계에서 왓츠앱, 페이스북, 인스타그램 회원들이 이 소식을 퍼 나른다. 공연 시간이 다가오자 회원들은 오큘러스의 리프트를 쓰고 공연이 벌어지는 삼차원 가상공간으로 이동한다."

"공연 관람료는 2,000원이다. 이 공연을 전 세계에서 1억 명이 시청했다. 공연이 끝나고 리더 RM이 페르소나 앨범의 여러 가지 버전과 음원을 소개한다. 그리고는 공연을 시청한 사람이 지금 주문하면 10% 할인이 되고, BTS 멤버 아바타와 시청자 아바타가 공연 인증사진을 찍을 수 있다고 말한다. 순식간에 17,000원짜리 앨범 1천만 장이 팔린다. 아바타가 입을 수 있는 500원짜리 한정판 티셔츠 5,000만 장은 사라진 지 오래다. 회원들은 페이스북 가상화폐 리브라로 왓츠앱에서 클릭 한 번으로 대금을 지급한다. 페이스북에서 신용카드로 결제하는 사람은 없다."

마지막 연결, 뇌-뇌 인터페이스

사람의 손은 물건을 어떻게 집고, 잡고, 들고, 돌리고, 누르고, 이동시킬까? 실제로 이렇게 하기 위해서는 손이 작동하는 원리가 중요하다고 생각하겠지만, 시각과 같은 감각으로 물체의 특성을 순식간에 파악해내는 것이 더 중요하다. 또한, 경험을 계속 축적하는 것도 한몫한다. 빈 알루미늄 캔을 잡을 경우, 아주 미세하게 힘이 더 들어가면 캔이 찌그러진다. 하지만 인간은 거의 이런 실수를 하지 않는다. 누르는 경우도 마찬가지이다. 타자하는 경우와 병뚜껑을 눌러 돌려서 따는 경우를 명확하게 구분해서 힘의 크기를 조절해내는 것은 뇌의 분석과 명령이다.

생체 모방형 로봇을 만드는 독일의 페스토Festo는 2019년에 '바이오닉 소프트 핸드Bionic Soft Hand'를 개발해 공개했다. 철과 같은 단단한 소재가 아닌 부드러운 소재와 섬유, 공기주머니 등으로 구성된 바이오닉 핸드는 뇌파를 인식해 작동한다. 가위바위보를 할 수 있을 정도로 정밀하게 작동하는 바이오닉 핸드는 인공지능이 장착되어 사용할수록 정밀도가 개선되며, 다른 바이오닉 핸드의 데이터들을 융합해가며 성능을 향상해간다. 이미 인간의 뇌는 생각만으로 기계에 연결되고 움직이는 수준에 이르렀다.

뇌·기계 인터페이스는 2025년이면 급속하게 발전해 더욱 빠르게 연결될 것이다. 2019년에 정밀하게 바이오닉 핸드를 조작하던 뇌는 2025년에는 생각만으로 컴퓨터를 제어하고 검색하는 수준에 이른다. 무엇을 모르는지 생각하거나 모른다는 생각만으로 다 아는 것이 된다는 의미이다. 뇌·기계 인터페이스가 모두에게 확장하면 어떻게 될까? 이것은 연결된 모든 사람의 새로운 연결로 진화한다. 말하지 않아도 생각만으로 연결된 모든 사람과 대화할 수 있다. 완전하지는 않더라도 2035년이 오기 전에 뇌·뇌 인터페이스Brain-Brain Interface가 현실이 된다. 미국의 물리학자 미치오 카쿠Michio Kaku는 저서 〈마음의 미래The Future of The Mind〉에서 뇌·뇌 인터페이스Brain-Brain Interface로 '마음 인터넷Internet of the Mind' 세상이 열린다고 했다.

초연결의 어두운 그림자

어떤 광고를 클릭했더니, 다른 사이트를 방문해도 계속 그 광고 배너가 따라다니는 경험은 누구나 해봤을 것이다. 예를 들어, 어떤 사이트에서 우연히 N이라는 제품 광고를 보고 N을 클릭한 적이 있는데 P, K, X와 같은 다른 사이트에 들어가도 N 광고가 계속 나타난다. 최근에는 N과 연관된 다른 제품까지 보여주며 더 많은 클릭을 유도한다. 침대 광고에 관심을 보였다면 매트리스, 침대 커버, 침구와 같은 제품을 계속 광고로 노출하는 식이다. 하지만 이런 광고기법을 피할 방법은 없다. 왜냐하면, 가장 영향력이 큰 대부분 언론사 사이트, 연예나 스포츠 사이트, 구직 사이트, 게임 사이트가 이런 광고에 협조하기 때문이다. 사실은 협조가 아니라 이렇게 돈을 번다.

이 광고기법은 대부분 구글의 광고플랫폼을 활용한다. 개인의 기호, 취미, 관심을 그대로 광고에 접목하는 이런 기법을 피할 방법은 거의 없다. 게다가 법적으로도 문제가 없다. 하지만, 누군가 나의 행동을 감시하고 관심과 행동 패턴을 추적하고 있다는 불안감이 들지 않을 수 없다. 실제로 스마트폰에 내장된 페이Pay나 신용카드 사용을 분석하면 개인의 사생활을 대부분 알 수 있다. 몇 시에 어느 역에서 지하철을 탔으며, 어느 역에서 버스로 갈아타고, 어디에서 내렸는지도 알 수 있다. 어떤 커피전문점을 좋아하고 무슨 음료를 주문하는지 아는 것은 그들에게는 아주 쉬운 일이다.

데이터는 상상할 수 있는 모든 방법으로 수집되고 분석된다. 검색어, 접속 사이트, 구매 제품을 통해 데이터를 분석하는 것은 애교 수준이다. 사진, 위치 정보, CCTV로도 정보가 수집되고 분석된다. 물론 범죄를 예방하고 수사에 활용되어 성과를 내기도 한다. 하지만, 정보의 활용에는 긍정적인 측면과 부정적인 측면이 동시에 존재한다. 최소한 정보를 제공하는 사람에게 어떤 정보가 수집되고 어떻게 활용되는지는 제대로 알려야 한다. 우리는 항상 온라인 상태다. 지금은 손에 온라인 상태의 스마트폰을 들고 있지만, 앞으로는 주변의 대부분 사물이 온라인 상태로 우리를 지켜볼 것이다.

디지털 행동과 디지털 발자국

온라인상에서 행동했다는 말은 디지털 발자국을 남겼다는 말과 같다. 디지털 행동에는 디지털 기록이 남고, 그것이 온라인에서 한 행동이라면 온라인에 기록이 남는다. 내가 검색한, 방문한, 결제한, 올린, 대화한 정보가 모두 기록으로 남는다. 그런데 이 정보가 쌓여 분석되면 '왜' 검색하고, 방문하고, 결제하고, 올리고, 대화하는지 알 수 있다. 어느 해 2월, 36세인 누군가가 아동복과 장난감만 사다가 학생용 가방, 필기구, 노트를 샀다면 M의 주변에 학교에 입학하는 아이가 있다고 분석된다. 구매 정보만으로도 이런 추정이 가능한데, 검색어나 SNS까지 분석된다면 이런 일은 비밀이 아니다.

그런데 디지털이 아닌 아날로그 정보도 대부분 디지털로 기록되어 남는다. 아무도 없는 골목길을 지나가면 CCTV가 내 움직임과 소리를 알아채고 보이지 않을 때까지 따라가며 디지털로 기록한다. 물론 곧 다른 CCTV가 이어받아 기록한다. 내 위치는 지도에 표시될 정도로 정밀하게 기록되어 누군가에게 전달되며, 일정, 건강상태, 받은 명함도 기록되고 누군가에게 전달된다. 내가 차를 타고 이동한 경로, 지하주차장에 차를 세운 위치도 기록되고 보관된다. 이렇게 모든 움직임은 디지털 발자국이 되어 남는다. 디지털 발자국은 점점 자유와 감시, 윤리와 인간성의 문제로 확대되고 있다.

디지털 발자국에 집착하는 구글

구글에는 '구글 엑스Google X'나 '달 사냥 공장Moonshot Project'으로 불리는 비밀 프로젝트들이 있다. 실제로 비밀이라기보다는 도저히 실현 불가능할 것 같은 일을 추진하는 프로젝트를 일컫는 말이다. 장기간 실험을 계속하며 완성도를 올려야 하는 구글 웨이모Waymo[62]의 자율주행 자동차는 노출될 수밖에 없어서 누구나 아는 프로젝트가 되었다. 하지만 지금 상용화하기 위해 심혈을 기울이는 것은 프로젝트 룬Project Loon[63]이다. 구글은 2018년에 '룬'을 별도의 자회사로 독립시켰다.

프로젝트 룬은 이름처럼 풍선을 띄우는 프로젝트다. 구글은 2013년 6월, 뉴질랜드에서 20km 상공에 헬륨 풍선 30여 개를 띄웠다. 풍선에는 태양열로 가동되는 비행장치, 고도조절장치, 컴퓨터는 물론 통신장비도 실었다. 구글은 풍선 하나로 반경 40km에서 와이파이Wi-Fi를 쓸 수 있도록 했다. 대형 풍선은 길이만 15m에 이르며, 거의 성층권까지 올라가 통신 설비가 없는 바다나 산악지대에서도 와이파이를 활용할 수 있도록 제작되었다. 구글은 아프리카와 같이 인터넷을 쓰기 어려운 지역에서 세계인구의 62%인 48억 명이 룬의 와이파이로 인터넷에 접속하는 목표를 세웠다.

그렇다면 구글은 왜 이런 일을 할까? 구글은 일차적으로 세계를 하나로 통합하는 인터넷 사업을 통해 데이터를 쓰도록 하는 것이 목적이다. 하지만, 실제 목적은 데이터를 쓰도록 하는 것이 아니라, 데이터를 얻는 데 목적이 있다. 손에 든 스마트폰이 안드로이드Android 운영체제로 구동된다면 그 사람의 디지털 행동은 모두 구글의 것이다. 구글은 사용자들이 디지털 행동으로 만들어내는 디지털 발자국을 원한다. 그것만 있으면 원하는 모든 것을 알 수 있고 원하는 모든 것을 가질 수 있다.

구글이 하는 일을 다시 생각해보자. 검색, 스마트폰 운영체제 안드로이드, 자율주행 자동차 웨이모, 글로벌 와이파이 프로젝트 룬, 브라우저 크롬Chrome, 광고플랫폼, 인공지능, 자연어 인식과 번역, 드론 배송 프로젝트 윙Wing, 이 모든 것이 데이터 수집과 처리에 연관된다. 우리는 아주 조금씩 구글이 하는 일을 알게 될 것이다. 마치 인공지능 알파고가 얼마나 바둑을 잘 두는지 갑자기 알게 된 것처럼 말이다. 그러다가 2025년경이면 자율주행 자동차보다 훨씬 무서운 새로운 디지털 권력을 만나게 된다. 이 권력은 인공지능의 발전과 함께 점점 더 큰 권력을 갖게 될 것이다.

정부와 디지털 감시

구글과 같은 거대 IT 기업 외에 디지털 발자국으로 권력을 키울 가능성이 큰 다른 집단은 정부다. 정부는 특정한 사람의 의지로 권력을 키우기보다는 여러 가지 이유가 복합적으로 작용하면서 권력을 키우게 될 것이다. 그 이유는 많지만, 정보가 커지는 만큼 동시에 안보와 국방 문제가 커진다. 그리고 정부의 효율성 추구나 기업의 독점 통제가 대표적인 이유이다. 하나가 더 있다면 '정부는 모든 것에 관여하기 때문에' 권력이 커진다.

첫째, 안보와 국방 문제는 굳이 설명할 이유가 없을 정도다. 모든 것이 데이터로 처리되고 통신으로 오가는 세상에서 자유만을 보장하거나 내버려 둬서는 국가를 유지할 수 없다. 우리나라를 보더라도 은행이나 국방 전산망, 원자력발전소도 해킹에서 벗어나지 못한다. 최소한 테러가 사이버공간에서 모의 되고 실행되는 것을 막기 위해서라도 정부의 감시는 '일정 부분' 정당화된다. 이것은 개인의 안전과도 직결된다. 다만, 선을 넘으면 개인의 자유가 사라지면서 동시에 정부의 존재 이유도 사라진다.

둘째, 정부를 효율적으로 운영하려면 디지털 발자국에 관한 데이터가 있어야 한다. 실제로 정부 부처의 운영 자체가 곧 데이터의 운영이기도 하다. 도로공사에서 스마트 고속도로를 운영하려면 고속도로에 진입하고 나가는 모든 차의 운행정보가 수집되어야 한다. 하나라도 빠진다면 사고로 연결될 수 있다. 민간과 마찬가지로 정부의 정책도 데이터와 통계를 따를 수밖에 없다. 효율적인 정부는 더 많은 데이터를 가진 정부라는 인정하고 싶지 않은 역설이 탄생한다.

셋째, 기업의 정보 독점을 통제하기 위해서이다. 이 문제는 참으로 어려운 문제이다. 누가 어떤 것을 가졌고 어떻게 쓰는지 규제하기 위해서 정부도 그게 무엇인지 알아야 한다는 말이다. 실제로 위키리크스 Wikileaks[64]나 스노든Edward Snowden의 폭로를 보면 정부와 민간 기업은 항상 공생 관계였다. 그럴 수밖에 없는 이유는 모든 기술을 정부가 보유할 수는 없기 때문이다. 적절한 선에서 눈을 감아주고 그 기술과 정보를 활용하는 것이 지금까지 정부가 해온 일이다. 그래서 끊임없이 의심하고 물어야 한다. 정부는 어디까지 알고 있으며, 그 정보를 어디에서 얻은 것인지를 말이다.

마지막은 정부가 모든 일에 관여해서 디지털 권력이 커진다. 이 문제는 카드사가 카드 사용명세만 알고 있거나, 통신사가 통화기록만 알고 있거나, 포털이 검색기록만 알고 있거나, 도로공사가 차량 운행기록만 아는 수준과는 다르다. 정부는 곧 이런 모든 데이터를 통합해서 처리할 능력을 갖추게 될 것이다. 이때는 디지털 시민의 권리와 디지털 정부의 권력이 충돌하게 될 것이다. 모든 것이 통제된 시민으로 살 것인지, 통제 속에서도 자유와 권리를 요구하며 살 것인지, 선택은 디지털 시민의식에 달렸다.

05

바이오 헬스케어,
영원한 젊음을 향하여

유전공학과 의학, 로봇기술, 컴퓨터의 발달은 인간과 로봇의 경계마저 허문다. 인공 장기를 이식했거나 신경 보철을 한 사람, 예방접종을 하거나 향정신성 약품을 복용한 사람은 모두 사이보그이다. 그래서 지금 우리를 지칭하는 가장 정확한 용어는 인간이 아니라 사이보그이다. 지금의 사이보그는 순수 인간에 가깝지만, 곧 기술의 발전으로 점점 로봇에 가까워진다.

역사상 가장 위대한 기술혁명

    인간의 수명마저 바꾸는 인류 역사상 가장 위대한 기술혁명이 바이오 헬스케어 산업에서 일어나고 있다. 헬스케어 산업은 단순하게 의학에 연관된 산업이 아니다. 헬스케어 산업은 다른 산업보다 더 빠른 속도로 주변 산업을 융합하고 흡수하고 연결해가며 경계를 알아보기 어려울 정도로 커지고 있다. 사물인터넷으로 연결되지 않은 2020년의 변기는 제조업으로 분류되어 건설산업에서 활용되지만, 2022년 사물인터넷에 연결된 의료용 변기는 헬스케어 산업으로 이동한다. 의료용 변기는 체온, 배설물, 땀, 심박 수를 분석해 데이터를 연결된 병원의 주치의에게 전달한다. 주치의는 건강상태를 평가해 스마트폰으로 알려준다. 이렇게 헬스케어 산업은 주변 산업과 기술을 융합하면서 덩치를 키우고 인간의 삶을 바꾸고 있다.

    헬스케어 산업의 성장에너지는 연결에서 나온다. 연결한다는 것은 사용자가 획기적으로 는다는 말과 같으며, 항상 사용한다는 말과 같다. 이 연결은 기술의 발전으로 만들어지며, 여기에 고령화도 한몫한다. 그래서 헬스케어 산업의 주체들은 성장하기 위해 '연결'과 '고령화'에 초점을 맞춘다. 연결과 고령화에 초점을 맞춘 스마트 의료기기를 기반으로 만든 헬스케어 프로그램은 2025년이면 누구나 활용하게 된다. 2020년에 치아보험을 들 것인지 고민했다면, 2025년에는 간단한 인공 장기에서 스마트 의료에 이르는 다양한 보험을 고민하게 될 것이다.

젊음을 되돌리는 보험

고령화 사회Aging Society는 65세 이상인 사람의 비중이 7% 이상인 경우를 말한다. 하지만 고령화 사회를 단순하게 나이 먹은 사람의 비중이 높아졌다는 의미로 해석해서는 안 된다. 과거에는 '장수'가 늙은 상태로 오래 살아있는 것을 의미했지만, 2020년의 '장수'는 나이가 들었더라도 건강과 젊음을 유지하는 것으로 변화했다. 젊음은 더 나아가면 아름다움이 된다. 젊음과 아름다움은 개인에게도 중요하고 산업에도 점점 중요한 주제가 되어가고 있다. 그래서 바이오, 헬스케어, 화학 등 건강과 미용에 관련된 모든 분야가 융합해 거대해지며, 여기에 보험이 가장 크게 관여한다.

그렇다면 고령화는 보험산업과 어떤 상관관계를 보일까? 고령화가 노후를 대비하려는 보험가입자를 늘리는 것은 확실하다. 하지만 보험사로서는 고령화가 보험급여를 늘려 부담이 커진다. 2019년을 기준으로 우리나라 65세 이상의 인구 비중은 11%에 이른다. 이 비중도 매년 급속하게 증가하는 추세이다. 그런데 11%에 이르는 고령층의 보험급여는 전체 보험급여의 38%에 달해 지출을 줄이는 것이 보험사의 중요한 과제가 되었다. 그래서 보험사들은 예방과 조기진단에 관련된 헬스케어 기업과 협업하고 있다.

이처럼 헬스케어 산업은 보험산업과는 뗄 수 없는 관계다. 실제로 보험사와 헬스케어 기기 제조사가 협업해 예방과 조기진단에서 성과를 내면 상황이 크게 변한다. 보험사는 스마트밴드 제조사와 협업으로 스마트밴드를 만들려고 노력한다. 보험사는 운동량을 측정하고 자동으로 혈당을 측정해 통보해주는 스마트밴드를 착용하면 보험료를 할인해준다. 스마트 칫솔은 구강 상태를 점검하고 양치질 습관을 개선하도록 도와 치아보험료 지급을 줄인다. 의료용 변기는 장 출혈이나 부정맥과 같은 신체적 위험을 미리 진단해 의사나 보험가입자에게 통보한다.

조기진단과 관련된 가장 큰 시장은 암 조기진단 시장이다. 미국 위스콘신 메디슨에 있는 이그잭트 사이언시스Exact Sciences[65]는 암의 조기진단 제품을 개발하는 회사이다. 특히 전 세계 암 사망률 2위인 대장암은 정기적인 내시경 검사와 조직검사를 통해야만 발견할 수 있다. 그러나 이 회사는 대변에 포함된 DNA 메틸화 현상 분석을 통해 대장암을 진단할 수 있는 제품을 생산한다. 실제로 대장암 환자의 60%가 말기에 발견되며, 치료비용이 3천만 원 이상 든다. 그래서 조기진단은 치료비용을 획기적으로 줄인다. 우리나라에서는 지노믹트리가 이그잭트 사이언시스와 유사한 대장암 조기진단 제품을 생산하고 있다. 보험사는 예방과 조기진단을 통해 위험을 줄일 수 있고 보험급여 지급을 늦추거나 줄일 수 있다.

젊음을 더 유지하는 미용과 관련된 헬스케어 산업도 계속 성장한다. 미용과 관련된 헬스케어 산업은 화학, 의학, 바이오기술과 연결되어 급속하게 시장을 키웠다. 앞으로는 마치 성형수술 하듯 인공 피부를 이식하거나, 노화를 늦추는 기술이 계속 발전해 시장을 키울 것이다. 화장품은 바이오기술과 제약산업과 융합해 점점 의약품으로 진화해가고 있다. 보험사들은 생명과 건강을 담보로 분화하고 융합하면서 계속 새로운 상품을 내놓을 것이다. 실제로 보험이 없으면 2030년에도 인공 장기를 이식하기는 어렵다.

인공 장기의 현재와 미래

헬스케어 산업에는 서로 다른 분야의 첨단 기술을 융합해 활용하는 사례가 많다. 오가노보Organovo는 이미 2012년에 배양한 세포를 활용해 3D 바이오 프린터로 인공신장 시제품을 프린트했다. 2019년에는 이스라엘 텔아비브대학Tel Aviv University[66] 연구팀이 근육, 혈관, 심실로 가득한 가장 복잡한 장기의 하나인 심장을 한 번에 프린트하는 데 성공했다. 프린터로 생산하는 장기는 각막, 심장, 신장, 간, 혈관과 같은 정밀한 장기들로, 장기이식 문제를 해결할 획기적인 대안이다.

또한, 위험성이 큰 신약의 인체실험을 인공 장기로 먼저 수행하면 직접 인체에 실험할 때 발생하는 위험이 사라진다. 실제로 오가노보는 로슈Roche와 같은 대형 제약사에서 개발하는 신약의 간 독성실험을 FDA로부터 승인받아 진행하고 있다. 바이오 업계에서는 2030년이면 이식할 수 있는 인공 장기 대부분이 생산될 것으로 기대하고 있다. 2019년을 기준으로 장기기증자를 손꼽아 기다리는 사람이 우리나라에만 28,000명, 미국에는 120,000명이 넘는다.

세컨드사이트Second Sight[67]는 전자 눈을 개발했다. 100만 명이나 되는 시각장애인이 새로운 눈을 가질 수 있는 길이 열린 것이다. 오리온

Orion으로 명명된 이 전자 눈은 5년간 30명의 시각장애인에게 이식하여 실험한 아르고스Argus의 두 번째 버전을 개량한 것이다. 오리온은 안경에 장착된 카메라로 사물을 촬영해 전기신호로 변환하면, 뇌 표면에 장착된 수신기가 이를 받아 시각중추로 보내 사물을 인식하도록 한다. 세컨드사이트는 2013년부터 아르고스 2의 시판 허가를 받아 약 250명에게 이식하였고, 환자들은 이전과는 완전히 다른 새로운 삶을 살게 되었다.

2017년 일본 이화학연구소는 보관해둔 타인의 피부세포를 만능유도줄기세포Induced Pluripotent Stem Cell로 만들고, 이 세포로 망막세포를 만들어 환자의 눈에 성공적으로 이식했다. 이렇게 5명의 환자에게 이식된 망막세포는 2년 동안 모든 환자의 눈 세포와 결합해 정착했으며, 1명에게서만 약물로 제어할 수 있는 수준의 약한 거부반응이 일었다고 2019년에 최종 발표했다. 이 세포는 무한으로 만들어낼 수 있고, 신체의 대부분 장기로 만들 수 있어 난치병으로 고생하는 많은 환자에게 새로운 치료의 길을 열었다. 생명공학계는 이 기술로 모든 장기를 대체하는 길을 연 것으로 평가한다.

진화하는 의료로봇

2000년 FDA는 수술 로봇 다빈치Da vinci Surgical System를 세계 최초로 승인했다. 다빈치는 1999년 인튜이티브 서지컬Intuitive Surgical이 제작해 2019년까지 300만 건 이상 수술에 성공한 복강경 수술용 로봇이다. 환자의 환부에 몇 개의 구멍을 뚫고 3차원 카메라와 로봇팔을 삽입해 의사가 환자 옆에서 원격으로 수술하는 방식으로 운용된다. 로봇 수술을 시행하면 환부를 디지털카메라로 확대해 확인해가며 수술할 수 있다. 또한, 수술하는 의사의 손 떨림을 완벽하게 제거해 더욱 정밀한 수술이 가능해진다. 절개 부위를 최소화한 로봇 수술은 흉터가 작아 환자가 빠르게 회복한다.

두개골을 절개해야 하는 뇌수술은 의사들에게도 가장 어렵고 숙련이 요구되는 수술이다. 따라서 정밀하게 제어되는 로봇팔을 뇌수술에 활용할 수 있다면 성공률을 훨씬 높일 수 있다. 이를 위해 캐나다의 MDA[68]는 MRI 안에서 1mm 수준의 오차로 작동하는 뇌수술용 로봇팔인 뉴로암NeuroArm을 개발했다. 이 로봇팔은 수술의 정밀도를 높일 뿐만 아니라, 뇌를 절개하지 않아도 되어 환자가 빠르게 회복할 수 있다. 이와 같은 의료용 수술 로봇은 가장 많이 보급되어 활용되고 있으며, 의료용 재활 로봇이나 간호 로봇, 약국 로봇 등으로 분화해 시장을 확대하고 있다.

유전자 검사와 질병 예방

캘리포니아 마운틴 뷰에 가면 앤 워치츠키Anne Wojcicki가 2006년에 설립한 23앤드미23andMe[69]가 있다. 회사 이름인 23앤드미는 세포를 구성하는 23개의 염색체 쌍과 나를 의미한다. 23앤드미가 무엇을 하는 회사인지는 회사 이름만으로도 알 수 있다. 구글의 창업자 세르게이 브린 Sergey Brin의 아내였던 앤 워치츠키는 개인 유전자 분석 시대를 열어 헬스케어 산업을 통째로 새로운 패러다임에 진입시키려고 한다. 이들은 어떻게 헬스케어 산업을 새로운 차원으로 끌어올릴까?

23앤드미에 타액 샘플을 보내면 미국을 기준으로 일주일이면 분석 결과를 받아볼 수 있다. 1990년부터 2003년까지 처음 인간의 유전자를 분석하는 데는 13년이라는 시간과 27억 달러라는 천문학적인 비용이 들었다. 하지만, 2019년에는 2일이면 모든 것이 해결된다. 23앤드미가 보내오는 분석결과에는 의뢰자의 신체적 기원이 어디에서 시작되었는지, 어떤 질병에 걸릴 확률이 높은지 등 240가지 이상의 유전적 특징과 개인 건강정보가 담겼다. 가격은 기본 정보 99달러, 건강정보를 포함하면 199달러.

23앤드미는 타액 샘플 제공자의 동의를 얻어 전 세계인의 방대한 유전자 데이터베이스를 구축하고 있다. 축적된 데이터베이스는 23앤드미의 연구진과 제약회사와 같은 파트너에 제공된다. 제약회사는 이를 토대로 각 국가와 인종, 유전적 특성에 따른 치료제를 연구한다. 실제로 제넨테크Genentech[70]는 항암제 아바스틴Avastin이 개인에 따라 어떻게 영향을 미치는지 연구하고 있다. 식습관과 운동, 질병 예방에 관련된 해결책은 별도로 만들어진다. 물론 장애물도 있다. 2014년에는 미국 식품의약청Food and Drug Administration[71]에서 판매금지 처분을 내리기도 했다. 하지만 지금은 전 세계에서 23앤드미의 유전자 분석 키트를 사용하고 있고, 질병 예방과 치료제 개발에 급속하게 다가서고 있다.

진단에서 예방, 예방적 수술로

2013년, 할리우드 여배우 앤젤리나 졸리Angelina Jolie의 유방 절제 수술 소식은 세계적인 뉴스가 되었고, 과연 이 방법으로 암을 예방할 수 있는지 격렬한 논쟁이 일었다. 앤젤리나 졸리는 모계 혈족의 유방암과 난소암 가족력 때문에 자신도 유방암에 걸릴 확률이 80% 이상이라는 유전자 검사 결과에 따라 예방적 수술을 결정했다. 이후로 한국에서도 BRCA 유전자Breast Cancer Gene 보인자들이 예방적 수술을 선택하는 사례가 2017년까지 4년간 5배 이상 늘었다. 실제로 여러 연구를 통해 유방암 발병확률은 90%, 난소암 발병확률은 97% 줄어드는 것으로 확인되었다.

예방적 수술과 같은 의사결정을 위해서는 정확한 진단이 우선이다. 예방적 수술을 위한 진단은 대부분 유전자 분석을 통해 이루어진다. 유전자 분석은 단순하게 의뢰자의 유전자를 분석하는 것이 아니라, 축적된 일반인 유전자 데이터베이스와 의료 데이터베이스를 비교 분석하는 과정이 필수이다. 23앤드미와 같은 유전자 분석 회사는 장기간에 걸쳐 대규모 유전자 데이터베이스를 구축하고 분석한다. 23앤드미는 유전자 분석을 의뢰한 사람의 90% 이상이 자신의 유전자 정보를 의학적으로 사용하는 데 동의했다고 밝혔다. 핀란드처럼 정부 차원에서 국민의 유전자 분석 데이터베이스를 구축하고 공개해 진단과 예방의학을 지원하는 국가도 있다.

의료 빅데이터 전쟁

2017년, 미국 FDA는 23앤드미에 10가지 유전병에 관한 정보를 개인 소비자에게 제공해도 좋다고 허가했다. 이후 23앤드미는 '유전인자 보유 내역'을 통해 특정한 유전적 질병 위험에 노출되었는지에 관한 정보를 제공하고 있다. 이 질병에는 파킨슨병Parkinson's disease, 후발성알츠하이머병Late-onset Alzheimer's disease, 비열대성 스프루Celiac disease, 유전성 혈액색소침착증Hereditary hemochromatosis과 같은 병이 포함된다. 의뢰자는 유전적 질병에 노출된 것이 확인되면, 지속해서 정밀 검사를 하고 발병에 대응할 수 있게 된다.

2019년에는 23앤드미가 더 놀라운 계획을 발표했다. 이렇게 축적된 방대한 유전자 데이터를 기반으로 가장 많은 사람이 고통받고 있는 제2형 당뇨병 예측에 활용하겠다는 계획이다. 당뇨병은 제1형과 제2형으로 구분된다. 제1형은 성장 과정에 췌장에서 인슐린이 분비되지 않아 생긴 당뇨병이고, 제2형은 성인이 된 후 여러 가지 이유로 몸의 인슐린 저항성이 커져 생기는 당뇨병이다. 23앤드미는 당뇨병 예측에 250만 명

이상의 데이터베이스와 1,000개 이상의 유전 변이를 도출해 만든 다유전자위험점수Polygenic Risk Scores를 활용한다고 설명했다. 예측 서비스가 시작되면, 당뇨병 발병 위험이 큰 사람들이 식습관과 운동습관을 개선해 발병 위험과 의료비 지출을 줄일 수 있다.

핀란드의 핀젠FinnGen 프로젝트[72]는 2023년까지 전체 국민의 10%인 50만 명의 의료 데이터베이스를 구축하고 개방해 바이오산업을 육성하는 프로젝트이다. 또한, 핀란드 정부는 데이터 호수Data Lake 프로젝트를 통해 구축된 전 국민 550만 명의 의료 데이터베이스를 핀젠 프로젝트와 함께 제공하고 있다. 이렇게 되자, 핀란드에는 수많은 스타트업이 바이오 분야에 등장했다. 신체의 움직임을 분석해 정신 질환을 진단하고, 인공지능을 셜합해 개인별 맞춤형 의료를 제공하고, 스마트 의료기기를 통해 개인의 건강을 진단하는 기업이 대표적이다. 바이오 선진국들은 유전자와 의료 데이터베이스를 통해 돈으로 바꿀 수 없는 기술을 축적하고 있다.

유전자 분석에서 크리스퍼 혁명까지

인간 게놈 프로젝트Human Genome Project[73]는 미국 에너지부와 보건부가 1990년에 시작해 15년간 30억 개에 이르는 인간이 가진 모든 염기서열을 해석하는 프로젝트였다. 프로젝트 진행 과정에서 생물학과 컴퓨터기술이 발전해 2년의 기간이 단축되었고, 인간이 가진 모든 유전자의 99%가 99.99%의 정확도로 해석되었다. 이를 통해 DNA 염기서열에서 유전자의 위치를 찾아내고, 유전자의 특징을 알아내 암이나 알츠하이머와 같은 유전질환의 원인과 치료법을 찾아낼 수 있게 되었다.

유전자 분석에는 방대한 정보를 빠르게 처리하는 기술이 중요하다. 미국 캘리포니아 샌디에이고에 있는 유전자 분석 장비업체 일루미나Illumina[74]는 세계 최고의 유전자 분석 기술을 보유하고 있으며, 세계 장비시장의 70%를 점유하고 있다. 이들이 생산하는 100만 달러 가격의 유전자 분석 장비 노바섹NovaSeq은 복사기와 유사한 크기로 6테라바이트 분량의 유전자 데이터를 24시간 안에 분석한다. 현재 유전자 분석은 의학과 범죄 수사와 같은 기초분야에서 주로 활용되고 있지만, 이미 모든 산업으로 확장할 준비를 마쳤다.

특정한 사람들은 오이를 아주 싫어한다. 대부분 사람은 상큼한 맛에 오이를 즐기지만, 이들은 오이 맛이 아주 이상하다고 말한다. 특히, 아이들이 오이가 싫다고 하면 편식하는 것으로 오해하기 쉽다. 그런데 오이를 싫어하는 사람들에게 공통으로 발견된 특정한 유전자는 쓴맛을 보통 사람보다 100배 이상 더 느끼도록 한다. 그래서 이들에게 오이는 먹기 어려운 채소일 수밖에 없다. 유사하게 쓴맛을 더 좋아하거나, 짠맛이나 매운맛을 더 좋아하는 데 관여하는 유전자도 있다. 특정한 냄새에 끌리거나 과도하게 반응하는 유전자도 있다. 세계적 식품회사들은 맛과 향에 유전자 분석 정보를 활용하기 위해 제약사나 화학기업과 협력을 강화하고 있다.

유전자 분석으로 남은 수명도 알 수 있다. 미국의 텔로이어스Teloyears[75]는 89달러에 텔로미어Telomere 검사 서비스를 제공하고 있다. 텔로미어는 염색체 말단의 염기서열 부위로 염색체 손상이나 다른 염색체와의 결합을 방지하는 역할을 한다. 텔로미어는 세포 분열을 할 때마다 그 길이가 조금씩 짧아지는데, 세포 분열이 특정 횟수를 넘으면 텔로미어 길이가 짧아져 더는 분열하지 못하고 사멸하고 만다. 그래서 텔로미어의 길이를 측정하면 노화하는 속도와 남은 수명을 알 수 있다. 반대로 암세포는 텔로미어가 짧아지지 않도록 하는 텔로메라아제Telomerase를 계속 분비해 죽지 않는다. 현재 이를 활용한 노화 방지와 암 치료가 연구 중이다.

크리스퍼Clustered Regularly Interspaced Short Palindromic Repeats 혁명으로 불리는 DNA 편집기술은 손상된 DNA를 잘라내고 정상적인 DNA로 대체하는 유전자 편집기술이다. 유전자 편집기술은 최근에 급속도로 발전하고 있는데, 이를 활용하면 DNA 오류로 발생하는 질병 치료에 획기적인 진전이 기대된다. 그러나 체세포 유전자 치료를 넘어 생식세포 유전자 치료 혹은 개량에 DNA 편집기술이 사용된다면 지금의 인류와는 다른 종이 탄생할 위험이 있다. 이에 대한 윤리적 논란은 계속될 것이지만, 이를 막을 방법 또한 없다.

헬스케어 산업은 이렇게 주변의 모든 산업을 융합하고 분화하면서 성장할 준비를 마쳤다. 치료 중심의 병원과 제약산업에 바이오기술과 IT가 가세한 지는 이미 오래다. 바이오기술은 유전병 진단에서 치료에 이르는 분야까지 기술력을 키우고 있고, IT는 바이오기술과 결합해 질병의 진단과 예방, 치료에 이르는 새로운 길을 개척하고 있다. 2030년이 오기도 전에 혈액 한 방울이면 암을 진단할 수 있다. 이제 인간의 손으로 인간의 수명을 완전히 바꿀 날이 머지않았다.

원격 의료에서 암 정복까지

　　바이오기업과 제약사가 가장 중요한 목표로 삼는 것은 암을 정복
하는 일이다. 2030년이면 대부분 암이 정복된다는 데 이의를 제기하는
전문가는 거의 없다. 항암제는 1세대 화학항암제, 2세대 표적항암제를
지나 3세대 면역항암제로 급속하게 이동하고 있다. 화학항암제는 정상
세포까지 공격해 부작용이 나타나는 항암제다. 머리카락이 빠지는 게
대표적 부작용이다. 표적항암제는 암세포만 골라서 공격하는 치료제이
다. 문제는 내성이 생기면 효과가 급격하게 떨어진다. 그래서 제약사들
은 면역세포의 활성화를 통해 암을 치료하는 면역항암제 개발에 사활을
걸고 있다.

　　면역항암제는 암세포 표면에 달라붙어 자라지 못하게 막는 면역세
포의 활동을 증대시켜 암을 치료한다. 이 시장은 BMSBristol-Myers Squibb[76]
의 옵디보Opdivo가 선점했다. 그러나 머크Merck[77]의 키트루다Keytruda가 등
장해 옵디보를 제치고 시장을 장악해가고 있다. 1990년대 세계 1위였고
세계 4위의 제약사인 머크는 키트루다를 30종 이상의 암에 확대 적용하
는 연구를 하고 있다. 현재 폐암과 신장암으로부터 계속 적용 범위를 확
대하는 중이다. 일라이 릴리Eli Lilly[78]는 당뇨병 신약으로 인류의 역사만큼
이나 오래된 질병을 정복해가고 있다.

생명 연장과 건강을 방해하는 다른 한 축은 노화다. 노화를 원천적으로 막는 바이오기술은 2035년에도 거의 불가능할 것이다. 그러나 만능유도 줄기세포로 장기를 생산하는 일본 이화학연구소나 3D 바이오 프린터로 인공 장기를 생산하는 오가노보와 같은 기업들에 의해 대부분 장기를 대체할 길이 열릴 것이다. 그리고 헬스케어 산업에서 가장 주목하는 연결된 의료는 실시간으로 건강상태를 확인하는 건강관리 체제로 갑작스러운 사망 위험을 대폭 감소시킬 것이다.

커지는 제약사, 더 커지는 시장

헬스케어 산업에서 가장 중요한 위치를 차지하는 글로벌 제약사와 바이오기업을 구분해보자. 글로벌 제약사는 특허로 보호받는 약물을 다수 보유해 시장을 선도하고 있는데, 미국과 유럽의 15개 제약사가 그들이다. 바이오기업은 미국 나스닥에 상장된 150개 이상의 신생기업이 주를 이루며, 글로벌 제약사가 정복하지 못한 분야에 도전하거나 새로운 기술을 적용해 시장을 개척하고 있다. 글로벌 제약사와 바이오기업은 경쟁하지만, 협력과 인수합병을 통해 상호 시너지를 낸다.

그렇다면 글로벌 제약사들은 어떻게 100조 원에서 300조 원도 넘는 덩치로 커졌을까? 이는 크게 두 가지 이유에서다. 첫째는 의약품 시장규모가 크고 계속 성장한다는 데 있다. 더구나 이 분야에는 경쟁자가 갑자기 나타나기 어렵다. 긴 시간 연구개발을 통해 신약 후보 물질을 개발하고, 긴 시간 임상을 거쳐 당국의 승인을 받아야 하고, 무엇보다 긴 시간 특허로 보호된다. 그만큼 투자가 계속되어야 한다는 점도 후발주자의 등장을 어렵게 한다.

두 번째는 인수합병이 계속된다는 점이다. 의약품은 긴 시간 연구를 통해 신약을 개발하면 특허로 보호받지만, 최대 25년의 의약품 특허 존속기간이 지나면 특허기술을 공개해야 한다. 특허가 만료되면 이 기술을 복제해 오리지널Original 의약품과 같다는 동등성 시험을 통과한 복제약Generic이 다른 제약사에 등장한다. 우리가 싼값에 복용하는 약 대부분이 복제약이다. 특허가 만료되면 글로벌 제약사의 해당 의약품 매출이 정체하거나 감소할 수밖에 없어서 외부에서도 신약 물질이나 기술을 가진 후보를 항상 찾는다. 이것이 인수합병으로 덩치가 커지는 이유다.

2019년에는 BMS가 셀진Celgene[79] 인수를 결정해 제약업계를 뒤흔들었다. BMS의 인수가격은 83조5천억 원에 이르며, 합병된 회사는 2024년에 세계 3위권 제약사가 될 것으로 영국의 글로벌 제약산업 분석업체인 이밸류에이트파마Evaluatepharma[80]는 전망했다. 이렇게 제약과 바이오 분야는 미국과 유럽 선진국에서 시장을 주도하고 있어서 시장과 자본, 기술이 열세인 후발주자들이 경쟁하기 쉽지 않다. 새로운 시장으로는 중국이 경제발전에 따라 급부상하고 있지만, 경쟁이 치열하다. 세계 50위권 제약사가 하나도 없는 중국은 자국 제약사가 성장해 신약 개발에 나설 시간을 벌어주기 위해, 여러 가지 규제를 두면서 복제약과 관련된 시장을 확보하기 위해 애쓰고 있다.

나노 로봇과 연결된 의사

치료제를 개발하는 글로벌 제약사나 바이오기업과는 달리 헬스케어 산업에서 새로운 분야를 개척해 건강한 삶을 이루려는 시도도 많다. 그중에서 가장 빠르게 우리 곁에 다가설 것으로 기대되는 분야는 나노 로봇과 연결된 의료시스템이다. 이 둘은 대부분 치료의 전 단계인 예방에 중점을 두면서 치료나 수술을 융합해간다. 나노 로봇과 IBM의 왓슨 Watson으로 대표되는 연결된 의료시스템은 로봇이나 IT와 같은 산업이 의료와 융합해 만들어졌다. 그다음 단계는 연결된 의료시스템에 보험이나 제조와 같은 또 다른 산업이 융합해 시장을 창출하는 일이다.

나노 로봇은 정맥주사와 같은 방법으로 초소형 로봇을 혈관에 주입해 실시간으로 건강상태를 확인하거나, 특정 약물을 환부에 실어날라 치료하고 수술하는 로봇이다. 나노 로봇을 활용하면 외과적 수술이 없어 부작용이 적고, 치료 효과를 극대화할 수 있어 질병의 예방과 치료에 크게 이바지할 것이다. 특히 암을 표적으로 하는 치료용 나노 로봇과 수술용 나노 로봇은 각국이 치열하게 개발 중인데, 우리나라도 구체적인 성과를 내고 있다.

미래창조과학부[81]는 2016년 11월, 수술 없이 종양을 제거하는 수술용 스마트 나노 로봇을 성균관대학교 박재형 교수팀과 개발했다고 발표했다. 이 스마트 나노 로봇은 금과 티타늄을 기반으로 제작되었으며, 정맥주사로 혈관에 삽입되어 초음파로 제어되는데, 혈관에 들어가자마자 암세포를 찾아 치료를 시작한다. 스마트 나노 로봇은 앞으로는 유방암, 신장암, 간암 등의 치료에도 이바지할 것으로 기대하고 있다.

제약사들은 직접 IT 기업과 제휴해 앞다투어 새로운 의료분야를 개척하고 있다. 대표적인 IT 기업들은 의료분야 진출에 적극적이다. 구글, 마이크로소프트, IBM 등은 이미 상당한 성과를 내고 있다. 구글의 자회사인 베릴리 라이프 사이언스Verily[82]는 글락소 스미스클라인GSK[83]과 공동으로 갈바니 바이오일렉트로닉스Galvani Bioelectronics[84]를 설립했다. 갈바니는 초소형 생체전자기기 형태의 의약품Bioelectronic Medicine을 개발하는데, 이 기기는 신체에서 발생하는 비정상적 생체신호를 감지해 제어하고 약물을 투입해 만성질환을 해결하는 것을 목표로 한다. 예를 들어, 당뇨병 환자가 혈당이 높아지면 기기가 자동으로 인슐린을 투약해준다.

스마트밴드 형태의 의료기기는 점점 소형화되고 의약품과 연계되어 몸 안으로 들어가게 된다. 몸 안으로 들어간 초소형 의료기기는 실시간으로 신체를 점검하고, 필요하면 약물을 투입하거나 생체신호를 조절해가며 건강을 유지한다. 이 기기들은 다시 스마트폰이나 사물인터넷에 연결되어 결과를 환자에게 알려주고 병원과 주치의에게 통보한다. 우리가 주목할 부분은 건강에 관련된 이 정보들이 모두 데이터로 쌓여 새로운 의약품과 기기를 개발하는 데 활용된다는 점이다.

질병 없는 세상으로

영국의 글로벌 제약산업 분석업체인 이밸류에이트파마는 2022년에 암, 당뇨, 류머티스, 바이러스, 백신, 기관지, 감각계의 순으로 시장이 형성될 것으로 전망했다. 그중 가장 큰 시장은 항암제 시장이다. 항암제 시장은 이미 3세대 면역항암제로 급속하게 이동하고 있다. 면역항암제에는 면역관문억제제, 항암바이러스, 이중항체, 암백신 등이 있다. 또한, 환자의 면역세포를 추출하여 암세포를 사멸시키도록 유전적으로 변형하는 세포치료제CAR-T도 있다. 이 치료제를 개발하는 회사는 길리어드Gilead[85]가 인수한 바이오기업 카이트 파마Kite[86]와 셀젠인 인수한 주노 테라퓨틱스Juno[87]가 있고, 글로벌 제약사로는 노바티스Novartis[88]가 있다.

폐암 분야에서는 머크Merk[89]의 면역항암제 키트루다Keytruda가 효과를 입증해가며, 시장 점유율을 급속하게 높이고 있다. 유방암 분야에서는 화이자Pfizer[90]가 입랜스Ibrance로, 노바티스는 리보시클립Ribociclib으로 시장을 선도하고 있다. 또한, 일라이 릴리Eli Lilly는 아베마시클립Abemaciclib으로 유방암과 폐암을 치료하고 있다. 우리나라는 이 약품들에 건강보험을 적용해가는 중이다.

당뇨병도 오랫동안 인간을 괴롭혀온 질병이다. 당뇨병은 시간이 흐르면 다른 질병을 유발해서 삶의 질을 떨어트린다. 당뇨병 치료제는 노보노디스크Novonordisk[91], 머크, 사노피Sanofi[92], 일라이 릴리가 주도한다. 일라이 릴리는 당뇨병 강자답게 여러 가지 신약을 준비 중이다. 글로벌 제약사들은 각자 전문적인 의약품 주도 분야 외에도 자가면역질환, 심혈관질환, 백신, 신경계 질환 등 다양한 인간 질병의 치료와 예방에 도전해 가능성을 보여주고 있다. 이렇게 인간을 괴롭혀온 질병이 정복될 날이 다가오고 있다.

인간에서 트랜스 휴먼으로

유전공학Genetics과 의학, 로봇기술, 컴퓨터의 발달은 인간과 로봇의 경계마저 허문다. 인간과 로봇의 경계를 허문 이들을 사이보그Cyborg라고 부른다. 〈사이보그 시티즌Cyborg Citizen〉[93]에서 크리스 그레이Chris Gray는 사이보그를 '자연적인 요소와 인공적인 요소를 하나의 시스템 안에 결합한 자가조절 유기체Self-regulating Organism'로 정의한다. 인공 장기를 이식했거나 신경 보철을 한 사람, 예방접종을 하거나 향정신성 약품을 복용한 사람은 모두 사이보그이다. 그래서 지금 우리를 지칭하는 가장 정확한 용어는 인간이 아니라 사이보그이다.

이미 인간 대부분은 사이보그이다. 아이는 태어나자마자 예방접종으로 사이보그가 된다. 크리스 그레이는 '사이보그가 굳이 부분적으로나마 꼭 인간일 필요는 없다'라며 기술적 관점에서는 로봇조차도 인간과 같은 사이보그라고 주장한다. 나노기술, 유전공학, 바이오기술, 소재기술이 조금 더 발전하면 인간의 몸과 로봇의 몸조차 구분하기 어려워진다. 이처럼 인간의 신체를 개조해 인간보다 훨씬 뛰어난 능력을 갖춘 인간이 만들어진다. 지금의 사이보그는 순수 인간에 가깝지만, 기술의 발전으로 점점 로봇에 가까워진다. 이미 우리는 트랜스 휴먼Trans Human이 되어가고 있다.

기술이 만들 트랜스 휴먼

2018년 세상을 떠난 스티븐 호킹Stephen William Hawking은 근육의 운동 기능이 상실돼 거의 움직이지 못했다. 하지만 그가 착용한 안경이 눈동자의 움직임과 뇌파를 인식해 컴퓨터로 전송하고 컴퓨터는 그의 생각을 모니터에 글로 보여주었다. 이를 인터넷을 활용해 원격지의 다른 사람에게 전송할 수도 있다. 원격지에 떨어진 사람은 다시 뇌파를 인터넷으로 전송할 수 있다. 이것은 우리가 텔레파시Telepathy라고 부르는 '오감을 사용하지 않고 생각이나 감정을 주고받는 능력'이다. 2025년부터는 많은 사람이 키보드나 마우스가 아닌, 생각으로 컴퓨터와 인터넷을 활용하기 시작할 것이다.

세컨드사이트가 개발한 인공 눈 오리온Orion은 안경에 장착된 카메라로 사물을 촬영해 전기신호로 변환한 후, 시각장애인에게 240픽셀 이미지로 보여준다. 인간이 맨눈으로 100만 픽셀 정도를 구분할 수 있으니, 240픽셀은 대략적인 형체만 알아볼 수 있는 수준이다. 하지만 1,000픽셀에 가까워지면 대부분 사물의 경계를 명확하게 구분할 수 있게 되어 일반인과 큰 차이 없이 생활할 수 있다. 2030년이 되면 인간의 시각보다 더 정밀하게 볼 수 있는 인공 눈이 등장한다. 이때부터는 시각장애인이 아닌 사람도 어떤 눈을 가질 것인지 고민하게 될 것이다.

스마트 의족이나 의수는 장애인의 삶을 획기적으로 개선하는 도구이다. RSL 스티퍼에서 개발한 의수 비바이오닉Be.Bionic은 착용과 동시에 뇌에서 팔로 내려오는 신경망과 연결된다. 신경망과 연결되면 의수가 뇌파를 인식하기 때문에 생각만으로도 동작을 수행할 수 있다. 악수하는 것은 물론 달걀과 같은 부서지기 쉬운 물건도 집을 수 있고, 키보드를 사용하거나 동전을 집고 신발 끈을 묶을 수도 있다. 의수의 표면도 실리콘과 특수 소재로 감싸 실제 손과 유사하다.

인공 근육 개발도 크게 진전되고 있다. 2019년 7월에는 한양대가 참여한 국제연구팀이 인간의 근육보다 40배 더 힘을 낼 수 있는 인공 근육을 개발했다고 〈사이언스Science〉에 발표했다. 이 인공 근육은 인간의 근육을 모방해 제작했는데, 가볍고 유연해서 소형 의료장비나 혈관에 투입하는 나노 로봇 등에 활용할 수 있다. 인공 근육을 의류의 형태로 제작하면 공장에서 근로자들이 입고 작업에 활용할 수도 있다. 미국 사우스캐롤라이나 스파턴버그 BMW 공장에서는 실제로 근로자들이 웨어러블 로봇을 입고 작업하고 있다. 또한, 인공 근육을 스마트 의수와 결합하면 기계장치가 아닌 인간의 손과 거의 유사하게 작동할 수 있다.

트랜스 휴먼은 자연의 인간과 기술의 로봇을 융합한다. 현재까지는 신체 기능을 상실하거나 저하된 사람들이 로봇과 컴퓨터기술을 활용해 신체 기능을 복원하는 데 초점이 맞춰져 있었다. 하지만, 이제부터는 인간의 신체와 뇌 기능을 획기적으로 확장하는 데 초점을 맞추게 될 것이다. 시력이 수십 배 향상된 인공 눈, 소리를 구분해 들을 수 있는 인공 귀, 근력이 획기적으로 향상된 인공 팔과 같은 것이 그것이다.

트랜스 휴먼의 마지막 과제는 뇌를 신체 밖으로 옮겨 신체의 한계를 완전히 극복하는 일이다. 뇌를 신체 밖으로 옮기는 방법은 무엇일까? 뇌의 모든 신경망과 기억을 컴퓨터에 하나씩 옮기면 된다고 카네기멜런대 한스 모라벡Hans Moravec[94] 교수는 주장했다. 이렇게 되었을 때, 뇌가 정상적으로 작동할 수 있을까? 한스 모라벡 교수는 그렇다고 확신한다. 실제로 여러 가지 연구를 통해 그 가능성이 점점 확인되고 있다. 이렇게 트랜스 휴먼에게는 신체와 수명의 한계조차 문제가 되지 않는다.

뇌를 대체하는 두 가지 연구

2013년 미국 정부는 '브레인 이니셔티브BRAIN Initiative[95]를 발표했다. 브레인 이니셔티브의 원래 이름은 'Brain Research through Advancing Innovative Neurotechnologies Initiative'이다. 3조5천억 원을 뇌 연구에 투자해서 치매와 같은 인간의 질병 치료는 물론 인간 뇌를 모방한 인공지능 개발에 활용하겠다는 계획이다. 이 프로젝트의 목표는 뇌의 모든 신경구조를 세포 단위까지 확인해 뇌지도Brain Activity Map를 만드는 것이다.

뇌는 약 1천억 개의 뉴런으로 구성되어 있고 각각의 뉴런은 약 1만 개의 다른 뉴런과 연결된, 상상하기 어려울 정도로 복잡한 구조이다. 하지만 뇌지도가 만들어지면 뇌의 정보처리 체계를 완벽하게 파악할 수 있다. 뇌가 정보를 처리하는 체계가 파악되면 인간의 뇌와 똑같은 인공뇌, 곧 인공지능을 만들 수 있게 된다. 인간의 뇌와 똑같은 인공지능을 만들 수 있게 되면 그보다 훨씬 복잡하고 뛰어난 인공지능을 만들 수 있게 된다. 이렇게 만들어진 인공지능은 인간을 완전히 신체에서 벗어날 수 있게 해주며, 수명의 한계를 없애주며, 인공일반지능을 갖춘 신과 같은 트랜스 휴먼을 만들어준다.

유럽연합도 2013년부터 25개국 135개 기관이 참여하는 휴먼 브레인 프로젝트HBP[96]에 1조5천억 원을 투자해 가동하고 있다. 프로젝트의 목적은 뉴런이 작동하는 인간 뇌를 대신할 뉴로 컴퓨터Neuro Computer인 로봇 뇌를 개발하는 것이며, 2개의 프로젝트로 나눠 진행 중이다. 한 프로젝트는 로봇 뇌를 생물학적으로 인간의 신경세포와 유사하게, 디지털이 아닌 아날로그 방식으로 만든다. 다른 프로젝트에서는 미국의 브레인 이니셔티브처럼 디지털로 로봇 뇌를 만든다. 2019년에 이미 프로토타입 수준의 로봇 뇌가 만들어졌으며, 최종적으로는 인간과 똑같이 사고하는 로봇 뇌를 만들게 될 것이다.

트랜스 휴먼과 연결된 뇌

구글의 레이 커즈와일Ray Kurzweil을 비롯한 기술을 전공한 미래학자들은 컴퓨터의 미래를 인간과 비교하면서, 인간보다 모든 면에서 수십억 배 뛰어난 인공일반지능의 탄생으로 설명한다. 레이 커즈와일은 이 시기를 대략 2040년 이후로 추정하면서, 이 시기가 되면 인공일반지능이 인류의 과제를 해결하면서 과학기술을 극한으로 키울 것이라고 주장한다. 이때까지 인공특수지능이 각각의 영역에서 능력을 키우다가 점점 여러 가지 기능을 동시에 수행하는 인공일반지능으로 통합된다는 의미이다.

컴퓨터의 미래에는 논란이 무척 많다. 인공일반지능이 출현하면 로봇이 인간을 어떻게 판단할 것인지, 과연 인간이 인공일반지능 로봇을 통제할 수 있을 것인지, 창의성을 갖춘 로봇이 등장하는 일이 정말로 가능한지 등이다. 스페이스엑스의 CEO 일론 머스크는 인공일반지능 컴퓨터의 등장은 통제할 수 없는 로봇의 등장이며, 이것은 인류의 종말을 의미한다고 주장한다. 반면 한스 모라벡 교수는 이 시기에 로봇의 인공 뇌에 인간의 뇌를 복제해 넣을 수 있게 되어 인간도 인공일반지능을 갖춘 뇌를 갖게 된다고 주장한다.

뇌를 로봇의 머리인 컴퓨터에 옮기는 것과는 반대로, 대량의 기억이나 지식을 뇌의 기능과 결합하는 방법도 있다. 대규모 메모리 칩을 뇌와 연결하여 활용하는 방법이 그것이다. 이런 방법을 연구하는 이유는 특정 분야의 전문가가 다른 분야의 전문 지식을 적용해 활용할 수 있기 때문이다. 우주비행사들이 달이나 화성에 가서 활용할 지식을 미리 저장해두었다가 현장에서 사용할 수 있다. 이렇게 뇌에 메모리 칩을 연결해 지식을 활용할 수 있으면, 필요한 지식을 메모리 칩에 실시간으로 전송할 수도 있다. 그뿐만 아니라, 알츠하이머Alzheimer's Disease와 같은 퇴행성 뇌 질환자의 기억을 보조해 정상적인 생활을 가능하게 할 수도 있다. 이처럼 인간의 뇌는 무한의 속도로 무한 확장하고 있다.

DIVIDED

06

핀테크,
무너지는 금융 장벽

금융은 융합처럼 녹아 다른 것이 되는 일이기도 하며, 금융을 통해 마음이 통하고 따뜻함도 전해야 한다. 모든 것이 투명하게 공개되고 소비자가 제품과 기업을 결정하는 세상이 되면서 차가운 금융이 끝나는 시기가 다가오고 있다. 차가운 금융이 살아남는다고 해도 그것은 전산망이나 인공지능과 같은 기계의 일이지 사람의 일은 아니다.

은행은 없다

    은행은 무엇으로 먹고살까? 은행은 대출이자에서 예금이자를 뺀 수익, 자신들이 '예대마진預貸 Margin'이라고 명명한, 국적도 알 수 없는 용어가 돈을 벌어준다고 지금까지 주장해왔다. 그렇다면 예금은 누가 하고 대출은 누가 할까? 예금이나 대출 모두 일반인과 기업이 하지만, 예금은 일반인 대부분이 하고 대출은 소수의 기업이 한다. 일반인 중에서 은행에서 대출하는 사람은 대개 빌린 돈을 쓰려는 목적이 아니라, 어딘가에 투자하기 위해 빌린다. 그러니 대출하는 일반인은 대출 목적이 기업과 같다. 그래서 은행은 일반인의 예금을 모아 기업에 대출하는 착한 일을 한다고 설명한다.

    실제로 은행이 일반인의 예금을 모아 기업에 대출하는 착한 일을 하고 있을까? 아니다. 은행은 일반인의 돈을 모아서 일반인에게 대출하는 일에 파묻힌 지 오래다. 돈이 없는 사람에게는 같은 돈을 주면서도 엄청나게 높은 이자를 받는다. 그나마 돈이 없는 사람이 은행에서 돈을 빌릴 수 있으면 다행이지만, 돈 많은 사람에게는 제발 돈을 빌려 가라고 아우성이다. 돈 많은 사람에게는 담보도 필요 없고 이자도 아주 싸다고 강조한다. 하지만 돈 없는 사람이나 작은 기업이 은행에서 돈을 빌리는 일은 하늘의 별 따기다. 돈은 오로지 부자와 대기업의 것이다.

골드스미스와 현대 은행

은행의 역사는 곧 상업의 역사다. 기원전 바빌로니아 함무라비법 전에는 재산의 기탁, 운용, 이자에 관한 규정도 나온다. 하지만, 근세 은행의 출발점은 17세기 영국에서 상업 거래가 활발해진 후 출현한 골드스미스Goldsmith라는 귀금속 보관업을 하는 금장金匠이다. 금장은 말 그대로 '금으로 세공하는 일'로 금공金工을 뜻한다. 금장이 금을 다루는 일을 했으므로, 상인들은 예금하듯 금장에 귀금속을 맡기고 골드스미스 노트 Goldsmith's note[97]라는 예탁증서를 받았다.

물론 골드스미스 노트는 예탁증서의 기능만 한 것이 아니라 점차 실물처럼 거래되었다. 금장에 가서 다시 귀금속을 찾아 거래하고 귀금속을 맡기는 것보다는, 신뢰할 수만 있다면 예탁증서를 거래하는 것으로도 충분했기 때문이다. 지금으로 보면 골드스미스 노트는 약속어음과 마찬가지였다. 금장은 어땠을까? 귀금속이 계속 들어오고 나가더라도 실제로 움직이는 귀금속은 겨우 예탁 물량의 10%에 불과했다. 실제로 현대 은행의 지급준비율 10%도 여기서 유래한 것이다. 그러자 금장은 자신들이 받아 보관하고 있는 귀금속을 근거로 귀금속의 90%에 해당하는 골드스미스 노트를 직접 유통하기 시작했다. 이렇게 금장은 지금의 은행처럼 신용을 창조했다.

그런데 지금의 현대 은행이 과거 골드스미스보다 나아진 것은 무엇인가? 과거에 귀금속을 예탁하거나 찾기 위해 긴 줄을 서는 것을 대신해 오늘날 번호표를 뽑고 무작정 기다리는 일이 변한 것일까? 과거에 상업에 종사하는 고객이 일해야 하는 낮에만 금장이 영업하는 대신에 오늘날 대부분 고객이 직장에서 일하는 4시면 은행 문을 닫아버리는 일이 변한 것일까? 과거에 귀금속 예탁 수수료를 받으면서도 직접 골드스미스 노트를 유통해 이자를 받는 대신에 오늘날 해외투자 상품을 팔면서 펀드수수료를 챙기고 환전상 노릇까지 하는 것이 변한 것일까? 과거에 돈 많은 상인이나 다른 금장에만 골드스미스 노트를 유통하는 대신에 오늘날 부자나 대기업에만 낮은 금리로 돈을 빌려주는 것이 변한 것일까? 은행은 지난 수백 년간 하나도 변하지 않았다.

인터넷전문은행과 욜로 라이프

대한민국 은행들은 카카오뱅크에 온갖 신경을 곤두세우고 있다. 카카오뱅크의 카카오톡 플랫폼을 기반으로 한 새로운 금융서비스는 욜로You Only Live Once! 라이프를 외치는 젊은 층을 열광하게 한다. 26주에 끝내는 적금 상품은 1,000원으로 시작해 1,000원씩 매주 증가해 26주인 마지막 주에는 26,000원을 적금하는 상품이다. 물론 2,000원으로 시작해 2,000원씩 증가하거나, 5,000원이나 10,000원 상품도 만들 수 있다. 심지어 적금의 이름도 마음대로 정할 수 있다. 젊은이들은 이 적금으로 전자제품을 사거나, 해외여행을 떠나거나, 연인에게 줄 생일선물을 준비한다. 동호회나 동창회에서 개설하는 '모임 통장'은 같이 모으고 같이 보고 같이 사용한다.

카카오뱅크는 설립 2년 만인 2019년, 고객 수가 1,000만 명을 넘어 가장 고객이 많은 KB국민은행 고객 수의 1/3이 되었다. 총자산 규모도 3조 원의 케이뱅크, 6조 원의 제주은행, 17조 원의 전북은행을 앞질렀다. 직장인이나 개인사업자를 위한 저금리 대출상품을 운용하고 있으면서도 전용 앱으로 간단하게 신청할 수 있어 카카오뱅크는 인기가 높다. 카카오톡 친구에게는 간단하게 송금할 수 있고, 시중은행으로도 카카오톡에서 바로 송금할 수 있어 편리하다. 인터넷전문은행 카카오뱅크가 하는 예금, 대출, 송금이 원래 은행이 해야 했을 일이다.

은행은 고객의 절제된 소비와 자산 증식, 신생기업의 투자 지원, 가계 생활 지원이 사명이자 본질이다. 그런데 한국의 현대 은행들은 반대로 하고 있다. 은행은 파이낸셜뉴스가 주최한 서울국제금융포럼에서 기조 강연을 했던 세계적 금융 혁신가 브렛 킹Brett King 박사의 조언을 귀담아들어야 한다. "지난 수백 년 동안 하나도 변하지 않던 은행이 큰 변화에 직면하게 될 것이다. 은행은 어떻게 바꿀 것인지 생각할 일이 아니라, 완전히 무에서 유를 창조해야 한다." 대한민국 은행들은 겨우 '지점'에서 자유로워진 인터넷전문은행이 출현하자 야단법석이지만 실제로는 변화에 적응하지 못한, 변화를 거부한 대가를 치르는 중이다.

은행이 IMF 체제에서 배운 교훈

은행이 믿는 대기업은 과연 안전할까? 특히 지금처럼 혁신과 융합의 속도조차 헤아릴 수 없는 시기에 과거처럼 대기업에만 의존하는 것이 은행의 미래를 보장받는 일일까? 그리고 만약 대기업이 무너지면 은행에는 무슨 일이 벌어질까? 1997년 말 시작된 외환위기 당시를 생각해보면 대기업이 무너질 때 은행에 무슨 일이 벌어지는지 알 수 있다. 겉으로 보면 은행은 항상 돈을 남기는 일을 하므로 망하지 않을 것 같지만, 실제로는 전혀 그렇지 않다.

아마도 20대나 30대인 사람은 이런 은행 이름을 기억하지 못할 것이다. 경기은행, 동남은행, 대동은행, 동화은행, 충청은행. 이들은 외환위기 당시 IMF 관리체제에서 자본잠식으로 퇴출당했다. 상업은행, 한일은행, 보람은행, 서울은행, 주택은행, 장기신용은행, 평화은행은 구조조정으로 다른 은행에 합병되었다. 충북은행과 강원은행은 조흥은행에 인수된 후 신한은행에 합병되었다. 제일은행, 한미은행, 외환은행은 외국자본에 넘어갔다. 외환은행은 충청은행을 흡수한 하나은행에 2012년에 인수되었고 우리은행은 2022년이나 되어야 민영화를 이뤄 IMF 체제의 상처를 완전히 극복할 수 있다.

은행은 원금에 관해서는 잘 이야기하지 않지만, 빌려준 원금을 이자와 함께 받아야만 살아갈 수 있다. 은행은 빌려준 원금을 못 받으면 망한다. 외환위기 당시 은행들은 세상에서 가장 이상한 깨우침을 얻었다. 원금을 받으려면 아주 극소수의 대기업에만 돈을 빌려주거나, 개인에게는 빌려주는 돈보다 훨씬 큰 담보를 요구해야 한다는 깨우침이 그것이다. 그래서 은행은 스타트업에는 돈을 잘 빌려주지 않는다. 개인대출도 철저하게 담보대출로 제한한다. 담보를 요구하지 않는 개인은 대부분 대기업에서 일하는 사람들이다.

그런데 앞으로 돈을 버는 기업은 대부분 스타트업에서 나온다. 반대로 은행이 돈을 빌려준 대기업은 새로운 혁신을 앞세운 스타트업에 의해 점점 해체의 길을 걷게 될 것이다. 5년 치, 10년 치 일감을 확보했다던 한국의 조선업이 어떤 길을 걷고 있는지 생각해보라. 해운업은 어떤가? 한국의 자동차 수출량은 10년 동안 거의 100만 대나 줄어 멕시코에도 뒤졌다. 은행 자체도 새로운 금융에 의해 조금씩 해체되고 대체되고 있다. 은행에 갈 이유도 사라지고 있다. 은행을 입출금 위주로 활용하는 사람은 은행에 가지 않아도 불편함 없이 살 수 있는 사회가 된 걸 은행만 모른다.

이제 인터넷은행도 새로운 금융에 가세했다. 인터넷은행은 무점포가 무기이다. 무점포라는 말은 커다란 간판을 걸고 비싼 위치에 있는 은행과 경쟁하지 않는다는 말이다. 최소한 점포만 놓고 보면 그렇다. 점포가 없으니 비싼 임대료를 지급하지 않아도 되고 그 안에서 일할 사람도 줄어든다. 심지어 몇 푼 안 되는 돈이 있는 은행 점포를 경비할 필요도 없다. 선택은 고객이 하면 된다. 점포를 가진 은행에 가서 높은 이자를 주고 돈을 빌릴 것인가, 아니면 인터넷으로 훨씬 저렴하게 돈을 빌릴 것인가?

착한 금융이 만드는 세상

금융金融은 '금전을 유통하는 일'이라고 사전에서 정의하고 있다. 한자 의미로 융融은 '녹이다', '융합하다', '통하다', '따뜻하다'의 의미도 가졌다. 금융은 융합融合처럼 녹아 다른 것이 되는 일이기도 하며, 이를 통해 마음이 통하고 따뜻함도 전해야 한다. 모든 것이 투명하게 공개되고 소비자가 제품과 기업을 결정하는 세상이 되면서 차가운 금융이 끝나는 시기가 다가오고 있다. 차가운 금융이 살아남는다고 해도 그것은 전산망이나 인공지능과 같은 기계의 일이지 사람의 일은 아니다.

은행이 외면하는 스타트업은 어떻게 자금을 조달할까? 미국만큼은 아니지만, 스타트업이라고 해서 자금을 조달할 방법이 없는 것은 아니다. 아이디어만 좋다면 크라우드펀딩을 통해 다수에게서 자금을 조달할 수 있다. 아이디어를 제품으로 만들어 투자금을 갚을 수도 있고 빌릴 수도 있고 출자할 수도 있다. 정부도 스타트업을 육성하기 위해 다양한 지원사업을 펼치고 있다. 은행이 버린 그 자리를 은행이 아닌 투자자와 개인이 모여 새로운 금융을 만들고 있다.

절제된 금융 소비의 동반자, 모벤

개인의 긍정적 금융 소비를 도와 고객에게 사랑받는 금융 기업도 있다. 브렛 킹Brett King 박사의 모벤Moven[98]이 그렇다. 모벤을 사용하면 금융의 새로운 세계를 경험하게 된다. 페이스북이나 문자로 결제하는 것은 물론, 금융 소비 패턴을 완벽하게 분석해 절제된 금융 소비로 이끌어준다. 일주일에 10만 원이나 되는 돈을 커피전문점에서 쓰고 있다는 사실을 모벤 계좌가 알려주면 당장 다른 방법으로 커피를 마셔야겠다고 생각하게 될 것이다. 모벤은 돈이 모이면 그 금액에 따라 어떤 금융상품에 투자하면 좋을지 추천하기도 하고 개인의 재무 건전성을 평가해주기도 한다.

브렛 킹 박사는 모벤 사용자들의 경험과 평가를 토대로 "결국에는 사람들이 스마트폰을 기반으로 하는 은행 계좌를 사용하게 될 것"이라고 말했다. 이 계좌는 카카오뱅크의 은행 계좌와 비슷한 것으로 편리하게 금융거래를 할 수 있으며, 신용카드와 같은 기능을 포함하고 있으며, 금융 소비 패턴을 분석해 제공하는 것은 물론, 현명한 금융 소비를 계획할 수 있도록 돕는 계좌이다. 브렛 킹 박사는 편리함도 중요하지만, 무작정 소비를 부추기는 금융이 아닌 데이터에 기초한 금융 소비를 선택하게 될 것이라고 했다.

브렛 킹 박사가 말하는 '데이터에 기초한 금융 소비'는 기업에서 주로 자신들이 활용할 목적으로 분석하는 빅데이터Big Data와는 다른, 개인이나 점포 단위의 스몰데이터Small Data 분석이다. 모벤은 사용자의 한 달, 일 년간의 소비 패턴을 분석해서 최적의 소비를 만들어내는 방법을 조언한다. 절제된 소비를 통해 모은 자금을 어떻게 불릴 것인지도 도와준다. 소비 습관이 분석되면 도표로 보여주는 것은 물론 초록, 노랑, 빨강으로 금융 소비 방식에 경고도 해준다. 이 데이터들은 기업을 위한 데이터가 아니라 고객을 위한 데이터이다. 물론 모든 고객의 패턴을 빅데이터로 분석해 더 나은 소비방안을 제시할 수도 있다.

아프리카의 디지털 통화, 엠페사

아프리카는 유선전화조차 없는 열악한 IT 환경에 처해 있다. 하지만 아프리카는 선진국보다 빠른 속도로 모바일 환경에 진입하고 있다. 그렇다면 아프리카에는 어떤 금융이 자리 잡고 있을까? 케냐 나이로비에 본사를 둔 사파리콤Safaricom[99]은 영국의 보다폰Vodafone[100]이 지분 40%를 가진 케냐의 통신사이다. 이들이 선보인 엠페사M-Pesa는 신분증만 있으면 간단하게 누구나 계좌를 개설해 입금과 송금은 물론 출금도 가능한 모바일 거래시스템이다. 이 계좌는 휴대전화 번호와 연동된다. 송금할 때는 송금액과 받을 사람의 전화번호만 넣고 송금 버튼을 누르면 거래가 완료된다. 엠페사를 사용하는 사람은 문자 메시지처럼 송금하고 물품 대금을 지급하고 공과금을 낸다. 또한, 가까운 은행, 우체국, 심지어 사파리콤 매장에서도 쉽게 돈을 찾을 수 있다. 게다가 수수료도 저렴하다.

혹시 이런 일이 은행의 일이 아니고 통신사의 일이라고 생각되지는 않는가? 그런 생각을 고객들이 하기 시작하면 은행은 이제 할 일이 없다. 사파리콤은 여기서 더 나아가 휴대전화로 소액대출을 해주는 서비스도 제공한다. 수수료는 은행이 생각할 수 없는 수준으로 저렴하다. 휴대전화로 저축상품에 가입해 이자도 받을 수 있다. 엠페사가 아프리카 케냐의 오지마을을 위한 금융서비스라는 생각도 잘못되었다. 엠페사 계정을 가진 가입자는 세계인구의 40%인 30억 명 이상으로 이집트, 가나, 탄자니아와 같은 아프리카 대륙은 물론 인도와 루마니아에서도 엠페사를 사용한다.

아프리카에 엠페사 이전의 금융시스템은 없는 것과 마찬가지였다. 현금을 직접 전달하거나, 아는 사람을 통해 전달하거나, 버스 기사에게 전달을 부탁해야 했다. 우체국이 있었지만, 그 수가 아주 적고 수수료도 비쌌다. 그러나 케냐 성인의 80% 이상이 휴대전화를 보유하고 있었다. 사파리콤은 금융시스템을 만든 것이 아니라, 금융거래의 장벽을 허물어 순식간에 아프리카 대륙을 디지털 금융으로 바꾸었다. 사파리콤 최고 경영자 밥 콜리모어Bob Collymore는 사파리콤의 금융서비스를 이렇게 설명한다. "우리의 고객은 1실링을 사용하는 소액 고객입니다. 세계 금융 회사들은 저소득층 고객을 무시하지만, 우리는 바로 그런 고객에게 서비스를 제공합니다."

빈자의 은행, 그라민

그라민 은행Grameen Bank[101]은 무하마드 유누스Muhammad Yunus가 방글라데시에 설립한 가난한 사람들을 위한 소액대출 은행이다. 치타공 대학 경제학 교수였던 무하마드 유누스는 1973년에 한 마을에서 대부업자에게 20달러를 빌렸다가 고통받는 사람들을 보고 충격을 받았다. 이들은 온종일 일해도 번 돈으로 고금리 이자조차 감당하기 어려운 생활을 하고 있었다. 그는 가지고 있던 돈을 대부업자에게 대신 갚아주고 이들을 구제했다. 이것이 그라민 은행이 설립되는 계기가 되었다.

무하마드 유누스는 가난한 사람들에게 소액을 빌려주는 것으로 그라민 은행 프로젝트를 시작했다. 가난한 사람들에게는 신용과 담보가 있을 리 없다. 하지만, 가난을 그들이 가진 최고의 신용이자 담보라고 생각했다. 이 프로젝트에서 실제 회수율은 90%를 웃돌았다. 1983년, 정부와 민간의 투자가 이루어져 그라민 은행이 설립되었다. 은행은 150달러까지 담보 없이 대출해주는 일을 계속했다. 1993년에는 은행이 흑자 전환했으며, 99%에 이르는 회수율을 기록했고, 대출받은 사람의 약 60%가 극심한 가난에서 벗어날 수 있었다.

그라민 은행은 전 세계에 '마이크로 크레딧Micro Credit 운동'으로 불리는 소액신용대출 운동을 불러일으켰다. 은행이 해야 하지만 절대로 하지 않는 일을, 새로운 생각을 하는 새로운 은행이 앞장서 해낸 것이다. 그라민 은행은 가난한 사람들에게 이동전화를 제공하는 그라민폰, 시골 마을에 전력을 공급하는 그라민샥티, 어린이용 유제품을 생산하는 그라민다농 등으로 사업을 확장해 사회적 기업으로 계속 성장하고 있다.

은행의 미래, 이타우 유니방코

남미 브라질에는 이타우 유니방코Itau Unibanco[102]가 있다. 이들이 하는 일이 무엇인지 확인하면 은행의 미래를 확인할 수 있다. 이타우 유니방코는 '고객에게 신용대출을 해주고, 훌륭한 아이디어가 있는 사업에 투자하고, 다른 은행이 하지 못하는 분야에 보험을 제공함으로써 고객의 삶을 개선하고 기업의 성장을 돕는 일'을 사명으로 한다. 이타우 유니방코는 고객의 성장이 곧 자신들의 성장이라고 믿는다. 그리고 고객이 속한 사회에서 책임을 다하는 것이 자신들이 성장하는 길이라고 믿는다.

이타우 유니방코가 내세우는 것은 '공유가치 창출Creating Shared Value'이다. 남미처럼 성장하는 시장에서는 직원, 고객, 주주, 사회가 공유할 수 있는 가치를 키우는 것이 우선이다. 현재의 파이를 더 차지하기 위해 경쟁하기보다는 더 큰 파이를 만드는 것이 훨씬 중요한 일이라고 생각하는 것이다. 이타우 유니방코가 파이를 키우는 일에는 교육과 같은 사업도 포함된다. 고객에게 금융교육을 제공하고 기업가정신을 키우는 프로그램도 제공한다. 직접 문화기구를 설립해 고객과 지역사회에 문화예술 프로그램도 지원한다. 이타우 유니방코는 착한 금융이 해야 할 일을 잘 보여준다.

핀테크가 꿈꾸는 진짜 금융

아프리카와 같은 저개발국과 동남아시아의 개발도상국에서는 경제가 꿈틀거리는 것을 보면서 청년이나 장년이나 할 것 없이 기업가로서의 꿈을 키운다. 문제는 이들에게 아이디어만 있을 뿐 자금이 부족하다는 점이다. 실제로는 자금만이 아니라 다른 장벽도 많다. 이들 국가는 제도적으로도 새로운 일에 도전하기 어렵고 지리적으로도 불리하고 물류도 형편없다. 이들이 기댈 곳은 이런 환경에서도 누군가 자신들을 믿고 투자해줄 사람들이다.

케냐의 막 결혼한 22살 청년사업가 조세핀Josephine은 염소를 키우는 사업을 하려고 한다. 염소 10마리 구매에 필요한 초기자금 300달러가 필요하다고 지디샤Zidisha[103] 홈페이지에 설명하면서 간단한 자신의 신용조회 기록을 올린다. 조세핀은 지급할 이자율을 제시하고, 전 세계의 자금 대출자들은 서로 희망하는 이자율을 제시한다. 지디샤는 가장 낮은 이자율로 조세핀이 돈을 빌리도록 중개한다. 조세핀은 열악한 환경이지만, 염소를 키우기 시작하면서 이웃을 근로자로 고용하고 사업을 성공적으로 유지해 대출금을 갚는다.

이번에는 닭을 키우기 위한 새로운 자금을 지디샤를 통해 조달하기로 한다. 현지 은행에서 돈을 빌릴 수는 있지만, 대출금액도 적고 영세사업자가 돈을 빌리려면 행정 비용이 크게 들기 때문이다. 막 태어난 조세핀의 아이들은 조세핀처럼 생활고를 해결하기 위해 일하는 대신 학교에 갈 수 있게 될 것이다. 학교에서 아이들은 글을 배우고 축산에 관한 전문적인 지식을 배워 배고프지 않은 미래를 꿈꾸게 될 것이다. 또한, 자신들이 도움을 받았던 것처럼 누군가에게 도움을 줄 날을 간절하게 고대할 것이다.

최빈국의 희망, 지디샤

지디샤는 아프리카를 비롯한 저개발국 사업가들에게 소액대출을 해준다. 지디샤는 비영리 기구로 은행이 아니다. 이들은 자금이 필요한 기업가와 투자자를 직접 연결한다. 세네갈에서 시작한 지디샤는 케냐에서 가장 빠르게 성공했는데, 그 이유는 의외다. 케냐에 더 많은 사람이 투자를 결정한 것도 아니고, 케냐에 어려운 사람이 더 많았던 것도 아니다. 지디샤의 결정적 성공 요인은 앞서 설명한 디지털 통화인 사파리콤의 엠페사 덕이다. 누구나 쉽게 돈을 받고 갚을 수 있는 체제가 갖춰졌기 때문이다.

줄리아 쿠르니아Julia Kurnia는 미국 아프리카 개발부에서 일한 경험을 바탕으로 비영리 기구 지디샤를 설립했다. 쿠르니아는 돈이 필요한 기업가와 투자자를 직접 연결하면 중개 수수료를 없앨 수 있어 합리적인 이자로 대출할 수 있다고 생각했다. 그래서 지디샤에는 거래를 중개하거나 돈을 빌려주는 은행이 없다. 기업가가 직접 대출신청서를 작성해 지디샤의 대출 게시판에 올리면 투자자들이 질문하고 이자율을 제시하며 대출을 제안한다. 이렇게 지디샤에서 소액대출을 받은 기업가는 사업을 시작할 수 있다.

지디샤에는 지점도 대출 상담 직원도 없다. 대출자를 직접 연결해 금융을 해결한다. 지디샤에서 일하는 사람은 대부분 자원봉사자이다. 소통이 어려운 부분을 해결해주는 게 주요 업무이다. 그래서 지디샤에서는 연 8~9% 수준의 금리로 자금을 조달할 수 있다. 그것도 인터넷만 연결되면 전 세계 어디서나 자금을 조달할 수 있다. 여기서 주목할 것은 인터넷을 활용하는 점이나 금리가 낮다는 점이 아니다. 지디샤는 금융이 버린 일을 하고 금융이 버린 약자를 돕는다는 점이다. 약자를 위한 진짜 금융은 다른 착한 투자자를 계속 늘려 아시아와 남미로 덩치를 키우고 있다.

쿠르니아는 지디샤 설립 배경을 이렇게 설명했다. "소득수준이 낮은 국가의 기업가들은 자주 딜레마를 경험한다. 사업을 성장시킬 투자금도 부족하고 사업해서 가정을 부양할 만큼 충분한 소득도 얻지 못한다. 정치적, 경제적 제약과 지리적 불리함으로 현지 은행에서 자금을 영세사업자에게 빌려주는 데는 큰 비용이 든다. 그래서 다수의 영세사업자가 소액금융 서비스에 손을 벌리지만, 행정 비용이 많이 들어서 터무니없이 비싼 담보와 이자를 지급해야 한다. 그래서 사업이 성장하지 못하고 그들의 가족은 가난을 벗어나지 못한다."[104]

손톱만 한 스퀘어의 금융 세계

트위터의 공동 창업자 잭 도시Jack Dorsey는 유리공예가인 친구 짐 맥켈비Jim McKelvey에게 놀라운 이야기를 듣는다. 자신이 신용카드를 취급하지 않아서 매달 2,000달러의 매출 손실을 본다는 것이다. 신용카드를 취급하면 좋겠지만, 카드수수료가 너무 비싸서 팔수록 손해라는 말이었다. 2009년, 잭 도시는 소액결제를 모아서 대규모 결제를 일으키고, 줄어든 수수료를 영세업자에게 나눠주는 결제방법을 만들어 스퀘어 Square[105]를 설립했다.

스퀘어는 스마트폰에 손톱만 한 사각형의 카드리더기를 꽂아 신용카드로 결제할 수 있도록 해준다. 카드리더기를 스마트폰에 연결하고 스퀘어 앱으로 결제하면 스퀘어 레지스터Square Resister에 연결된다. 스퀘어 레지스터는 결제 명세를 남기고 디지털 영수증을 발행한다. 스퀘어 레지스터는 이를 카드사에 전송해서 결제를 마무리한 후 가맹점들에 수수료를 부과하고 대금을 지급한다. 매출이 적다면 2.75% 수수료를 선택해도 되고 매출이 많다면 월 275달러의 정액 수수료를 내도 된다.

스퀘어가 출시되자 영세업자들은 크게 환영했다. 줄어든 카드수수료는 물론 별도의 단말기도 설치할 필요조차 없었다. 전 세계에서 앱을 설치하고 손톱만 한 동글을 받아 스퀘어로 결제하는 영세업자가 폭발적으로 늘었다. 스타벅스Starbucks[106]도 스퀘어에 투자했다. 출시 1년이 지나자 결제액이 50억 달러를 넘어섰고 2년 뒤에는 다시 150억 달러를 넘어섰다. 2019년에는 결제액이 무려 1,050억 달러를 넘어섰다.

스퀘어는 결제서비스 외에도 새로운 혁신으로 금융의 지평을 넓혀 가고 있다. 2.75%의 거래수수료 서비스를 기반으로 가맹점에 소액대출 서비스를 제공하고 있고, 카드결제 대금을 급하게 사용하고 싶은 가맹점에는 즉시 인출 서비스도 제공하고 있다. 또한, 기존의 결제 단말기를 대체하는 다양한 단말기를 출시해 기존 시장을 잠식해가고 있다. 스퀘어는 영세업자와 카드사 모두에 이로운 일을 한 셈이다. 하지만, 스퀘어의 혁신은 카드사의 차별에서 시작되었다는 점을 카드사는 기억해야 한다. 이런 일이 원래 금융이 해야 하는 일이다.

핀테크가 허무는 금융 장벽

사랑받는 기업은 은행이 하는 일을 직접 할 수도 있다. 스타벅스 선불카드 적립액은 어지간한 은행이 보유한 수신액보다 크다. 선불카드를 선물하고, 다 사용한 선불카드를 모으는 일은 스타벅스 애호가들에게 취미나 다른 바 없다. 스타벅스는 고객들이 미리 지급한 선불카드 적립액만큼 은행에서 운영자금을 빌리지 않아도 된다. 은행에 이자를 낼 이유도 사라졌다. 선불카드 금액은 고객이 쓰겠다고 예약한 돈이다. 다른 경쟁사로 가지 않고 스타벅스의 매출로 이어질 금액이다. 그런데 이 선불카드 결제를 휴대전화 소액결제와 같은 핀테크를 활용하면 카드사 매출은 그만큼 줄어든다. 카드사의 경쟁사가 커피전문점이 된 것이다.

2019년에는 카카오뱅크와 같은 인터넷은행이 당연하게 생각되지만, 영국에서는 HSBC[107]에 인수된 미들랜드은행Midland Bank이 이미 30년 전인 1989년에 퍼스트 다이렉트First Direct라는 폰뱅킹 서비스를 시작했다. 지점이 없는 은행을 운영함으로써 당시에도 3.5%라는 높은 금리를 고객에게 제공할 수 있었고, 기존의 금융네트워크를 활용해 입출금도 자유롭게 할 수 있었다. 이런 서비스는 기존 은행들에는 눈엣가시와 같은 존재였다. 그러나 지금은 모든 은행이 비대면 은행 계좌를 개설해주면서 자신이 하는 일을 스스로 파괴해가고 있다.

크라우드펀딩과 핀테크의 미래

금융이 역할을 제대로 했다면 아마도 크라우드펀딩Crowd Funding은 탄생하지 않았을지도 모른다. 크라우드펀딩은 고객, 투자자, 사업가, 아이디어의 융합이다. 스타트업처럼 투자가 절실한 기업이 돌아가려면 돈을 빌려줄 은행이 있어야 하는데, 그런 일을 하는 은행은 거의 없다. 크라우드펀딩이 하는 일은 브라질 이타우 유니방코가 목표로 하는 '고객의 삶을 개선하고 기업의 성장을 돕는 일'이다. 다만 그 일을 금융이 하는 것이 아니라, 금융의 고객이나 개인 투자자가 한다. 그래서 크라우드펀딩을 개인에 내준 금융에는 미래가 없는 것이다.

왜 금융이 해야 할 일을 개인이 하게 되었을까? 실제로 금융이 하는 가장 중요한 일은 개인이나 기업과 같은 예금자들의 돈을 모아서 돈이 필요한 개인이나 기업에 다시 대출해주는 일이다. 돈을 맡긴 예금주들은 은행과 같은 금융기관이 돈을 빌려주는 일을 대신해주고 있으니 이자를 조금 덜 받더라도 맡긴 돈을 '제대로' 투자해주길 바라는 것이다. 그런데 엉뚱하게도 금융기관은 그 돈을 돈 많은 사람이나 대기업에만 빌려주고 있다. 그래서 망할 확률은 조금 줄었지만, 성공할 확률은 더 크게 줄었다. 이에 화가 난 현명한 예금주들은 직접 투자에 나서고 있다.

사라진 금융의 역할

금융의 문제는 두 가지다. 하나는 훨씬 큰 수익이 나는 '훌륭한 아이디어를 가진 스타트업'에 투자하지 않는다는 점이다. 물론 위험도 따르지만, 예금주가 돈을 맡길 때는 스타트업에 투자해 계속 성장하고, 일자리가 계속 만들어지고, 개인은 거기서 일해서 받은 돈을 다시 금융기관에 저축해 경제가 성장하기를 바라는 것이다. 다른 문제는 맡긴 돈을 대기업에만 빌려주는 것이다. 대기업이 안정적일 것 같지만, 대기업이 한 번 부실해지면 헤어날 수도 없고, 계속 더 큰돈을 빌려줘야 하는 악순환에 빠져 같이 부실해지기 쉽다.

예금주와 돈이 필요한 스타트업은 금융이 제대로 기능하지 않는 것을 알게 되었다. IMF 구제금융 사태와 세계적인 금융위기, 신용카드 부실사태, 저축은행 사태를 겪으면서 금융기관이 안전하지 않다는 것도 알게 되었다. 합리적인 소비나 저축을 통한 가계 소득 증대는커녕 기회가 올 때마다 무분별한 소비만 부추긴 것이 은행과 카드사라는 것도 알게 되었다. 물론 피해는 그들에게 돈을 맡긴 고객, 그들의 직원, 그들에게 돈을 빌린 대출자들이 입었다. 그러니 금융기관을 빼고 직접 예금자와 돈이 필요한 개인, 기업이 만나는 것이다.

개미가 만든 금융, 크라우드펀딩

크라우드펀딩은 크게 두 가지 형태로 이루어진다. 하나는 아이디어가 훌륭한 제품을 돈을 먼저 주고 구매하는 형태다. 물론 제품은 개발되어 출시가 이루어진 후 받는다. 촬영용 드론이나 체인 없는 자전거와 같은 제품을 고안했다면, 그에 관심이 있는 개인들이 아이디어에 투자해준다. 놀라운 점은 미리 돈을 주고 사는 데에는 위험만 있고 이익이 없다는 것이다. 이자가 생기는 것도 아니니 제품을 받아도 실제 이익은 없다. 하지만 이들은 기꺼이 투자한다. 이 제품에는 아이디어에 대한 기대가 담겼으니 말이다.

크라우드펀딩의 다른 한 형태는 지분에 투자하거나, 상환할 때까지 이자를 받고 대출하는 형태다. 물론 이외에도 크라우드펀딩의 형태는 다양하다. 중요한 것은 개인이 금융기관이 되어가고 있다는 점이다. 금융이 해야 할 가장 중요한 일은 제쳐두고 더 큰 거래, 더 큰 기업과의 거래에 한눈파는 사이에 개인은 더 나은 가치, 더 나은 투자처를 발굴하고 있다. 금융이 가장 놀랄 일은 크라우드펀딩으로 만들어진 핀테크 스타트업 중에서 '금융을 혁신하는 아이디어로 탄생한 스타트업'이 금융을 해체할 때이다.

크라우드펀딩은 일자리 창출의 관점에서도 가장 놀라운 혁신이다. 크라우드펀딩으로 성공한 스타트업이 많아지는 것과 정부나 금융기관이 창업을 지원해 성공하는 것은 차원이 다르다. 크라우드펀딩으로 성공한 기업이 많아지면 그 기업에 투자한 개인도 성공한다. 기업에 일자리가 만들어지는 것은 물론, 투자에 성공한 개인의 소비도 는다. 연결과 협업, 아이디어의 융합으로 만든 금융인 크라우드펀딩이야말로 금융의 미래이다. 금융기관은 대기업의 미래에 투자하지 말고 금융의 미래에 투자해야 한다.

지구온난화와 핀테크

금융이 하던 일이 해체되는 방식은 지구온난화로 빙하가 녹아 사라지는 방식과 똑같다. 사람들은 지구온난화로 빙하가 녹아내려 점점 작아져서 사라진다고 생각한다. 그런데 빙하는 그렇게 사라지는 것이 아니다. 낮이 되면 올라간 기온으로 빙하의 표면이 살짝 녹는다. 녹은 물은 얕은 곳으로 흐른다. 그러다가 빙하의 살짝 팬 곳에 고인다. 빙하의 작은 틈에 녹은 물이 흘러 들어가는 것이다. 밤이 되면 기온이 낮아져 고인 물이 언다. 물이 얼면 부피가 팽창한다. 물이 얼어 팽창하면 빙하의 작은 틈이 약간 더 벌어진다. 그리고 낮에는 그 틈에 빙하가 녹은 물이 조금 더 고이고, 밤에는 어제보다 조금 더 많은 물이 얼며 틈을 벌린다. 이런 일이 밤과 낮을 반복하며 계속된다.

빙하가 조금 녹고 흘러 모이고 얼고 다시 녹는 일이 반복되면 어떻게 될까? 우리가 가끔 뉴스에서 본 그런 일이 벌어진다. 어마어마한 빙하가 산산조각이 나면서 바다로 곤두박질한다. 그러면 바닷물이 떨어져 나온 빙하를 통째로 집어삼킨다. 바다에 떨어진 빙하는 더 쉽게 조각난다. 시간이 흐르면 빙산이 조각난 작은 유빙이 되어 몸을 가누지 못하고 사라져 간다. 이것이 핀테크가 금융이 하던 빙산 같은 일을 녹이고 얼리고 부수는 방식이다. 지금 금융이 하던 일 여기저기에 엄청난 틈이 만들어져 물이 차고 있다.

은행은 지점이 얼마나 많은가가 아니라 얼마나 모바일뱅킹이 편리한가에 따라 선택된다. 일회용 비밀번호 생성기를 사용하는 은행은 젊은이들이 쳐다보지도 않는다. 그들에게는 모바일 생체인증이 더 익숙하다. 우리나라에도 무료 송금 한도를 몇백만 원 수준에서 수천만 원으로 늘린 은행이 등장했고, 카카오뱅크의 영향으로 타행 자동입출금기 출금 수수료도 사라졌다. 이렇게 되면 은행의 수수료 수입은 확 줄어든다. 페이코나 토스와 같은 핀테크 기업들은 환전 수수료를 확 낮췄다. 은행들은 사라지는 고객을 잡기 위해 환전 수수료를 낮출 수밖에 없다. 카드사의 최대 경쟁자는 간편결제 핀테크 기업이다. 오히려 카드사들은 핀테크 기업에 종속되는 것을 두려워해야 할 형편이다. 금융을 둘러싼 환경이 온난화된 지구처럼 후끈 달아올랐다.

블록체인과 금융 혁신

블록체인 기술은 핀테크와 결합해 안전하고 신뢰도 높은 금융거래를 만들어가고 있다. 기존 금융거래는 중앙 서버에 모든 기록을 남기고 각각의 고객이 중앙 서버의 기록에 근거해 거래하게 되어 있다. 하지만 블록체인 기술로 이루어지는 금융거래는 모든 참여자가 거래정보를 검증하고 기록하고 보관함으로써 위변조나 해킹으로부터 안전하게 거래할 수 있다. 또한, 대규모 데이터센터를 세우고 유지하고 보안에 투자할 필요가 없어 비용도 절감할 수 있다. 만약 블록체인 기술이 대규모로 금융에 적용되기 시작하면 지금의 금융은 무용지물이 될 수도 있다.

국제송금을 하려면 1977년부터 사용하고 있는 국제결제시스템인 스위프트 망SWIFT을 이용해야 한다. 송금하려면 수수료를 내야 하는데, 여기에는 송금을 대행하는 은행의 수수료, 중개하는 은행의 수수료, 돈을 받는 수취은행의 수수료와 통신료까지 부담해야 한다. 전체 수수료는 송금액의 5~10%에 이르며, 기간도 보통 이틀이 소요된다. 그러나 블록체인 기술을 적용하면 건당 수천 원 수준의 수수료로 거의 실시간 송금할 수 있다. 현재 JP모건JP Morgan이 주도하는 블록체인 기반 '은행 간 정보 네트워크Interbank Information Network'에는 전 세계에서 100개 이상의 은행이 가입했으며, 하루 30만 건 이상의 국제송금을 처리하는 송금체계를 구축하고 있다.

증권 분야에도 국제송금에 적용되는 블록체인 기술을 유사하게 적용하면 안전하게 주식이나 채권을 거래할 수 있다. 호주증권거래소나 미국 나스닥도 블록체인 기반 시험 거래에 성공했고, 블록체인 기반 거래시스템을 확대 구축하기 위해 준비하고 있다. 부동산에도 블록체인 기술을 도입하면 안전하고 편리한 거래가 가능해진다. 부동산 거래에 블록체인 기술을 적용하면 수많은 종이 증명서들을 블록체인 증명서로 한 번에 대체할 수 있다. 부동산처럼 정부나 공공분야에서 개입해 증명해야 하는 모든 곳에 블록체인 기술은 최고의 대안이다. 이제 모든 금융 당사자들은 지금의 금융이 없어도 안전하고 신뢰할만한 거래를 할 수 있는 날이 머지않았다는 사실을 기억해야 한다.

07

데이터,
과거에서 미래를 찾는 기술

데이터를 갖지 못한 기업은 데이터를 가진 기업과 경쟁할 수 없다. 그래서 거
대기업들은 우리가 생각하는 것보다 훨씬 광범위한 데이터를 수집하기 위해
경쟁한다. 그 방식도 상상하기 어려울 정도로 거대하고 정밀하다. 스페이스
엑스는 우주에 인공위성을 띄우고, 구글은 무인 비행선을 띄워 데이터를 수
집하려고 한다.

공룡들의 데이터 전쟁

　인간의 모든 아날로그 행동은 이제 디지털 행동이 되었다. 디지털 행동이 되었다는 의미는 인간 행동이 모두 디지털로 기록되고 보관되고 분석되고 다시 활용된다는 의미이다. 스마트폰으로 뉴스를 보거나 자료를 검색하는 행동은 즉시 디지털로 기록되고 분석된다. 집을 나서는 모습이나 자동차를 타고 나가는 모습도 폐쇄회로 카메라가 기록한다. 자동차가 지나간 경로는 폐쇄회로 카메라는 물론 하이패스 단말기 처리 기록으로도 남는다. 스마트폰의 위치는 곧 사용자의 위치이다. 교통카드, 신용카드, 출입 카드 사용명세는 더욱 정밀하게 인간 행동을 기록한다.

　구글, 스페이스엑스, 페이스북, 넷플릭스, 심지어 네이버나 카카오와 같은 회사는 물론 백화점이나 신용카드 회사도 개인의 디지털 기록을 차지하고 분석하고 활용하기 위해 경쟁하고 있다. 사람들이 남긴 기록을 분석하면 미래에 돈이 되기 때문이다. 만약 페이스북에서 특정한 광고를 클릭했다면 이와 유사한 제품 광고를 계속 만나게 된다. 위에 나열한 회사 대부분이 같은 방식으로 개인의 디지털 기록을 활용해 광고하기 때문이다. 구글은 크롬 브라우저로 사용자의 인터넷 행동을 기록하고, 안드로이드 운영체제로 모바일 디지털 행동을 추적하고, 광고플랫폼과 검색시스템으로 사용자의 행동과 심리적 특성까지 알아낸다.

구글 번역기는 무엇을 말하고 싶고, 무엇을 알고 싶어 하는지도 알 수 있다.

　데이터를 갖지 못한 기업은 데이터를 가진 기업과 경쟁할 수 없다. 그래서 거대 공룡기업들은 우리가 생각하는 것보다 훨씬 광범위한 데이터를 수집하기 위해 경쟁한다. 그 방식도 상상하기 어려울 정도로 거대하고 정밀하다. 스페이스엑스는 우주에 인공위성을 띄워 데이터를 수집하려고 한다. 구글은 무인 비행선을 띄워 데이터를 수집하려고 한다. 이런 방식은 카드회사들이 카드사용 명세를 수집하는 수준이 아니다. 지상에서 데이터를 사용하는 모든 인간의 행동을 우주에서 내려다보며 수집하고 분석하고 활용하는 수준이다.

데이터의 수집, 분석, 활용

　기업이 데이터를 원하는 이유는 비즈니스 모델에 활용하기 위해서이다. 그래서 기업은 경쟁적으로 데이터를 수집하고 분석하고 활용하는 데이터 플랫폼을 개발한다. 우선 데이터를 수집하는 일이 가장 중요하다. 과거에 기업은 개인정보처럼 특정 데이터를 수집하는 데 주력했으나, 이제는 모든 데이터를 수집하는 양상으로 변화하고 있다. 브라우저, 운영시스템, 검색시스템, CCTV, 웹사이트, SNS, 인공지능 비서, 번역기도 데이터를 수집하는 장치들이다. 곧 자율주행 자동차도 데이터 수집 장치에 합류할 것이다.

　수집된 데이터는 대규모 데이터센터에 기록되어 분석된다. 분석되는 방향은 크게 두 가지이다. 하나는 빅데이터Big Data 형태로, 특정한 집단의 변화나 트렌드를 분석해 제품 개발이나 서비스에 반영한다. 다른 하나는 개별화된 스몰데이터Small Data 형태로, 개인 맞춤형 제품이나 서비스를 제공하려고 분석된다. 사실 이 둘은 별개라고 볼 수도 없지만, 2020년 이후로는 기업 대부분이 후자를 점점 더 많이 활용하게 된다.

또한, 데이터의 수집과 분석에 인공지능은 이제 필수 요소가 되었다. 데이터의 양이 커질수록 수집된 데이터를 정밀하게 분석해 처리하고, 이를 통해 예측하는 일이 어려워지기 때문이다. 이렇게 인공지능을 활용한 데이터 분석과 예측은 이를 활용한 수익모델의 효율을 계속 높여준다. 인공지능이 선호하는 브랜드, 디자인과 색상, 구매 주기와 요일, 날짜, 자주 사용하는 신용카드, 구매 방식, 선호 매장까지 다 안다면 타겟이 된 소비자가 이를 피할 방법은 없다. 이렇게 데이터 플랫폼은 인공지능과 결합한 수익모델을 계속 만들어낼 것이다.

스타링크, 카이퍼, 룬 프로젝트

스페이스엑스SpaceX는 테슬라Tesla의 최고경영자 일론 머스크Elon Musk가 2002년에 설립한 우주개발 회사이다. 스페이스엑스는 2008년에 나사NASA로부터 100억 달러에 이르는 화물 운송 계약을 따냈고, 2016년에는 로켓을 발사하고 분리한 1단 추진체를 역사상 최초로 해상에서 드론 바지선으로 회수하는 데 성공했다. 스페이스엑스가 발사하는 팰컨9 로켓은 9개의 엔진을 1단 추진체에 장착한 로켓이다. 이 팰컨9 로켓을 최대 6개까지 연결해 132톤을 실어나를 수 있는 인류 최대의 심우주 탐사용 로켓 팰컨 헤비Falcon Heavy도 개발되었다. 스페이스엑스는 2018년에 팰컨9 로켓 3개를 연결한 27개의 엔진을 단 로켓을 시험 발사해 무인 우주선을 우주로 보냈다.

　스페이스엑스는 팰컨9 로켓을 활용해 지상 2,000km 이하의 지구 저궤도Low Earth Orbit에 11,925기의 인공위성을 띄워 전 세계를 하나의 광대역 인터넷망으로 연결하는 스타링크 프로젝트Starlink Project를 2019년에 시작했다. 이렇게 많은 위성을 띄우는 이유는 거리 때문이다. 지상 36,000km 궤도에 올리는 정지궤도 위성은 지구 자전 속도와 같은 속도로 돌아서 지상에서는 정지한 것처럼 보인다. 이 인공위성 1기가 지구의 약 40% 표면적의 통신을 감당할 수 있으므로 산술적으로는 인공위성 3기로 지구 전체를 감당할 수 있다. 하지만, 지표면과 인공위성의 거리 문제로 0.25초가량의 전송속도 지연 문제가 발생한다. 이를 해결하려면 인공위성과의 거리를 좁혀야 한다.

　그래서 스페이스엑스는 1,100~1,300km를 도는 지구 저궤도 인공위성 4,425기와 그보다 낮은 1,000km 이하를 도는 인공위성 7,500기를 띄워 촘촘한 광대역 인터넷 서비스를 제공하려고 한다. 2024년이면 11,925기의 인공위성이 서로 신호를 주고받으며 4G LTE 급인 1기가비트GB 인터넷 서비스를 지구 모든 곳에 음영지역 없이 제공하게 된다. 스페이스엑스는 2020년까지 우선 400여 기의 인공위성을 쏘아 올려 북미 지역을 중심으로 우주 인터넷 서비스를 시작할 계획이다.

　아마존Amazon의 최고경영자 제프 베저스Jeff Bezos가 설립한 블루오리진Blue Origin[108]도 우주 인터넷 프로젝트를 추진 중이다. 카이퍼Kuiper로 명명된 이 프로젝트는 스타링크 프로젝트처럼, 2024년까지 지구 저궤도에 인공위성 3,236기를 띄워 연결하고 광대역 인터넷 서비스를 제공하는 사업이다. 우주개발 스타트업 원웹OneWeb[109]도 2019년에 이미 실험용 위성 6기를 극 지역으로 쏘아 올렸다. 648기를 모두 쏘아 올리는 2021년부터는 전 세계에 상용서비스를 시작할 예정이다. 원웹에는 경쟁자인 블루오리진을 비롯해 버진그룹Virgin Group[110], 에어버스Airbus[111], 소프트뱅크Softbank[112]가 투자자로 참여했다.

우주 인터넷 사업의 첫 주자라고 할 수 있는 구글도 2013년부터 룬 프로젝트Loon Project[113]를 가동하고 있다. 2018년, 구글의 자회사로 독립한 룬은 20km 성층권 상공에 헬륨 무인 비행선을 띄워 인터넷 취약지역인 아프리카 등에 통신 서비스를 제공하려고 한다. 지구 저궤도에 띄우는 엄청난 수의 인공위성보다 훨씬 저렴한 헬륨 무인 비행선은 1,000km 거리를 비행선 7대로 연결해 통신 서비스를 제공할 수 있다. 룬은 미국 캘리포니아에서 실험을 마치고 케냐에서 4G LTE 수준의 시험서비스를 시작했다. 2019년 말을 기준으로 세계인구의 40%도 넘는 33억 명이 인터넷을 사용할 수 없는 상태지만, 2025년이 오기도 전에 지구상에서 초고속 통신이 불가능한 지역은 완전히 사라진다.

우주 인터넷의 사업 가치

미국의 투자은행 모건스탠리Morgan Stanley[114]는 카이퍼 프로젝트의 가치를 1,000억 달러 이상으로 평가했다. 우주 인터넷 사업이 그만큼 충분한 가치가 있다고 평가한 것이다. 또한, 우주개발 기술을 갖춘 스페이스엑스나 블루오리진과 같은 기업이 가장 앞설 수 있는 분야가 이 분야이다. 이들의 우주 인터넷 서비스가 시작되면 4G 요금 수준으로 전 세계에서 모바일 인터넷과 전화를 사용할 수 있게 된다. 더구나 하나의 우주 인터넷망을 사용하는 사용자들은 서로 다른 통신 사업자를 거치지 않고 직접 하나의 망으로 연결되어 더 나은 서비스를 받을 수 있게 된다.

그러나 통신 서비스 혁신의 이면에는 우주 인터넷 사업자들이 전 세계 사용자로부터 모든 디지털 행동에 관한 정보를 수집해 활용할 수 있게 되는 어두운 그림자가 있다. 무엇보다, 기존 통신 사업자와는 규모 면에서 비교할 수 없는 정보가 이들에게 넘어간다. 카이퍼 프로젝트를 운영하는 블루오리진은 제프 베저스가 소유한 기업이다. 그는 세계 최대 유통기업인 아마존의 최고경영자이기도 하다. 만약 통신 사용자의 빅데이터나 스몰데이터를 분석해 아마존의 유통서비스에 결합한다면 어떤 일이 벌어질까? 2019년에도 아마존 매출의 35% 이상이 사용자의 데이터를 분석해 다른 상품을 추천하는 추천시스템에서 발생했다는 사실을 기억해야 한다.

데이터가 바꾸는 미디어 세계

세계인이 사용하는 칫솔 수와 휴대전화 중에서 어떤 것이 더 많을까? 레고로 만든 우주선을 지구 저궤도에 올려 세계적으로 주목받은 벤처사업가이자 미래학자인 스티브 사마티노Steve Sammartino[115]는 저서 〈위대한 해체Great Fragmentation〉[116]에서 이미 2014년에 "세계에서 사용되는 칫솔 수보다 휴대전화 가입자 수가 더 많다."라고 했다. 실제로 2018년을 기준으로 세계에서 사용되는 칫솔 수는 대략 43억 개다. 하지만, 세계이동통신사업자협회GSMA[117]는 '모바일월드콩그레스MWC 2019'에서 2018년 전 세계 휴대전화 가입자 수가 51억 명을 넘었다고 발표했다.

2019년 76억 명에 도달한 세계인구[118]를 기준으로 보면 66.2%가 휴대전화를 사용한다는 말과 같다. 휴대전화 보급률이 세계 최하위 수준인 북한도 2018년 말을 기준으로 인구 2,570만 명에 600만 대가 보급되어 23.3%가 휴대전화를 사용하는 것으로 세계이동통신사업자협회는 집계하고 있다. 2020년에는 세계인구가 77억 명에 도달하는데, 인구의 70% 정도만 보급되어도 약 3억 대가 늘어난 54억 대가 보급되는 셈이다. 인구의 2/3가 사용하는 휴대전화는 초기에는 통화를 위한 장비였지만, 2020년에는 엄청난 데이터를 초고속으로 사용하는 미디어가 되었다.

'손안의 미디어' 안의 '대중 미디어'

　　과거의 휴대전화와 달리 현재의 스마트폰은 그 자체로 미디어이다. 스마트폰은 데이터로 미디어를 보는 도구이고, 모든 미디어를 연결하는 도구이고, 미디어 콘텐츠를 제작하는 도구이다. 스마트폰만 있으면 실시간 방송을 송출하는 일도 아주 간단하다. 원한다면 방송을 송출할 미디어도 원하는 대로 선택할 수 있다. 자신의 홈페이지를 선택하든, 페이스북Facebook을 선택하든, 유튜브YouTube를 선택하든, 다른 SNS나 미디어를 선택하든 모든 권한은 미디어 제작자에게 있다.

　　실제로 세계에서 운영되는 미디어는 2015년에 이미 60억 개를 넘었고, 2019년에 66억 개를 넘었다. 그런데 66억 개의 미디어 중에서 가장 폐쇄적이고, 일방적이고, 보는 사람을 고려하지 않는 미디어는 과거부터 존재하던 거대 대중 미디어이다. 대중 미디어는 신문, 잡지, 라디오, 텔레비전이다. 대중 미디어는 주로 대기업의 광고에 의존하여 생존해 왔다. 그런데 미디어의 고객인 시청자와 독자는 광고가 싫다. 미디어가 광고를 내보내려는 순간, 광고가 시작되기도 전에 이미 채널은 다른 곳으로 넘어간다.

　　독자나 시청자가 대중 미디어에서 광고를 보지 않는다는 사실을 광고주는 모를까? 돈을 주면서 광고하는 광고주가 그것을 모를 리 없다. 그런데도 광고하는 이유는 광고효과가 아니라 비싼 보험을 든다고 생각하기 때문이다. 기업에 문제가 생겼을 때 덜 공격적인 보도를 해준다거나, 홍보성 보도를 가끔 곁들여주는 보험이 그것이다. 그런데 그것을 보는 소비자가 줄어드니 보험료도 내려갈 수밖에 없다. 지금 대중 미디어는 줄어드는 보험료를 서로 빼앗기 위해 전쟁을 치르는 중이다. 방송통신위원회[119] 자료에 의하면 2011년 2조4천억 원에 육박하던 지상파 방송사 광고매출이 2018년 1조3천억 원으로 줄어 46%가 증발했다.

'쌍방향'을 무기로 성장한 66억 개의 새로운 미디어는 미디어가 투명하게 유리창처럼 서로를 보고 소통하는 도구여야 한다는 것을 이미 증명했다. 고객은 자신이 참여하지 못하거나 소통할 수 없는 미디어는 원하는 것만, 원하는 시간에, 원하는 방법으로 소비한다. 대중 미디어는 '대중'이라는 가상의 관객을 미리 설정하고 콘텐츠를 만들어 내보내지만, 새로운 미디어는 '관심'이 같은 사람끼리 콘텐츠를 만들고 소비한다. 심지어 같이 소비할 사람도 직접 모은다. 그래서 스포츠 중계도 자신들이 좋아하는 팀을 편파 중계하는 미디어에 팬이 모인다. 대중 미디어가 이길 수 없는 이유다. 칫솔보다 많은 미디어가 존재한다는 사실은 잘못하면 미디어가 일회용 칫솔처럼 소비될 수도 있다는 의미이다.

콘텐츠 중심 구독경제의 미래

데이터 중심 콘텐츠로 서비스를 혁신해 미래를 만드는 뛰어난 회사는 많다. 영화와 드라마를 보는 방법을 완전히 혁신해 인터넷, 케이블, OTTOver The Top 시장의 최강자가 된 넷플릭스Netflix[120], 데이터 중심 음악 시장을 개척해 2019년 전 세계에서 2억2천만 명이 가입하고 유료회원만 1억 명을 넘긴 스포티파이Spotify[121], 노키아가 사라져버린 핀란드를 게임산업의 메카로 변신시킨 슈퍼셀Supercell[122], 스탠퍼드Stanford와 듀크

Duke를 비롯한 세계 최고의 대학 강의를 공짜로 만들어버린 무크Massive Open Online Course의 선두주자 코세라Coursera[123]가 그들이다.

이들의 공통점은 콘텐츠를 데이터로 바꿔 미디어가 되었다는 점이다. 넷플릭스는 DVD를 대여하던 사업을 콘텐츠 스트리밍 사업으로 바꿔 새로운 미디어 세상의 선두주자가 되었다. 그러나 넷플릭스에 콘텐츠를 제공하던 월트디즈니Walt Disney[124]와 같은 회사가 '디즈니 플러스Disney Plus'와 같은 독자 플랫폼을 만들어 데이터로 콘텐츠를 소비하는 OTT 시장을 공략하기 시작했다. 게다가 고화질 콘텐츠 서비스를 넷플릭스의 반값에 불과한 월 사용료 6.99달러로 책정해 치열한 경쟁이 불가피해졌다. 그러나 2020년 156억 달러를 콘텐츠에 투자할 계획인 넷플릭스는 이미 거대 콘텐츠 생산자이자 미디어가 되었다. 이제부터 디즈니, 아마존, 애플은 서로 치열한 2위 경쟁을 벌일 전망이다.

2017년까지 매년 거의 10배씩 성장한 스포티파이도 음원을 CD가 아닌 데이터 스트리밍 서비스로 바꿔 성공했다. 스포티파이는 불법 다운로드에 시달리던 음반 회사들을 설득해 스트리밍 서비스에 합류시킨 혁신의 아이콘이다. 2018년부터 스포티파이는 팟캐스트 서비스에 집중투자해 음원 서비스를 다시 혁신하고 있다. 핀란드에서는 40대에게 익숙한 노키아를 대신해 슈퍼셀이 젊은이에게 사랑받고 있다. 클래시 로얄Clash Royale, 클래시 오브 클랜Clash of Clans, 브롤 스타즈Brawl Stars를 앞세워 2018년 기준 14억 달러의 매출을 올린 슈퍼셀에는 겨우 280여 명이 일한다.

그러나 최고의 혁신은 코세라가 만들었다. 코세라는 전 세계에서

100개 이상의 대학과 제휴를 맺어 온라인으로 강의를 제공한다. 실제로 대학 강의실에서 수업을 들을 수 있는 사람은 극소수에 불과하다. 좋은 대학에 진학하기도 어렵지만, 미국대학을 졸업하려면 수업료만 1만 5천 달러 이상이 든다. 하지만 코세라와 같은 온라인 강의 플랫폼에 콘텐츠가 올라가면 수많은 사람의 삶을 바꾸는 촉매제가 될 수 있다. 이들은 지식의 접근성을 바꿔 사회를 바꾸고 있으며, 지식의 차별 없는 공유로 평등한 세상을 만들고 있다.

비영리단체인 코세라는 어떻게 운영될까? 이들은 파트너로 참여하는 대학에서 제공하는 수료증서를 원하는 학습 수료자에게 저렴한 비용으로 발급해 비용을 충당한다. 좋은 강의를 다양하게 제공하기 어려운 전문대학과 같은 학교들은 저렴하게 코세라의 콘텐츠를 빌려 학생들에게 제공한다. 4년제 대학은 코세라의 강좌를 예비강좌로 도입하여 학문의 폭을 넓히고 콘텐츠의 다양성을 확보한다. 이제 자동차와 숙박시설뿐만 아니라 콘텐츠의 세계에도 공유경제, 구독경제가 도입되고 확산하고 있다.

블로그도 강력한 미디어가 될 수 있다는 사실을 허핑턴 포스트The Huffington Post[125]는 증명한다. 2005년 자유 블로그 뉴스로 설립된 허핑턴 포스트는 엔터테인먼트에서 정치, 비즈니스 등으로 범위를 계속 확대해 전 세계에서 4만5천 명의 블로거와 기자들이 기사를 집필한다. 인터넷으로만 서비스하는 신문, 잡지도 계속 늘어간다. 특히 스포츠, 연예, 기술이나 비즈니스 등 핵심 분야에만 집중하는 새로운 미디어들은 높은 전문성과 신뢰도를 구축하면서 기존의 거대 미디어를 조각조각 부수면서 기존의 일자리를 없애고 자신들의 일자리로 바꾸고 있다.

77억의 77억을 위한 콘텐츠

2019년은 66억 미디어가 5G의 새로운 세계로 진입한 해이다. 5G 통신은 대용량 데이터를 초고속으로 처리할 수 있어, 홀로그램과 같은 삼차원 영상도 지구 반대편과 자연스럽게 연결해 구현할 수 있다. 그래서 2020년부터는 삼차원 홀로그램으로 제작되는 콘텐츠가 급속하게 증가하고, 실시간 강연이나 공연처럼 익숙한 환경으로 파고들 것이다. 이제 기술은 미디어의 장벽이 아니다. 그것이 대중 미디어든, 개인 미디어든 마찬가지이다. 그래서 2020년대는 플랫폼과 미디어의 경쟁이 콘텐츠의 경쟁으로 진화한다.

그렇더라도 미디어가 기억해야 할 것은 콘텐츠가 이미 20년 전부터 미디어의 전유물이 아니었다는 사실이다. 20년 전, 사용자제작콘텐츠User Created Contents라는 용어가 등장했다는 사실은 개인 미디어가 그 숫자와 영향력을 상상하기 어려운 속도로 키울 것이라는 의미였다. 개인 미디어가 급속하게 성장한 이유는 간단하다. 미디어를 소비하는 소비자의 요구를 개인 미디어를 만들어낸 소비자가 가장 잘 알기 때문이다. 이제 미디어는 77억 개를 향해 간다. 우리가 모두 미디어이고 콘텐츠 생산자이다.

투명한 데이터, 블록체인 경제

유엔난민기구United Nations High Commissioner for Refugees[126] 통계로 2000년 약 1,000만 명에 이르던 난민 수가 2017년 2,100만 명으로 증가했다. 증가한 난민 상당수가 중동에서 발생했고 대부분 유럽으로 유입됐다. 유럽연합과 유럽 각국은 유입되는 난민을 보호하고 수용하는 조치들을 취하고 있으나, 정보가 없는 '난민'이라는 특성 때문에 지원 속도와 방식에 한계를 드러내고 있다. 이들이 유입되는 국가에는 난민에 관한 개인정보, 재정적 기반, 금융정보가 없어 체계적으로 정착을 지원하기 어렵다.

난민이 정착하려면 기본적인 의식주에서부터 신분, 일자리, 금융 수단까지 해결되어야 한다. 금융거래 수단이 없는 상태에서는 난민지원금을 중복으로 지급하거나 빠트리는 일도 허다하다. 또한, 이들이 생계를 이어가려면 일자리가 가장 중요한데, 고용주로서는 난민의 신분을 확인할 방법이 없고 은행을 통한 임금 지급과 같은 금융거래도 사실상 불가능하다. 우리나라도 그렇지만, 타국에서 금융계좌를 개설하려면 복잡한 서류가 필요하고 검토 시간도 요구된다. 그래서 난민에게 금융 지원을 하는 일은 가장 어려운 일이다.

이런 상황에서 핀란드 정부는 블록체인 기업 모니MONI[127]와 은행 계좌가 없는 난민을 위한 블록체인 기반의 선불카드인 모니카드를 개발해 제공했다. 모니카드는 비트코인에 사용되는 프로토콜을 적용해 개발되었는데, 난민에게 신분을 부여하고 저장하고 카드 소지자와 계정을 연결해준다. 블록체인에 저장된 개인 키에는 모니카드 소지자만 접근할 수 있으며, 이들의 모든 거래 명세가 블록체인에 남는다. 블록체인 기술로 신분확인과 금융거래가 가능해진 수천 명의 난민이 새로운 사회에 빠르게 정착할 수 있게 되었다.

블록체인 기술은 모든 산업과 결합해 파급효과를 내는 기반 기술이다. 블록체인 기술은 확장성 측면에서 가치가 크고, 시간이 지날수록 연관 분야 기술개발이 쉬워져 비용을 획기적으로 낮출 수 있다. 특히, 지금까지 구축된 중앙 집중화된 비즈니스 모델에서 벗어날 기회가 주어진다. 블록체인 기술은 분산화된 데이터베이스에 참여자 모두가 접근할 수 있게 해주며, 이를 공유하고 사용할 수 있게 해준다. 블록체인 기술은 모든 산업에서 시장을 재편하는 기술이 되어가고 있고 공공분야에서도 점점 파급효과를 발휘하고 있다.

금융기관 없는 금융거래로

지금까지 난민은 유엔난민기구나 난민을 수용한 국가 등으로부터 식수, 쌀, 옥수수, 의류와 같은 현물로 지원을 받았다. 그러나 최근 들어 모니카드처럼 선불카드나 모바일 카드로 자금을 지원하는 방식이 보편화하기 시작했다. 그렇더라도 난민 한 가족이 서로 다른 단체로부터 여러 차례 지원을 받다 보면 금융 카드도 여럿이 되기 마련이다. 이런 문제를 해결하는 데 블록체인은 무척 유용하다. 블록체인에 지원받은 여러 장의 카드를 등록하면 하나로 묶어 원장을 관리할 수 있다. 그뿐만 아니라 난민에게 금융을 지원한 기구도 지원금이 어떻게 사용되고 있는지, 어떤 분야에 지원이 부족한지를 한눈에 파악할 수 있다.

금융이 하는 일은 부동산중개업과 크게 다르지 않다. 자산을 모아서 빌려주거나 팔게 해주고 수수료를 받는 일이 그것이다. 그런데 안전하게 거래할 수 있고, 금융기관에 줘야 하는 수수료를 내지 않아도 되고, 금융기관이 원하는 복잡한 서류와 정보를 주지 않아도 된다면 어떻게 될까? 금융에 블록체인 기술이 도입되면 우선 보안과 투명성이 강화될 수 있다. 은행이나 증권사의 대규모 데이터센터는 해킹에 안전하지도 않지만, 이를 유지하는 데 엄청난 비용이 든다. 물론 이 비용도 고객이 부담해야 하는 비용이다.

블록체인은 금융거래의 투명성을 높인다. 만약 금융기관이 없다면 거래비용이 획기적으로 줄어들고 거래절차도 간소화할 수 있다. 블록체인 기술은 금융 분야로 급속하게 파고들어 환전, 송금, 결제, 대출, 보험, 증권 분야를 변화시키고 있다. 국제송금 분야에는 100개 이상의 은행이 블록체인 기반 '은행 간 정보 네트워크'에 참여해 기존의 국제결제 시스템을 대체함으로써 건당 수천 원 수준으로 수수료를 낮추는 국제송금체계를 구축하고 있다. 주식시장에 블록체인 기반 스마트 계약을 적용하면 중개기관이 필요 없을 수도 있다. 이에 반해 블록체인이 금융에 대단한 혁명을 일으킬 수 없다는 의견을 내는 뉴욕대학교 누리엘 루비니Nouriel Roubini와 같은 경제학자도 있지만, 이미 블록체인 기술은 금융의 전 분야에서 시도되고 있다.

보이는 제조와 투명한 유통

제조 분야에서 블록체인 기술은 공급사슬관리Supply Chain Management 에 최적의 요건을 갖추고 있다. 제조에 필요한 자재나 부품에 관한 계약에서부터 물류, 재고관리, 발주, 대금 지급을 실시간으로 처리할 수 있다. 이 방식을 고객으로 확장하면 유통과정을 고객과 투명하게 공유할 수 있다. 고객은 주문 이전에 이미 원하는 제품의 생산과 유통의 전 과정을 추적해 알 수 있고, 주문 이후에 생산하는 제품이라면 생산과 유통 단계를 모두 추적하면서 공유받을 수 있다.

생산자는 생산에 필요한 공급망을 관리하는 데 드는 비용과 시간을 줄일 수 있다. 또한, 고객의 주문정보를 분석해 더 고객 중심적인 제품을 개발하고 생산할 수 있다. 만약 제품 사용자가 변경되더라도 이력을 계속 추적할 수 있다. 여기에 단계마다 사물인터넷과 블록체인 기술을 결합하면 더욱 안전하고 정밀한 정보체계를 구축할 수 있다. 만약 쇠고기를 주문하면 어느 농장에서 누가 무엇을 먹여 키웠는지, 누가 언제 어디서 어떻게 도축했는지, 이후 냉장온도와 유통시간은 얼마나 걸렸는지 등을 투명하게 확인할 수 있다. 이 모든 블록체인 관리체제는 거의 실시간으로 처리된다.

에너지 분야, 그중에서도 전력의 생산과 유통에 관련된 분야는 효율이 가장 중요한 요소이다. 한번 생산된 전력은 즉시 사용하거나 에너지저장장치Energy Storage System로 저장하지 않는 한 사용할 수 없다. 그조차 과거에는 전력을 생산하기 위해 대규모 발전소에 의존하는 중앙집중화된 방식이었으나, 점점 분산화된 구조로 변화하고 있다. 전력을 소비하는 지역에서 재생에너지를 중심으로 전력을 생산하고 유통하는 마이크로 그리드Microgrid는 주변의 마이크로 그리드와 연결되어 전력의 생산과 유통, 소비를 바꾸고 있다.

전력의 생산, 저장, 유통에 적용되는 블록체인 기술은 혁신적이다. 그만큼 낭비되는 전력이 없도록 분산해주고 생산자에게는 최적의 유통 체계가 되어 판매 기록을 남겨준다. 마이크로 그리드에서 소규모 전력 생산자는 소비하고 남은 전력을 저렴하게 이웃에게 판다. 이 이웃은 저렴하게 산 전력을 제외한 나머지 필요 전력만 전력회사로부터 산다. 만약 전력을 살 이웃이 없다면 전력회사의 전력망에 올려 이웃 마이크로 그리드에 전력을 팔거나, 부족할 때를 대비해 에너지저장장치에 저장한다. 2022년이면 대부분 마이크로 그리드에 블록체인과 인공지능 기술이 적용되어 더욱 효율을 높일 것이다.

신뢰를 만드는 공공 블록체인

공공분야에 블록체인 기술이 적용되면 부동산 거래, 차량의 관리와 거래, 신분의 증명, 투표권과 선거 관리, 개인 의료 데이터 관리 등 수많은 공공분야에 적용할 수 있다. 진료 기록을 확인해 보험금을 청구한다고 가정해보자. 지금은 병원에 기록된 의료기록을 건강보험공단과 연계해 종이로 된 서류로 발급받아 보험사에 제출해야 한다. 때로는 건강보험심사평가원의 확인서류를 첨부해야 하는 예도 있다. 그러나 블록체인으로 의료기록이 관리되면 환자, 의료기관, 건강보험공단이나 건강보험심사평가원, 보험사가 환자의 신분확인이 완료되는 즉시 필요한 의료 데이터를 확인하고 활용할 수 있다.

　블록체인 기반 문서 공증은 전자문서의 공적 증명을 가능하게 한다. 전자문서의 공증이 가능하다는 의미는 신분의 증명, 소유권의 증명, 법적 효력의 증명 등을 한 번에 처리할 수 있다는 의미로, 이와 관련된 모든 거래와 처리 절차가 대폭 줄어든다. 부동산 거래와 신고를 가정해보자. 중개인이 부동산의 소유주 확인에서부터 각종 증명과 소유권 이전, 등록에 관련된 업무를 지원하지만 안전하지 않다. 해당 부동산의 과거 거래 가격과 같은 이력을 추적하기는 더욱 어렵다. 또한, 비용과 시간 소모는 물론 거래의 불확실성이 항상 따른다. 블록체인 기반 전자문서 공증은 이런 문제를 한 번에 해결하면서 공공 데이터의 개방을 확대한다.

　블록체인 기술이 적용되었을 때 가장 환영받을 분야는 선거와 투표의 관리가 될 것이다. 유권자의 신분이 블록체인으로 관리되면 선거의 부정을 원천적으로 방지할 수 있다. 또한, 투표장에 가지 않고 모바일기기나 컴퓨터로 투표를 진행함으로써 시간과 비용을 획기적으로 줄일 수 있다. 개표에 시간을 버리는 일도 없다. 블록체인 기술은 공공분야에서 가장 환영받을 기술이다.

삼차원 세계를 만드는 데이터

전직 해병대원으로 하반신이 마비된 제이크 설리Sam Worthington가 주인공이 되어 판도라Pandora 행성의 나비Na'vi족 전사 네이티리Zoe Saldana 와 펼치는 모험을 다룬 영화 아바타Avatar, 2009를 기억할 것이다. 영화에서 제이크를 비롯한 지구인들은 판도라 행성의 삼차원 입체 지도를 띄워놓고 행성에 관한 정보를 나눈다. 또한, 걸을 수 없는 전직 해병대원 제이크 설리는 아바타에 의식을 연결해 판도라 행성에서의 모든 경험을 '실재實在'로 경험하게 된다.

매직리프Magic Leap[128]가 만든 가상현실 글라스 매직리프 원Magic Leap One을 쓰고 앵그리 버드Angry Birds를 플레이하면 눈앞 삼차원 요새에 괴물들이 한번 덤벼보라는 듯 펼쳐진다. 이제 좌우로 움직이며 요새를 살핀 후 화가 난 새를 골라 새총에 장전한다. 그리고 컨트롤러를 든 팔을 뒤로 당겼다 놓으면 된다. 손을 빠져나간 새가 포물선을 그리며 날아가 괴물과 요새를 박살 낸다. 요리 재료를 준비한 후 글라스를 착용하면 눈앞 실제 요리도구에 요리하는 방법이 삼차원으로 펼쳐진다. 물론 익숙지 않은 손놀림을 인식해 요리법을 알려주는 속도는 자동 조절된다.

오큘러스Oculus[129]의 리프트Rift S나 퀘스트Quest, 매직리프의 매직리프 원과 같은 가상현실Virtual Reality 글라스를 쓰고 게임을 하고, 요리를 따라 하고, 여행을 떠나는 일은 이제 현실이 되었다. 움직이는 삼차원 홀로그램Hologram 지도를 보여주거나, 원거리에 떨어진 사람들이 서로 같은 공간에 존재하는 것처럼 착각하도록 만들어주는 텔레프레전스Telepresence 기술도 현실이 되었다. 증강현실 글라스를 쓰면 도면을 보지 않고도 비행기를 조립할 수 있다. 이런 초고속 데이터 처리기술에 초고속 통신인 5G가 연결되었다. 이제 지금까지 경험하지 못한 새로운 세계에 진입한다.

사라진 가상과 현실의 경계

현실을 강화한 증강현실Augmented Reality, 현실과 가상의 경계를 허문 혼합현실Mixed Reality, 현실 공간에 삼차원 가상공간을 보여주는 홀로그램은 모두 가상현실에 포함된다. 하지만 굳이 이를 구분할 이유는 없다. 이미 온라이프Onlife 사회가 된 2020년, 쇼핑할 때 '온라인 쇼핑'을 한다거나 '오프라인 쇼핑'을 한다고 나눠 표현하지 않는 것과 같다. 어떤 방식을 선택하든 그저 쇼핑하면 그만이다. 가상현실도 마찬가지이다. 더 빠르고 좋은 방법으로 더 현실 같은 경험을 하면 된다.

가상현실이 현실과 융합하려면 더욱 선명한 화질이 필요하고, 나아가 삼차원 입체로 구현되어야 한다. 오큘러스 리프트 S 모델의 경우 2,560×1,440의 선명한 화질을 지원하지만, 아직 현실과는 거리가 있다. 글라스를 사용하지 않고 볼 수 있는 홀로그램은 더욱 정밀하게 구현되어야 실재처럼 경험할 수 있다. 최근 포항공과대학 연구팀은 새로운 메타물질을 활용해 픽셀의 크기가 수십~수백 나노미터Nm 수준의 고화질

영상을 재생하는 기술을 개발했다.[130] 또한, 태양광과 같은 자연광에서
도 선명한 화질을 구현하는 기술을 개발했다. 2025년이면 2020년에 아
무 생각 없이 스마트폰 화면을 들여다보듯 홀로그램 영상을 볼 수 있게
된다. 이는 가상과 현실의 경계가 완전히 허물어진다는 의미이다.

체험으로 이해하는 교육

프랑스 알리에주Allier에 있는 레 트로아 프레르Les Trois-Freres 유적에
가면 750m나 되는 동굴을 따라 격실마다 구석기인들이 그린 벽화가 잘
보존되어 있다. 거기에는 〈주술사〉라는 이름이 붙은 그림이 있다. 주술
사는 올빼미를 닮은 귀, 둥근 눈, 영양의 수염, 사슴의 뿔, 인간의 팔다리
를 가졌고 춤을 추는 듯한 동작을 하고 있다. 학생들은 가상현실 글라스
를 착용하고 박쥐 아바타로 변해 동굴 천장에 매달려 구석기인들을 관
찰한다. 동굴 안에는 여자 여럿과 아이들이 있다. 이어 사냥을 나갔던
구석기인들이 사슴을 끌고 들어온다.

구석기인들이 오랜만에 푸짐한 식사를 마치고 둘러앉았다. 우두머
리로 보이는 구석기인이 무어라 중얼거리며 동굴 벽에 그림을 그린다.
〈주술사〉 그림이다. 왜 저런 그림을 그릴까? 박쥐 아바타로 변한 학생
들은 서로 의견을 교환한다. 죽은 짐승에 대한 위로라는 의견에서부터
잡고 싶은 짐승을 그리는 것이라는 의견까지 다양하다. 마지막에 커다
란 박쥐 아바타로 변한 선생님이 설명한다. "저 그림은 언어가 없는 구
석기인들이 사냥방법을 후대에 알려주기 위해 그린 그림이다. 사냥하
려면 사냥감이 되어보는 것이 중요하다는 의미를 전하는 것이지. 물론

저 그림을 이해하지 못해서 사냥기술이 계속 발전하지는 못했겠지만."

롤러코스터를 타거나 번지점프를 하기 두려워하는 사람이 있다면 가상현실로 경험해볼 수 있다. 가상현실 글라스를 쓰고 롤러코스터를 타면 현실에서 진짜 롤러코스터를 타는 기분과 비슷해진다. 비행훈련에 가상현실이 도입된 지는 무척 오래되었다. 2020년부터는 급속도로 교육, 체험, 훈련, 여행, 게임과 같은 활동에 가상현실이 결합한다. 이 프로그램들은 더욱 정밀하고 정교해져서 클라우드Cloud로 이동하게 될 것이다. 사용자들은 고성능 프로그램을 구동하는 클라우드에 접속해 데이터를 소비하며 현실에 가상현실을 융합해갈 것이다.

유비쿼터스 텔레프레전스

언제 어디에나 존재한다는 의미의 라틴어 유비쿼터스Ubiquitous가 언론에 등장하기 시작한 지 20년이 지났다. 전문가들은 이미 유비쿼터스 세상이 왔다고 말하지만, 기술적인 완성도로 보면 텔레프레전스가 일상에서 구현되어야 유비쿼터스 세상이 왔다고 말할 수 있다. 텔레프레전스는 원거리에 떨어진 사람들이 서로 같은 공간에 존재하는 것처럼 착각하도록 만들어주는 홀로그램 기술이다. 이 가상현실은 통신과 홀로그램 기술이 결합한 기술이다.

텔레프레전스 기술은 텔레프레전스 로봇Telepresence Robot으로 먼저 구현되었다. 공항이나 대형 할인점에서 볼 수 있는 커다란 화면과 카메라, 센서, 스피커를 장착하고 인터넷에 연결되어 움직이는 로봇을 원격지에서 연결한 것이 텔레프레전스 로봇이다. 이 로봇과 연결하면 원거리에서 로봇을 통해 보고, 듣고, 말하고, 움직일 수 있다. 2014년 3월, 캐나다에서 열린 TED[131] 강연에 미국국가안전보장국NSA[132]의 민간 감시 의혹을 폭로하고 러시아로 탈출한 에드워드 스노든Edward Snowden이 러시아에서 텔레프레전스 로봇에 연결해 30분간 강연을 했다.

텔레프레전스 기술은 홀로그램 영상과 결합해 강연과 공연에 집중적으로 활용되기 시작했다. 강연에 텔레프레전스 기술을 적용하려면 홀로그램 영상을 구동할 수 있는 강의실과 홀로그램 영상을 송출할 수 있는 스튜디오가 있어야 한다. 스튜디오에서 강연자는 화면으로 들어오는 강의실 수강생을 보며 강의를 진행한다. 강의실에는 강연자의 모습이 실제 크기의 홀로그램 영상으로 재생되어 실제로 강연을 보는 것과 같은 효과를 낸다. 이렇게 강연을 준비하면 원격지에서 여러 강의장을 연결해 강연을 펼칠 수 있고, 질의응답도 얼마든지 이루어질 수 있다. 2025년에는 누구나 텔레프레전스 기술이 적용된 삼차원 홀로그램 화상통화를 할 수 있다.

삼차원 가상현실 디자이너

지금까지 가상의 이차원 화면을 디자인하고 프로그래밍하는 직업이 폭발적으로 늘었던 것처럼, 앞으로는 가상의 삼차원 공간을 디자인하고 프로그래밍하는 직업이 폭발적으로 늘 것이다. 가상현실에 사용될 삼차원 콘텐츠는 실제 영상을 활용하기도 하고 가상으로 제작하기도 한다. 이 삼차원 콘텐츠의 세계는 인간의 상상력이 빚어낼 무한의 세계이다. 삼차원 콘텐츠는 게임, 학습, 체험, 훈련, 여행 등 모든 분야에서 수요가 폭발할 것이다.

삼차원 콘텐츠로 만든 우주 비행 프로그램은 실제보다 더 실제 같은 경험을 제공할 수 있다. 삼차원 체험과 연관된 고객 경험을 만들면 가상세계에서 유통을 혁신할 수 있다. 페이스북은 웹과 앱을 기반으로 구동되는 이차원의 공간을 오큘러스의 가상현실 글라스와 접목해 삼차원으로 이동시키려고 한다. 페이스북은 공원, 공연장, 여행지 등을 삼차원으로 설계해 페이스북 친구들을 초대해 같이 경험할 수 있도록 준비하고 있다. 이 체험의 과정에 유통을 결합하면 수익모델이 혁신된다.

삼차원 콘텐츠를 구동하려면 방대한 데이터를 전송하고 처리하는 기술이 필요하다. 그중에서 전송기술은 5G 통신으로 대부분 해결되었다. 지구 반대편과 초저지연성을 바탕으로 1msMilliseconds, 0.001초 수준의 실시간 통신이 가능해졌기 때문이다. 그러나 2022년부터 삼차원 콘텐츠의 처리는 개인 컴퓨터가 아닌 클라우드로 급속하게 이동하게 될 것이다. 이제 남은 과제는 콘텐츠뿐이다. 네덜란드의 히어Here[133]가 제작하는 삼차원 정밀지도High Definition Map처럼 산업이 될 수 있는 거대한 아이디어가 세상에 나오기 시작할 것이다.

뉴 모빌리티,
땅에서 하늘로 우주로

· · · · · · · · · · · ·

자동차가 스스로 도로를 읽고 판단하고 조작해 목적지까지 이동하는 완전 자율주행 자동차가 되어가고 있다. 미국에서는 2023년, 한국에서는 2025년이면 등장할 완전한 5단계 자율주행 자동차는 이동수단의 혁신을 넘어 땅 위의 모든 이동수단의 혁신을 만들고 있다. 또한, 하늘에서는 드론이 물류의 새로운 길을 열고 있으며, 우주로 가는 여행이 현실이 되었다.

약 130여 년 전인 1886년, 세계에서 처음으로 만들어진 자동차 '페이턴트 모터바겐Patent Motorwagen'이 등장했다. 카를 프리드리히 벤츠Karl Friedrich Benz가 '말 없이 달리는 마차'를 만들겠다던 목표가 현실이 되었다. 이 삼륜 자동차는 모든 자동차의 아버지이자 처음으로 '자동차'라는 이름을 가진 자동차였다. 독일어로 '페이턴트 모터바겐'은 '특허 자동차'라는 의미이다. 페이턴트 모터바겐은 1888년 프랑스에서 양산되기 시작해, 바퀴를 하나 더 늘린 네 바퀴 자동차로 변했고, 130년 동안 끊임없이 진화하며 거리를 누볐다.

자동차는 처음부터 '스스로 움직이는 차'라는 의미의 '자동차自動車'라는 이름을 달았지만, 실제로는 마차를 몰 듯 방향과 속도 등을 끊임없이 조작해야 하는 기계였다. 그러니 자동차라는 이름은 당시나 현재나 과장된 이름이었다. 그러던 자동차가 스스로 도로를 읽고 판단하고 조작해 목적지까지 이동하는 자율주행 자동차가 되어가고 있다. 미국에서는 2023년, 한국에서는 2025년이면 등장할 완전한 5단계 자율주행 자동차는 이동수단의 혁신을 넘어 땅 위의 모든 이동수단의 혁신을 만들고 있다.

자율주행 기술 경쟁

자율주행 기술은 5단계로 분류한다. 1단계는 정속주행장치나 차선유지장치가 보조하는 수준이다. 2단계는 앞차를 따라가며 속도를 높이거나 줄이고 장애물을 회피하는 수준이다. 차선유지장치가 결합해 반자율주행이 가능한 수준인 2단계는 2015년에 테슬라가 상용화했으며, 이후부터 대부분 신형 자동차에 장착되었다. 3단계는 실시간으로 도로정보와 교통정보가 자동차에 전달되어 운전자 개입 없이 목적지에 도착할 수 있으며, 2017년에 아우디Audi가 상용화하였다. 4단계는 특정한 상황이 발생해도 인공지능이 제어해 목적지에 도착할 수 있는 수준으로, 기술이 앞선 회사들은 2020년부터 상용화한다. 5단계는 운전이 가능한 모든 도로에서 운전자의 개입 없이 자율주행이 이루어진다.

자율주행 기술은 땅에서 이동하는 모든 기계와 결합할 수 있다. 인간이 타고 이동하는 승용차, 지상 물류의 핵심인 트럭과 버스, 개인 이동수단, 소형 배달 장비도 자율주행 기술과 결합할 수 있다. 어떤 기업이든 배터리와 전자장비 제작기술이 있으면 자율주행 기술을 가진 기업과 협업해 자율주행 전기자동차를 생산할 수 있다. 미국의 소형 자동차 제작사 로컬모터스는 IBM의 자율주행 기술을 도입해 3D 프린터로 자동차를 생산한다. 이들이 생산하는 자율주행 버스 올리Olli는 이미 뉴욕 주립대학 버팔로 캠퍼스를 달리고 있다.

자동차 뇌 만들기 경쟁

자율주행 자동차는 카메라, 레이다Radar, 라이다Lidar를 융합해 정보를 수집한다. 내비게이션으로는 목적지와 경로 정보를 받고 GPS로부터는 계속 위치 정보를 받는다. 스마트 도로가 건설되면 도로, 표지판, 신호등, 가드레일 등에 설치된 사물인터넷과 자동차가 통신하고 5G 통신 정보를 융합해 자율주행 인공지능을 돕는다. 현재는 스마트 도로가 아닌 환경에서도 카메라, 레이다, 라이다만으로 5단계에 가까운 자율주행을 구현할 수 있도록 기술을 개발하고 있다.

카메라는 하나의 렌즈로 촬영하는 모노 방식에서 두 개의 렌즈를 사용해 삼차원 입체영상을 얻는 스테레오 방식으로 변화하고 있다. 전파를 사용해 물체를 인식하는 레이다는 해상도가 부족해 이를 해결하기 위한 연구가 계속되고 있다. 라이다는 레이더에서 사용하는 전파 대신 레이저를 사용해 물체를 인식한다. 라이다는 물체의 속도, 온도, 방향도 인식할 수 있다. 자율주행 자동차는 이 세 가지를 상호보완적으로 활용해 사용하지만, 카메라와 라이다만 사용하기도 한다. 이렇게 수집된 영상정보는 그래픽처리장치인 GPUGraphics Processing Unit를 거쳐 인공지능 소프트웨어가 처리한다.

GPU에서 독보적인 기업은 2019년 2분기 기준 세계시장점유율이 68%에 육박하는 엔비디아Nvidia[134]이다. 엔비디아는 애플처럼 공장이 없는 회사이다. 과거에는 우리가 그래픽카드라고 부르던 낮은 수준의 GPU를 만들었지만, 게임은 물론 자율주행 자동차와 같은 새로운 영역에서 고화질 영상처리가 보편화하면서 상황이 완전히 달라졌다. 자율주행 인공지능에는 CPU는 물론 고성능 GPU가 필수적이다. 자율주행 자동차처럼 지속해서 초고속으로 이미지나 위치 데이터를 처리해야 하는 인공지능의 성장은 곧 GPU의 엄청난 성장을 의미한다.

또 다른 GPU의 강자는 엔비디아의 경쟁자인 AMD[135]이다. AMD는 엔비디아가 갖지 못한 시장 32%를 점유하고 있다. AMD는 우리에게 인텔Intel[136]에 비해 약간 낮은 수준의 CPU를 개발해 공급하는 회사로 알려졌지만, 실제로는 인텔보다 앞선 기술을 선보이는 회사다. 특히 AMD는 CPU와 GPU를 결합한 제품을 선보이면서 기술을 선도하고 있다. 시장 점유율도 계속 증가해 CPU 부문에서는 인텔을, GPU 부문에서는 엔비디아를 추격하고 있다. 급속도로 확산할 자율주행 자동차 경쟁만큼이나 자율주행 자동차의 뇌를 개발하는 경쟁도 치열하다.

전기자동차 만들기 경쟁

전기자동차가 친환경 자동차라고 생각하겠지만, 지금은 그저 내연기관 자동차와 비교했을 때 조금 더 친환경일 뿐이다. 2018년 우리나라 전력 생산 비율을 보면 석탄과 LNG를 비롯한 화석연료 70.4%, 원자력 23.4%, 나머지 6.2%가 재생에너지로 구성된다. 따라서 전기자동차 충전에 사용할 전력을 확보하기 위해 화석연료 발전을 늘리는 것은 친환경적이라고 볼 수 없다. 그래서 테슬라와 같은 자동차 기업은 충전에 필요한 전력을 재생에너지로 얻기 위해 노력한다.

테슬라는 니콜라 테슬라Nikola Tesla의 이름을 따서 일론 머스크Elon Musk가 만든 전기자동차 회사이다. 2003년 회사가 설립된 이후로 2018년

2분기까지 계속 천문학적인 수치로 적자를 냈다. 그래서 테슬라의 미래에 관해서는 긍정과 부정의 평가가 극단으로 갈린다. 특히 일론 머스크가 세운 태양광 발전회사 솔라시티Solar City를 테슬라에 합병한 일에 대해서는 더욱 그렇다. 어쨌건 2017년 4월, 테슬라는 포드와 GM을 넘어 시가총액으로 미국 자동차 회사 1위에 오르기도 했고, 2019년에는 설립 후 처음으로 연간 순이익 기준으로 흑자를 달성했다.

테슬라가 전기자동차 제작에만 뛰어난 것은 아니다. 테슬라는 자율주행 기술인 오토파일럿에서도 한 획을 그었다. 또한, 에너지 분야에서 가장 혁신적인 성과로 기록될 자동차충전소 운영 방식을 혁신했다. 테슬라는 슈퍼차저 충전소를 전 세계에 설치해 운영한다. 충전하여 다시 사용하는 2차전지를 활용하는 전기자동차는 충전이 가장 중요한 요소다. 테슬라의 슈퍼차저 충전소는 480V의 직류 급속충전방식으로 운영된다. 배터리 용량 90kWh의 테슬라 모델 S를 슈퍼차저에서 충전할 경우 40분에 80%가 충전되고 완전히 충전하는 데는 75분이 걸린다.

슈퍼차저 충전소는 미국의 고속도로를 따라 설치되었고 월마트 Walmart[137]와 같은 대형시설에도 설치되었다. 중요한 것은 슈퍼차저에 사용되는 전력이 대부분 태양광 발전으로 공급된다는 사실이다. 설치만 된다면 슈퍼차저 충전소를 거의 무료로 운영할 수 있다는 의미이다. 실제로 미국에서 판매된 테슬라 모델들은 슈퍼차저 충전소를 완전히 무료로 이용하거나 연간 무료 사용량을 배정받는다. 슈퍼차저 충전기는 2017년 말을 기준으로 전 세계에 7,000개, 2019년 말을 기준으로 14,000개를 넘어섰다.

1995년 설립된 중국의 비야디BYD[138]는 중국 정부의 보조금 지원에 힘입어 세계적인 전기자동차 브랜드로 성장했다. 버크셔해서웨이 에너지가 지분 8.25%를 투자한 이 회사는 자체적으로 배터리를 생산해 전기자동차에 장착하고 있다. 비야디가 생산하는 승용차, 버스와 같은 전기자동차 외에도 경전철 운궤雲軌가 화웨이와 공동 개발한 자율주행 시스템을 장착하고 스마트 시티를 달리고 있다. 전기자동차 기업은 2020년부터는 기존의 폭스바겐, 메르세데스 벤츠, BMW, 현대자동차와 같은 내연기관 자동차 기업과 전기자동차 시장에서 더욱 치열한 경쟁을 펼치게 될 것이다.

하늘과 땅에서의 무인 경쟁

　인류에게 2025년과 2035년에 가장 보편화할 이동수단은 무엇일까? 이 질문에 답하기 위해서는 2025년에 이동과 관련한 기술이 어디까지 발전할 것인지를 살펴볼 필요가 있다. 땅에서의 핵심 이동수단인 자동차를 먼저 살펴보자. 2017년 하반기 아우디가 A8에 탑재해 상용화하기 시작한 3단계 자율주행 기술은 2018년에는 구글의 웨이모Waymo[139]가 신도하는 4단계 자율주행 기술로 발전했다. 4단계 자율주행 기술이 탑재된 자동차는 2020년부터 양산되기 시작한다.

　GM, 포드, 우버, 메르세데스 벤츠, 폭스바겐 등이 웨이모를 추격하는 자율주행 기술은 2022년이 되면 운전자의 개입이 전혀 필요 없는 5단계 완전 자율주행 기술로 발전한다. 그리고 2023년에는 5단계 자율주행 기술이 탑재된 자동차가 미국에서 가장 먼저 양산되기 시작한다. 2019년 네비건트 리서치Navigant Research[140]는 안타깝게도 우리나라 완성차업체의 자율주행 기술을 최하위 수준으로 평가했다. 우리나라 완성차업체의 5단계 자율주행 자동차는 2025년이 되어야 등장한다.

　하늘에서는 어떤 일이 벌어질까? 하늘에서의 비행은 크게 두 가지로 나눌 수 있다. 지상 85km 이상을 나는 비행과 그 이하를 나는 비행이다. 전자는 우주여행의 개념을 적용하는 비행이다. 후자는 지금 항공기를 활용하는 비행과 비슷하다. 하지만 비행하는 방식, 거리, 목적 등은 상상하기 어려울 정도로 세분되고 다양해진다. 여기에 자율비행 기술이 융합하면서 다시 비행체의 종류가 분화하고 활용도는 계속 높아진다. 자율주행 자동차가 양산되는 2023년이 되면 항공기, 드론 등의 유·무인 비행체가 우리가 상상할 수 있는 대부분 영역에서 활용되기 시작할 것이다. 2025년이 되면 언제 어디서나 머리 위를 비행하는 수많은 비행체를 볼 수 있다.

하늘로 이동하는 이동수단

2025년이 되어도 인류에게 가장 보편적인 이동수단은 2020년과 크게 달라지지 않는다. 2025년에도 자동차는 인류에게 가장 보편적인 이동수단으로 자리를 유지할 것이다. 다만 자율주행 기술이 적용된 자동차가 급속하게 늘기 시작하고, 이동수단에 사용하는 에너지원이 전기로 변하면서 보편화한다. 하지만, 2025년은 이동수단이 자동차에서 비행체로 급속하게 이동하는 대전환의 시기이다. 드론 택시가 일상화하기 시작하는 것은 물론, 자가용 드론을 소유하는 사람도 주변에 생긴다.

이보다 더 놀라운 변화는 자동차와 비행체의 경계가 허물어진다는 점이다. 자동차로 활용하다가 비행체로 바꿀 수 있는 플라잉카Flying Car와 같은 이동수단도 특별하지 않다. 2019년에 2억 원 이상으로 판매되던 소형 자가용 비행체는 절반 이하의 가격으로 내려간다. 이렇게 10년이 흘러 2035년이 되면 자동차는 보편적 이동수단의 자리를 비행체에 완전히 내주게 된다. 짧은 거리도 자동차보다는 수직으로 이착륙하는 무인드론과 같은 비행체를 이용하는 것이 훨씬 빠르고 편리하기 때문이다. 그러나 이런 세계에 경쟁자보다 먼저 진입하려면 세 가지 게임에서 이겨야 한다.

2025년이 되어도 땅과 하늘을 오가는 풍경은 크게 달라지지 않는다. 하지만 2025년, 2035년의 이동수단 혁명을 앞당기거나 지연시켜 그림을 바꿀 중요한 요인이 몇 가지 있다. 그런데 그 요인은 이동수단과 직접 관련된 제작기술이나 자율주행 기술이나 자율비행 기술이 아니다. 이런 기술적 요인들은 실현되는 시기에 약간의 시차만 생길 뿐 대략 이 시기가 되면 기술적 한계는 극복된다. 게다가 이 기술들은 이미 극복의 대상이 아니라 적용의 문제로 변해가고 있다.

가장 중요한 요인 세 가지는 에너지, 통신, 법이다. 이 세 가지를 중요한 순서로 나열하면 법, 에너지, 통신이다. 하지만, 딜로이트Deloitte[141]의 연구대로 대부분 영역에서 기술의 변화가 개인에게 가장 먼저 파급되고, 그다음에는 기업의 비즈니스에 파급되고, 마지막에 공공정책에 반영된다는 점을 고려하면 법과 제도는 가장 낮은 순위다. 그렇더라도 법은 이 모든 것을 불가능하게 할 수도, 시간을 앞당길 수도 있다는 사실을 간과해서는 안 된다. 후발주자인 우리나라는 특히 그렇다. 문제는 법과 제도를 다루는 사람들이 문제가 무엇인지를 모른다는 데 있다.

에너지 가격의 게임

가장 중요한 에너지를 먼저 생각해보자. 자동차와 비행체는 어떤 에너지를 사용하고 있을까? 대부분 자동차는 화석연료를 아직도 에너지로 사용하고 있다. 비행체도 마찬가지다. 하지만, 최근에는 전기를 활용하는 비율이 급속도로 증가하고 있다. 전기자동차가 그렇고 드론과 같은 비행체도 마찬가지이다. 드론은 50g도 되지 않는 작은 것부터 농업용이나 군사용으로 활용하는 1,200kg 정도까지, 대부분 전기를 에너지로 사용한다. 그러나 우리가 심각하게 생각해봐야 할 부분은 어떤 에너지를 사용하느냐가 아니라, 에너지를 생산하는 방식과 가격이다.

자동차와 같은 이동수단은 화석연료를 내연기관에 직접 에너지로 사용하는 것이 보편적이다. 그런데 화석연료를 사용해 발전소에서 만든 전기를 배터리에 충전해서 사용하는 방식도 에너지 효율과 단가에서 내연기관과 큰 차이가 없다. 그렇지만 화석연료보다 전기가 더 싸게 느껴지는 이유는 에너지원을 구매해 발전하는 데 드는 비용, 세금, 보조금, 원자력과 같은 저렴한 에너지원으로 만든 전기가 섞여 있기 때문이다. 2019년을 기준으로 킬로와트시kWh당 전력 생산방식별 단가를 살펴보면 태양광 450원, 천연가스 120원, 석탄 75원, 원자력 60원 수준이다.

따라서 원자력의 7.5배 수준인 태양광을 비롯한 재생에너지만으로 전력을 생산한다면 전기료 때문에 전기 이동수단은 보급도 사용도 할 수 없다. 여기에 2020년부터 자동화 공장이 급속하게 늘면 전력 사용량은 더욱 올라간다. 최근 10년간 매년 1월 전력 사용량 기준으로 3,500~4,000기가와트시GWh가 증가했는데, 이는 원자력발전소 3~4기를 매년 새로 지어야 하는 수준이다. 이에 대한 대응방안이 마련되어야 전기 이동수단도 보급을 늘릴 수 있다. BPThe British Petroleum[142]는 2019년에 우리나라가 원자력발전 단가의 2배 수준인 천연가스 발전을 늘린 결과를 'OECD 국가 중 최고 수준의 이산화탄소 배출량 증가'로 발표했다. 물론, 발전 단가를 전기료에 제대로 반영하지 못한 한국전력은 큰 폭의 적자에서 헤어나올 길이 없다.

에너지 가격은 일반인이 생각하는 유가나 전기료가 아니다. 산업의 경쟁력이자 제품의 경쟁력이고 시장 창출 능력이다. 물론 재생에너지의 생산 단가도 빠른 속도로 내려갈 것이다. 하지만 우리나라는 미국이나 유럽과 사정이 완전히 다르다. 태양광도 풍력도 여건이 나쁘다. 국토는 좁고 태양광은 효율이 떨어진다. 게다가 겨울이면 하늘조차 미세먼지로 뒤덮이고 여름이면 한두 달씩 장마가 지속된다. 풍력은 발전 가동 비율이 현저히 낮아 안정적인 발전이 어렵다. 미래에도 산업경쟁력을 유지하려면 기술개발만큼이나 에너지에 집중해야 한다. 집중할 대상은 에너지의 가격이다.

통신과 제도의 게임

두 번째는 통신 분야의 게임이다. 지난 10여 년 동안 무선통신 네트워크 용량은 약 20배 늘었다. 하지만 수요는 100배 이상 늘었다. 5G 이동통신 기술은 국제전기통신연합ITU**143**의 정의대로 최대 다운로드 속도가 20Gbps, 최저 속도가 100Mbps인 이동통신 기술이다. 그리고 1㎢ 반경에 100만 개 기기에 사물인터넷IoT 서비스를 제공할 수 있으며, 시속 500㎞로 이동하면서도 자유롭게 통신할 수 있다. 4세대 LTE 기술보다 다운로드 속도가 70배 개선되었으며, 응답속도는 10배 빨라졌다.

2019년 세계 최초로 5G를 상용화한 이후로 기지국을 계속 확장하면 점점 무선 네트워크는 강력해질 것이다. 하지만 문제는 이동수단과 연결된 사물인터넷 기술의 개발과 이를 기반으로 한 자율주행, 자율비행 네트워크를 구축하는 데 있다. 5G 이동통신망을 구축하고도 활용할 콘텐츠가 없는 상황이 '5G 통신을 활용한 자율주행' 분야에 벌어져서는 안 된다. 통신사와 자동차 회사가 협업해 전 세계가 경쟁하는 이동수단의 무인화 게임에서 이겨야 한다.

마지막은 법과 같은 제도의 게임이다. 제도가 정비되지 않으면 자율주행 자동차를 운행하거나, 플라잉카를 띄우는 일은 불가능하다. 이런 환경에서 산업은 절대 성장할 수 없다. 보험처럼 기술의 발전에 따라 같이 발전해야 하는 연관 산업도 정비해야 한다. 미국 정부는 2003년부터 이미 이 분야에 관심을 두었고, 2005년부터는 차세대교통시스템연구소를 설치해 하늘과 땅을 모두 통제하는 교통시스템을 연구해 적용해가고 있다. 안전한 통제, 면허, 보험 등이 같이 제도화되어야 사람이 운전하지 않는 자동차를 탈 수 있고 하늘을 나는 비행체가 비행을 시작할 수 있다.

비행, 하늘에서 지구의 경계로

1957년, 소련이 인류 최초의 인공위성인 스푸트니크Sputnik 1호를 쏘아 올리면서 우주개발을 시작한 지 60여 년이 지났다. 인류는 우주개발을 시작한 지 12년 만인 1969년에 달에 발을 디뎠지만, 지금까지 우주여행을 경험한 사람은 600여 명에 불과하다. 하지만 2035년이면 우주여행은 누구나 선택할 수 있는 일반적인 여행이 된다. 스페이스엑스의 일론 머스크는 이미 2018년에 화성으로 보낼 시험용 우주선을 성공적으로 발사했고, 2024년에는 화성으로 가는 로켓을 발사해 1차로 100명을 보내겠다고 했다. 하지만, 이런 우주여행이 누구나 경험하게 될 시기를 예측하기는 어렵다. 그렇지만 대기권을 벗어나 지구와 우주의 경계인 약 85km 지구 저궤도에 오르고 무중력 상태를 경험하며 목적지로 날아가는 우주여행은 2035년이면 일반적인 여행이 된다.

우주여행이 일반적인 여행이 되기 위해서는 가격 이외에도 한 가지 해결해야 할 과제가 더 있다. 그것은 탄소 배출에 관한 문제이다. 탄소 배출에 관한 문제가 발생한다는 것은 사용하는 에너지가 엄청나게 많다는 의미이고 가격이 비싸다는 의미이다. 스페이스엑스의 팰컨9 로켓을 한 번 발사하려면 발사하는 순간에 뉴욕시 전체가 사용하는 에너지양과 맞먹는 에너지가 소모된다. 탄소배출량도 그만큼 엄청나다. 그런데 전 세계 곳곳에서 로켓을 계속 발사한다면 문제가 무척 심각해진다. 이런 문제를 해결할 방법이 영국의 버진 갤럭틱Virgin Galactic[144]에 있다.

지구의 경계로 가는 비행

2004년 10월, 1996년에 시작된 안사리 X 프라이즈 프로그램Ansari X Prize Program[145]의 최종 우승자가 결정되었다. 안사리 X 프라이즈 프로그램은 민간이 정부 기관의 도움을 받지 않고 유인우주선을 발사해 지상 100km 지구 저궤도에 도달한 후 다시 돌아오되, 2주 안에 다시 성공하면 1,000만 달러의 상금을 받는 프로젝트였다. 여기서 우승한 것은 스페이스십 원Spaceship One이었고, 이후 기술은 리처드 브랜슨Richard Branson의 버진그룹 내 버진 갤럭틱으로 넘어갔다.

스페이스십 원의 개발자금은 마이크로소프트의 공동설립자인 폴 앨런Paul Allen이 대고 스케일드 콤포지트Scaled Composits[146]사가 제작에 참여했다. 우주선은 1986년에 216시간 무급유, 무착륙 세계 일주 비행에 성공한 루탄 보이저Rutan Voyager호를 설계했던 버트 루탄Burt Rutan이 설계했다. 리처드 브랜슨은 거의 10년의 구애 끝에 버트 루탄을 영입해 스페이스십 투를 개발했다. 스페이스십 투는 시험비행 중 추락사고를 내기도 했지만, 미국 뉴멕시코주 사막에 2019년 완공된 우주 공항 스페이스포트 아메리카Spaceport America에서 비행사 2명과 탑승객 6명을 태우고 우주여행을 시작할 준비를 마쳤다.

스페이스십 원과 투는 같은 방식으로 우주선을 발사한다. 스페이스십은 화이트 나이트White Knight라는 모선의 바닥에 붙어 지상 15km50,000ft

까지 올라간 후 분리해 발사하는 방식을 고안해 적용했다. 두 대의 비행기를 연결한 모양으로 만든 화이트 나이트는 가운데에 우주선 스페이스십를 장착하고 비행기가 이륙하듯 올라가 스페이스십을 분리한다. 분리된 직후 스페이스십은 엔진을 점화해 지상 85km까지 순식간에 올라간다. 공기가 희박한 15km 상공에서 분리해 발사된 우주선은 적은 연료를 사용하고도 최고고도에 도달할 수 있다. 그리고 우주선은 지구의 중력을 이용해 활강하듯 순식간에 지상으로 내려온다. 90분이 소요되는 이 비행에 이미 600명이 예약 중이고 탑승권 가격은 25만 달러이다.

리처드 브랜슨은 비행기를 타고 12시간씩 비행하며 지구 반대편으로 이동하는 방법 대신 스페이스십의 비행 방식을 활용해 여행을 혁신하겠다고 선언했다. 15km 상공에 올라가고, 우주선을 분리해 발사하고, 지구 저궤도까지 올라가고, 다시 지상으로 내려오는 시간은 아프리카에서 아시아로 날아와도 두 시간이면 충분하다. 이런 방식을 활용하면 비행기 한 대를 띄울 정도의 연료로 우주여행이 가능해진다. 탄소배출량도 비행기 한 대 분에 불과하다. 그조차도 해조류에서 추출한 바이오 연료를 활용할 계획이다.

이 비행은 혁신적이다. 우선 비행시간을 획기적으로 줄인다. 또한, 출발지와 도착지에 모선이 대기하면서 우주선을 띄워주면 목적지를 바꿔가며 계속 우주선을 띄우는 것도 가능하다. 초음속여객기와도 비교할 수 없는, 지금까지의 비행과는 차원이 다른 극초음속 비행이 가능해진다. 이 비행은 여행의 경험도 바꾼다. 85km 지구 저궤도에 올라가면 대기권 밖에서 지구를 보며 우주를 관광할 수 있다. 그리고 내려올 때는 무중력 상태를 경험할 수 있다. 비행시간을 1/10로 줄이면서 우주를 관광하고 무중력 상태를 경험하는 이 여행은 이미 시작되었다. 2025년에는 더 많은 사람이, 2035년에는 원하는 사람 대부분이 경험하게 될 미래이다.

하늘을 나는 자동차

슬로바키아의 에어로모빌Aeromobile[147]은 도로 주행과 공중 비행이 가능한 하늘을 나는 자동차Flying Car를 만든다. 에어로모빌은 매끈한 동체 옆으로 날개를 접어 자동차로 주행하다가 날개를 펴고 프로펠러를 꺼내 비행기로 변신한다. 2인용 자동차에서 비행기로 변신하는 데는 3분이면 충분하고, 200m만 주행할 도로가 있으면 비행을 시작할 수 있다. 시속 200km로 700km 이상 비행할 수 있는 에어로모빌 3.0은 이미 2014년에 시험비행을 마쳤다. CEO인 유라이 바출리크Juraj Vaculik는 2020년에 500대 인도를 목표로 에어로모빌 4.0의 예약을 받고 있다.

구글의 창업자인 래리 페이지Larry Page는 1억 달러를 키티호크Kitty Hawk[148]에 투자했다. 구글 자율주행차 사업부에서 일했던 세바스찬 스룬Sebastian Thrun이 2015년 설립한 키티호크는 하늘을 나는 비행체 플라이어Flyer를 개발해 공개했는데, 하단에 8개의 프로펠러를 장착하고 수직으로 이륙해 하늘을 나는 초경량 비행체이다. 전기를 동력으로 움직이는 1인승 플라이어는 조이스틱처럼 생긴 조종간을 사용해 누구나 쉽게 조종할 수 있다. 플라이어는 2019년 말에 레저용으로 먼저 출시되었다.

일본의 토요타Toyota[149]와 후지쓰Fujitsu[150]는 카티베이터Cartivator[151]에 투자해 플라잉카 사업에 진출했다. 카티베이터가 만든 시제품은 2020년

도쿄올림픽 성화 점화에 사용하기로 했는데, 시제품이 등장할지도 관심거리이다. 미국 실리콘밸리에는 키티호크, 테라푸지아Terrafugia를 비롯한 6개 주요업체가 플라잉카 개발 경쟁을 하고 있다. 네덜란드에는 팔-VPAL-V[152]가 삼륜 자동차에 접히는 헬리콥터 프로펠러를 장착한 형태의 리버티Liberty를 만들어 판매를 시작했다. 리버티는 시속 180km로 500km를 날 수 있다.

플라잉카는 두 가지 형태로 개발되고 있다. 하나는 자동차처럼 주행과 비행을 모두 원활하게 하면서 활주해 이륙하는 방식이고, 다른 하나는 비행 편리성을 위해 수직으로 이륙하는 방식이다. 네덜란드의 팔-V가 채택한 헬리콥터 프로펠러와 유사한 방식은 기술적으로 접근하기 쉬운 편이다. 반대로 드론처럼 모터를 여러 개 사용하는 방식은 모터의 안정성이 확보되어야만 상용화할 수 있다. 하나라도 문제가 생기면 비행이 불가능하거나 사고가 발생하기 때문이다.

2015년 이후로 자동차 제조사, 인공지능 개발 회사를 비롯한 많은 기업이 플라잉카 개발에 적극적이다. 토요타 자동차조차 '하늘을 나는 자동차는 미친 생각'이라고 하다가 '미래의 자동차는 지금의 자동차와는 완전히 다를 것'이라고 하며, 생각을 바꿨으니 말이다. 이런 배경에는 인공지능의 발전이 있다. 인공지능은 자율주행 자동차처럼 비행면허를 필요 없게 만들고 사고 없는 비행을 가능하게 한다. 인공지능으로 비행하는 조종사 없는 드론 택시가 점점 주목받는 이유이다.

드론, 물류에서 군사까지

땅에서 5단계 자율주행 자동차가 급속하게 보급되기 시작하는 2023년에는 동시에 하늘에서 상업용 자율비행 드론이 이륙할 예정이다. 2017년부터 2019년까지 세계 드론업체들은 두바이, LA, 싱가포르, 파리 등에서 이미 시험비행을 마쳤으며, 2020년부터는 전용 이착륙장을 건설하기 시작해 2023년이면 상업 비행을 시작할 것이다. 수직 이착륙이 가능한 자율비행 드론은 대중교통의 일부로 편입되면서, 2030년에는 전 세계에서 약 20,000대의 드론 택시가 10억 회 이상 이용될 것으로 보스턴 컨설팅 그룹Boston Consulting Group[153]은 전망한다.

드론은 촬영용이나 레저용으로 개발되었으나 배송, 교통, 농업, 측량, 감시, 군사 분야로 그 영역을 무한 확장하고 있다. 2019년 현재 가장 활용도가 높은 분야는 농업이다. 농업용 드론은 카메라로 생육상태나 병충해를 파악하고 농약을 살포하는 데 활용된다. 군사용 드론은 이미 실전 배치되어 그 위력을 증명하고 있다. 보통 50~500kg까지 미사일을 장착한 드론은 수백 킬로미터를 날아 상대를 공격할 수 있다. 우리나라도 미국의 고고도 무인정찰기 글로벌호크Global Hawk RQ-4를 2019년 말까지 도입해 실전 배치했다.

2019년 기준 세계 드론 시장의 70%를 점유해 시장을 석권하고 있는 중국의 DJI[154], 그 뒤를 추격하는 프랑스의 패럿Parrot[155]은 북미 최대규모의 드론제작사 3D 로보틱스3D Robotics[156]와 치열하게 경쟁하면서 드론 시장을 확대하고 있다. 2017년 두바이, 2019년 싱가포르에서 드론 택시로 자율비행에 성공한 중국의 이항Ehang[157]은 자율비행 기술로 DHL[158]과

드론 배송 시장을 선점하려 하고 있다. 또한, 드론 배송 분야에서 선구자 역할을 한 아마존은 2019년에 최신 드론과 자율비행 시스템을 공개하면서 30분 이내의 거리에서 2.3kg 이내의 배송 서비스를 시작한다고 밝혔다.

여행, 지구에서 우주로

    2019년 개봉한 영화 〈애드 아스트라AD Astra〉는 태양계에서 발생하는 과전류 현상인 써지Surge를 해결하기 위해 주인공Brad Pitt인 아들이 지적 생명체를 탐사하러 해왕성으로 떠난, 실종된 아버지를 찾아가는 내용이다. 이 영화가 지루하고 해석하기 어려운 심리적 주제를 다룬다는 비평이 많지만, 달기지가 건설된 모습이나 인간이 달의 자원을 서로 차지하기 위해 싸우는 모습은 실감 나게 그려졌다. 달은 중력이 지구의 1/6에 불과하고 활용할 자원이 많으며, 달의 남극에 물이 얼음 상태로 상당량 존재해 우주여행 목적지나 우주로 가는 기착지로서의 매력이 넘친다.

    2019년은 인류 최초의 달착륙 50주년이 되는 해였다. 세계 언론은 달 착륙 50주년을 재조명했고 선진국들은 달 탐사 계획을 쏟아냈다. 그중에서 눈에 띄는 것은 인도이다. 인도는 1인당 국민소득이 2,000달러에 불과하지만, 우주개발을 시작한 지 50년이나 되었고, 2014년에는 화성 궤도에 우주선 망갈라얀Mangalayaan호를 진입시킨 우주 강국이다. 2008년에는 달 탐사선 찬드라얀Chandrayaan 1호를 달에 충돌시켜 달에 물이 있다는 사실을 세계 최초로 밝혀내기도 했다. 2019년에는 찬드라얀 2호를 달에 착륙시켜 세계에서 네 번째로 달착륙 국가가 되려 했지만, 통신두절로 실패했다.

마지막 남은 일회용 탈 것

전기자동차를 만드는 테슬라, 로켓과 우주선을 개발하는 스페이스엑스의 CEO인 일론 머스크Elon Musk는 크리스 앤더슨Chris Anderson과의 TED[159] 대담에서 이런 말을 했다. "우리가 타는 모든 것은 연료를 채워 다시 사용합니다. 자동차, 비행기, 심지어 말도 먹이를 주면 다시 탈 수 있습니다. 하지만 로켓은 그렇지 않습니다. 로켓은 한 번 사용하고 분리해서 바다에 버립니다. 개발에 엄청난 돈을 들인 로켓을 그냥 한 번 쓰고 바다에 버립니다." 세계 최대 유통업체 아마존, 우주여행 사업을 추진하는 블루오리진의 CEO인 제프 베저스는 2015년 인류 역사상 처음으로, 발사한 로켓을 지구 저궤도에 올린 후 발사장소에서 회수하고 이렇게 말했다. "보잉 747 여객기를 한 번 타고 버린다면 그 항공권이 얼마나 비싸겠어요?"

우리가 우주여행을 하지 못하는 이유는 비싸기 때문이다. 베저스의 말대로 서울에서 제주로 가는 항공기를 한 번 쓰고 버린다면 항공권은 대체 얼마나 될까? 값비싼 항공기를 적게는 몇만 원으로 탈 수 있는 이유는 항공기를 재사용하기 때문이다. 그런데 왜 로켓은 한 번 사용하고 버릴까? 로켓은 엄청난 양의 에너지를 사용한다. 그런 로켓에 돌아올 연료를 실으면 무게가 늘고 그 로켓을 쏘려면 더 많은 연료가 필요한 것도 문제이다. 무엇보다 마땅하게 로켓을 다시 회수할 방법을 찾지 못한 것도 문제였다. 그런데 발사한 로켓을 회수하는 문제가 이 두 회사에 의해 완전히 해결되었다.

2015년 11월 23일, 블루오리진은 100km 지구 저궤도에 로켓을 쏘아 올린 후 로켓과 캡슐을 분리해 모두 회수했다. 실제로는 '회수'가 아니라 발사한 로켓이 다시 비행해서 발사장소에 사뿐히 내려앉았으니 영화에서 우주선이 내려앉는 것과 같았다. 그로부터 채 한 달이 지나기도 전인 2015년 12월 21일에는 스페이스엑스의 팰컨9Falcon 9 Full Thrust 1단 로켓이 11개의 위성을 싣고 올라가 모두 궤도에 올린 후 발사장소로 돌아왔다. 2016년 4월 8일에는 스페이스엑스의 로켓이 국제우주정거장에 화물을 배달하고 육지가 아닌 바다의 드론 바지선으로 내려앉는 모습을 나사NASA가 텔레비전으로 생중계했다.

지구 저궤도 우주여행

지구에 공기가 존재하는 대기권은 지상 1,000km에 이른다. 대기권을 다시 구분하면 고도 약 11km까지의 대류권, 약 50km까지의 성층권, 약 80km까지의 중간권, 그 이상을 열권으로 나눈다. 그리고 지구를 벗어난 공간인 우주로 불리는 경계선은 고도 85km 지점이다. 중간권을 완전히 벗어난 지점부터는 우주로 부르는 것이다. 따라서 고도 85km 이상으로 올라가는 여행을 우주여행이라고 할 수 있다. 이에 반해, 버진 갤럭틱의 스페이스십은 지구의 경계선인 85km까지 올라갔다가 다시 내려오는 여행으로 우주여행의 조건을 완전히 갖추지는 못했다.

블루오리진은 버진 갤럭틱과는 다른 여행을 선보일 계획이다. 지구 저궤도인 100~300km까지 로켓으로 올라간 후 캡슐을 분리해 낙하하면서 무중력 상태를 경험하는 우주여행을 준비 중이다. 2015년부터

2019년까지 블루오리진은 5차례나 지상 100km까지 뉴 셰퍼드New Shepard 로켓을 발사한 후 분리해 수거하는 데 성공했다. 2020년부터는 6명의 승객을 태우고 상업용 우주여행을 시작할 것이다. 가격은 버진 갤럭틱의 우주여행 비용 25만 달러보다 높은 수준이 될 것으로 판단된다. 엄청난 지구의 중력을 온몸으로 받으며 우주의 경계 너머까지 올라가고, 다시 우주에서 푸른 지구를 보며 내려오는 우주여행의 막이 올랐다.

달기지 건설 경쟁

지금 세계 우주 강국은 달을 먼저 차지하기 위해 경쟁하고 있다. 달에는 얼음 상태의 물이 존재하고 중국이 세계시장을 점령한 희토류는 물론, 우라늄이나 백금과 같은 자원이 풍부하다. 각국이 평가하는 달의 가장 큰 가치는 우주 관광 기착지로서의 가치이다. 달에 기지를 건설하면 달 여행객들이 안전하게 거주하면서 차량으로 달을 둘러볼 수도 있고 파란 지구를 감상할 수도 있다. 안전하게 지구와 우주 셔틀을 운영할 수도 있게 된다. 달 자체를 개발하기 위한 기지도 운용할 수 있으며, 종국적으로는 달을 다른 행성이나 심우주로 가는 우주여행 경유지로 활용할 수도 있다.

달에서는 태양광을 활용하면 다른 에너지원이 없더라도 에너지를 거의 무한으로 활용할 수 있다. 대기가 거의 없는 달에는 태양광이 그대로 지표면에 내리친다. 달 지표면에서 태양광 발전을 하면 달에서 활용할 충분한 전기를 얻을 수 있다. 이 전기를 활용해 달의 얼음을 녹여 수소와 산소도 얻을 수 있다. 수소와 산소를 얻는다는 것은 인간이 달에서 살 방법을 만들 수 있다는 의미이다. 나아가 달기지에서 로켓의 연료로 수소와 산소를 재충전하고 다시 발사할 수 있다는 의미이다.

　그러나 달기지를 건설하려면 어떤 소재를 활용해 어떻게 건설해야 하는지 소재와 건축 방법을 찾아야 한다. 달에는 낮과 밤이 2주간 계속되는데, 낮에는 영상 130도까지 올라가고 밤에는 영하 130도를 넘어 150도까지도 내려간다. 반복되는 더위와 추위를 견딜 수 있어야 하고, 격리된 내부와 외부의 온도 차를 극복하고 온도를 유지할 수 있는 소재여야 한다. 나사NASA는 콘크리트를 소재로 활용해 2024년에 달기지 건설을 목표로 방법을 고안하고 있다. 일본 시미즈淸水 건설도 콘크리트만 지구에서 가져가고 물과 모래 등은 달에서 채취하는 방식으로 기지 건설 방법을 고안하고 있다.

　건축하는 방법은 3D 프린터 등을 활용하는 방법이 있다. 사람이 직접 작업하는 방법은 아무 시설도 없는 초기 단계에서는 거의 불가능에 가깝다. 그래서 지구에서 원격으로 조종할 수 있는 굴착 장비와 3D 프린터 등을 가져가 활용하는 방법을 연구하고 있다. 블루오리진은 달착륙 우주선 블루문Blue Moon을 개발해 공개했다. 블루문은 2024년에 탐사 차량을 비롯한 화물 15톤과 우주인을 싣고 달착륙에 도전할 것이다. 이보다 앞서 2023년에는 스페이스엑스의 대형 우주선 스타십Starship으로 달 궤도를 도는 우주 관광사업이 시작된다.

화성으로 가는 여행

스페이스엑스는 이미 국제우주정거장에 화물을 운송하는 일을 100억 달러에 나사로부터 수주해 수행하고 있다. 스페이스엑스가 화물 운송에 활용하는 로켓이 팰컨9 로켓이다. 팰컨9 로켓은 추력 20만 파운드약 90톤의 멀린Merlin 엔진 9개를 장착한 강력한 로켓이다. 2018년에는 화성으로 가는 추진체를 실험하기 위해 팰컨9 1단 추진체 3개를 묶어 27개의 멀린 엔진을 장착한 팰컨 헤비를 시험 발사해 성공했다. 또한, 2019년에는 화성으로 가는 우주선 스타십의 프로토타입을 제작해 공개하고 하늘로 상승했다가 다시 착륙하는 실험을 시작했다.

일론 머스크는 재활용이 가능한 로켓기술을 활용해 화성에 인류를 이주시키고 100만 명이 살 수 있는 도시를 건설하겠다고 오래전부터 밝혔다. 2024년에는 처음으로 100명을 태운 화성행 스타십 우주선을 발사할 계획이다. 탑승비용은 2억 원을 조금 넘는 수준으로 그다음에 발사하는 우주선을 이용하면 절반으로 낮아진다. 스타십 우주선에는 멀린 엔진의 2배 이상의 추력을 내는 랩터Raptor 엔진 3개가 장착된다. 또한, 스타십 우주선 하단에는 슈퍼 헤비Super Heavy 로켓이 장착되는데, 35개의 엔진을 장착한다. 2020년에는 스타십 우주선과 짝을 이룬 슈퍼 헤비 로켓이 시험 발사된다.

09

식량과 에너지,
유한에서 무한으로

2020년을 지나서도 인구증가는 계속된다. 1650년 5.5억 명, 1750년 7.3억
명, 1850년 11.7억 명이던 인구가 1950년에는 24.9억 명이 되었고 2020년
에는 77억 명이 되었다. 2030년이 되면 세계인구는 85억 명으로 는다. 인구
의 문제는 식량과 에너지의 문제로 직결된다. 식량과 에너지의 완전한 해결
책은 2040년이 되어야 가능하다.

멈출 수 없는 식량의 미래

2018년을 기준으로 아시아 5억1,390만 명, 아프리카 2억5,610만 명, 중남미 4,250만 명 등 전 세계가 지금까지도 굶주림에 시달리고 있다. 심지어 선진국에서도 1,600만 명이 식량이 부족해 굶주리고 있다고 유엔식량농업기구FAO[160]는 밝히고 있다. 굶주리는 인구를 모두 합치면 8억 6,800만 명이나 된다. 굶주림에 허덕이다가 죽어가는 인구도 하루에 10만 명을 훌쩍 넘는다. 더욱 심각한 문제는 기후변화로 인해 2015년 이후 기아 인구가 계속 증가하고 있다는 점이다.

북한도 2018년을 기준으로 2,570만 명의 인구 중 1,220만 명이 굶주림으로 인한 영양소 결핍에 시달린다. 실제로 북한에 가본 사람은 알겠지만, 북한의 산에는 나무가 거의 사라지고 없다. 난방용 에너지는커녕 나무와 같은 땔감도 부족하니 초근목피草根木皮로 연명하는 인구가 상당수여서 생기는 문제다. 산에 나무가 사라지면 홍수에 무방비로 노출된다. 그래서 장마철이나 태풍이 오면 빠짐없이 등장하는 북한 뉴스가 홍수이다. 2019년에도 태풍 링링의 영향으로 함경도, 황해도에서 전신주와 철탑 수천 개가 쓰러졌고 농지와 주택이 침수됐다.

유엔식량농업기구나 국제연합아동기금Unicef[161]을 비롯한 많은 국제단체와 구호단체들은 하나같이 식량의 분배문제를 지적한다. 지금

생산하는 식량이 분배만 잘 이루어지면 누구도 굶주리지 않을 수 있다는 의미이다. 하지만 식량과 같은 국제 경제적 문제가 정치적으로 해결되길 바라는 것은 무리이다. 오히려 굶주리는 사람이 늘수록 식량은 정치적 무기가 되어 한쪽 창고에 쌓여 썩어가고, 다른 한쪽에서는 더 굶주리는 악순환이 계속 반복된다. 긴 시간이 필요한, 어쩌면 풀리지 않을지도 모르는 식량 문제를 해결하려면 식량과 관련된 모든 분야를 다시 점검해봐야 한다.

세계인구와 식량 문제

식량 문제를 계속 키우는 중요한 원인은 농경지가 계속 감소하는데 있다. 농경지가 감소하는 이유는 기후변화와 개발이 계속되기 때문이다. 기후변화 중에서도 지구온난화는 여러 가지 문제를 계속 일으킨다. 지구온난화는 해수면을 상승시키고 가뭄과 풍수해를 일으킨다. 농경지는 엄청난 속도로 사막으로 변해가고, 해수면 상승은 육지를 사라지게 한다. 하지만 놀랍게도 이 기후변화는 식량이 넘쳐나는 선진국들이 만들었고 피해는 대부분 저개발국의 몫으로 돌아간다.

2020년을 지나서도 계속될 인구증가도 식량부족에 한몫한다. 1650년 5.5억 명, 1750년 7.3억 명, 1850년 11.7억 명이던 인구가 1950년에는 24.9억 명[162]이 되었고 2020년에는 77억 명이 되었다. 2030년이 되면 세계인구는 85억 명으로 는다. 이 수치는 연평균 1억 명이 느는 수치이고, 하루 27만 명이 느는 수치이다. 하지만 수명 연장으로 인구가 느는 것이지 생산가능인구는 오히려 줄어든다. 2019년을 기준으로 세계인구에서

27세인 1992년생5,550만 명과 2017년생4,662만 명을 비교하면 25년 만에 약 16%가 줄었다. 줄어드는 생산가능인구가 수명이 늘어 늙어가는 전체 인구를 먹여야 한다.

인류의 식량을 만드는 몬샌토

〈포춘Fortune〉[163]이 선정한 '일하기 좋은 100대 기업'이자 '가장 존경받는 기업', 〈포브스Forbes〉[164]가 선정한 '세계에서 가장 혁신적인 100대 기업'은 우리가 너무나 좋아하지 않는 유전자변형 농산물Genetically Modified Organism의 종자를 만드는 기업 몬샌토Monsanto[165]이다. 몬샌토는 전 세계 유전사변형 농산물 품종의 90%에 대한 특허권을 가졌고, 이 품종을 다시 전 세계로 수출한다. 우리나라의 흥농종묘와 중앙종묘 같은 토종 종묘 회사들도 몬샌토에 합병되어 몬샌토 코리아가 된 상태이다. 그래서 이들이 보급하는 종자 대부분은 몬샌토의 특허로 만든 종자이다.

몬샌토는 옥수수, 콩, 과일, 면화, 채소 등에서 선도적인 종자를 개발한다. 병충해 피해가 작고 생산량이 많은 종자를 개발해 보급하는 것이 이들의 일이다. 척박한 환경에서도 잘 자라는 종자, 병충해로부터 덜 피해를 보는 종자를 보급하기 위해 유전적인 형질을 개량한다. 하지만 유전자변형 농산물에 부정적인 사람들은 이런 농산물로 만든 식품이 사라져야 인간의 건강한 삶이 보장된다고 생각한다. 이들은 유전자변형 농산물의 안전성과 안정성에 의문을 제기하며 위험을 강조한다.

유전자변형 농산물에 부정적인 사람들의 생각이 일정 부분은 옳을 수도 있다. 하지만 우리가 섭취하는 쌀, 콩, 옥수수, 밀 등 모든 곡식은 원래부터 존재하던 종자가 아니다. 이 곡식들은 짧게는 100여 년간, 길게는 인간이 농경을 시작해 곡식을 재배하면서 지금까지 계속 개량해왔거나, 돌연변이종을 발견해 얻은 종자가 현대의 종자이다. 여기에 발전한 유전자 기술을 적용해 유전적인 변화를 줄 수 있게 되었고, 이에 대한 안전성을 검증해왔다. 또한, 관련 당국은 검사와 허가를 강화하고 있다. 실험실에 있어야 할 종자가 경작지에서 재배되는 등 문제가 없다고는 할 수 없지만, 앞으로 식량 문제를 해결할 방법도 이것 외에는 없다.

중국의 농업 굴기, 신젠타

몬샌토와 경쟁하는 신젠타Syngenta[166]도 농업혁명을 만들기 위해 노력하고 있다. 스위스 바젤에 본사를 둔 신젠타는 2000년에 글로벌 제약사 노바티스Novartis와 아스트라제네카AstraZeneca[167]의 농업부문이 합병해 탄생했다. 신젠타는 회사명처럼 식물의 무한한 잠재력을 우리의 생활에 활용하기 위해 작물보호제, 종자, 종자 처리제, 화초 제품을 개발하고 있다. 신젠타는 농업용 화학약품 분야 세계 1위, 생명공학 분야 세계 3위의 기업이다. 2016년에 신젠타를 중국 화공그룹中國化工集團이 인수했고, 이로써 중국은 생명공학과 농업 분야에서 단숨에 세계 최고의 기술력을 갖추게 되었다.

그린피스Greenpeace[168]나 소비자단체들은 몬샌토나 신젠타가 만드는 유전자변형 농산물에 문제를 계속 제기하지만, 이들이 농업 분야에 이바지하는 바는 상상하기 어려울 정도로 크다. 안정적인 종자의 보급은 물론, 종자의 발아와 생장을 촉진하는 화학 처리제와 해충으로부터 농작물을 보호해 생산성을 올리는 작물보호제를 개발해 보급하는 일은 인간의 수명을 연장하는 일과 다르지 않다. 또한, 영농방법을 바꿔 수확량을 확보하는 방법, 작물을 보호하는 방법, 농장을 효율적으로 운영하는 방법을 전파하는 일도 이들의 일이다.

유전자변형 농산물에 관한 논란은 계속될 것이다. 하지만 유전자변형 농산물이 절대 사라지는 일은 없을 것이다. 어쩌면 정치적으로 해결하지 못하는 식량 문제를 이들이 조금씩 해결해가고 있다고 이해해야 옳을 것이다. 농업에 화학, 유전공학을 융합한 이들의 기술은 하루에만 10만 명이 굶어 죽는 현실과 지구라는 한정된 공간에서 인간으로 같이 살아가야 할 인구가 하루에만 27만 명이 늘어가는 현실을 조금씩 바꾼다. 신젠타는 중국의 식량 생산량을 2016년부터 2020년까지 5년간 20% 더 늘리는 목표를 세워 달성하고 있다.

농업기술 발전과 일자리

식량과 관련된 분야를 급속하게 발전시키는 것은 화학과 유전공학이다. 과거 종자 산업은 주로 종자의 개발과 보급에 치중되어 있었고, 종자를 잘 키우기 위한 영농기술을 보급하는 데 주력하던 산업이었다. 그러나 화학 기술이 발전해 종자를 개량하거나 해충을 퇴치하는 데 활용하면서 농업에 혁신을 일으켰다. 최근에는 유전공학이 발전해 직접 유전자를 변형하거나 조작할 수 있는 수준에 이르렀다. 중국은 벼를 비롯한 다수의 세계 1위 농작물 생산국이다. 중국은 화학에 강점을 가진 신젠타를 인수해 농작물의 생산량을 급속하게 끌어올리고 있다.

농업인구는 어떻게 변화할까? 지구온난화로 농경지가 계속 사막화하는 것은 GMO 작물의 도입을 촉진한다. 새로운 영농기술은 새로운 품종에 맞도록 설계되므로, 이 또한 GMO 작물을 늘린다. GMO 작물 확산은 생산량의 증가이자 농업인구의 감소를 의미한다. 여기에 스마트 팜 Smart Farm과 같은 첨단 영농시설도 생산량을 증가시키고 농업인구를 줄인다. 그러나, 한편에서는 기존 방식으로 재배한 기존 작물을 원하는 소비자가 는다. 2030년 이후로 농업에서 성장할 분야이다. 지금 대형 할인점의 한쪽 구석을 차지한 아주 적은 양의 '친환경' 농작물이 그것이다. 일자리는 오로지 종자의 개량과 보급에 관련된 분야만 조금 는다.

탄소에너지, 그리고 100년 후

　　인류가 불을 발견하고 활용하기 시작했다는 것은 인류가 탄소와
의 질긴 애증의 역사를 시작했다는 말과 같다. 화석연료를 사용하기 전
까지 인류는 숯을 활용해 문명을 발전시켰다. 나무를 태워 만들 수 있는
숯은 지상에서 가장 쉽게 얻을 수 있는 탄소 동소체였다. 그러다가 지하
에 묻힌 탄소 동소체를 발견했다. 화석에너지로 불리는 화석연료는 나
무와 같은 식물과 동물의 유해가 묻혀 고온 고압으로 긴 시간 화석화하
여 만들어진다. 고체로는 석탄이 있고, 유체로는 석유와 천연가스, 오일
샌드가 있다. 이 연료들은 모두 같은 배경을 지닌 탄소 동소체이다.

　　탄소는 대기 중에서는 이산화탄소의 형태로 존재한다. 탄소는 탄
소 동소체와 같은 탄소화합물이 연소할 때 발생한다. 탄소는 생물이 호
흡하거나 발효될 때도 생기는데, 대기에 0.030% 정도 존재한다. 문제는
화석연료 형태로 땅속에 묻혀있어야 할 탄소가 지상으로 올라와 연소
하면서 이산화탄소가 되어 공기 중에 분산하는 데 있다. 1900년대 초에
대기 중 평균 이산화탄소 농도가 0.030%였던 것이 1990년에 0.035%,
2000년에는 0.036%, 2010년에는 0.038%, 2018년에는 0.041%에 이르렀
다. 1900년대 초와 비교해 2018년에 이산화탄소량은 36.7% 증가했다.

　　녹색식물은 이산화탄소와 물로부터 유기물을 합성한다. 대기 중의

이산화탄소 농도를 떨어트리는 것이 녹색식물이다. 그런데 산림을 훼손하고 화석연료를 태우면 대기 중 이산화탄소 농도가 더욱 빠르게 올라갈 수밖에 없다. 이산화탄소는 메탄, 염화불화탄소와 함께 온실가스의 주범이다. 온실가스는 태양복사Solar Radiation 에너지를 우주로 다시 내보내는 지구복사Earth Radiation를 방해해 지구온난화를 일으킨다. 온실가스는 층을 형성해 지구복사 에너지를 흡수함으로써 지구에 에너지를 가두거나, 다시 지구로 방출해 지구온난화를 일으킨다.

지구온난화의 가장 심각한 문제는 기후변화이다. 지구온난화는 그 자체로 기후변화를 의미한다. 온대가 열대처럼 변하고, 데워진 대기는 안정된 기후에 악영향을 끼친다. 빙하를 녹이고 부수고 해수를 팽창시켜 해수면을 상승시킨다. 또한, 극지방의 안정된 기류에도 심각한 불안정을 초래한다. 해수면 상승은 몰디브, 투발루와 같은 해발고도가 낮은 섬들을 수몰시킨다. 과학전문지 〈네이처Nature〉[169]에 2016년 게재된 논문은 2100년까지 해수면이 약 1.9m 상승할 것으로 예측했다. 2025년경, 우리가 자율주행 자동차에 빠져있을 때면 몰디브는 바닷속에 빠져 사라질 것이다.

미세먼지의 주범, 화석연료

석탄과 석유, 천연가스와 같은 화석연료를 사용하면 탄소를 배출하는 문제만 생기는 것이 아니다. 겨울이면 한반도를 뒤덮는 미세먼지의 주범은 대부분 화석연료에 기인한다. 특히 석탄을 태울 때 문제가 심각해진다. 중국은 석탄 매장량 세계 3위, 석탄 사용량 세계 1위이다. 중국의 뒤늦은 산업화가 잠자던 엄청난 석탄의 채굴과 소비를 촉발했고 겨울이면 그 영향력이 한반도를 뒤덮는다. 해결책은 중국이 석탄 경제를 벗어나고 우리나라가 훨씬 더 친환경적인 에너지 생산과 소비로 전환할 때만 나온다. 문제는 두 나라 모두 반대로 움직이고 있어서 그 시기를 알 수 없다는 점이다.

2023년 중국의 석유소비량이 정점에 이르는 시기가 지나도 석탄 소비량은 줄어들지 않으리라고 전망된다. 단 한 가지 예외적인 상황은 환경문제를 중국 정부가 제대로 깨닫는 것이다. 경제적 발전보다 더 큰 손실이 환경문제에서 발생할 수 있다는 사실이 그것이다. 하지만 그럴 가능성은 아주 작다. 바다 건너에서 편서풍의 영향을 받으며 미세먼지에 싸여 사는 우리나라는 우리의 에너지 문제가 중국의 에너지 문제와 맞물려 점점 해결하기 어려워진다. 정부와 지자체는 미세먼지 대책을 계속 쏟아내지만, 원자력발전을 줄이고 천연가스나 화력발전을 늘려서는 전기료가 오르고 이산화탄소와 미세먼지만 양산할 뿐이다. 1980년 국민투표로 탈원전을 선택했던 스웨덴도 원전을 지어 지구를 살려야 한다는 국민의 목소리에 신규 원전 건설을 검토하고 있다.

비재생 에너지, 석유의 성장

에너지는 1차 에너지와 2차 에너지로 구분할 수 있다. 1차 에너지는 사용하면 사라지는 비재생 에너지Non-Renewable Energy와 재생에너지 Renewable Energy로 다시 구분한다. 비재생 에너지에는 석탄, 석유Petroleum,

천연가스와 같은 탄소 동소체 에너지와 핵에너지가 있다. 다시 사용할 수 있는 재생에너지에는 물, 바람, 태양, 조류, 지열 등이 있다. 이 1차 에너지를 사용해 2차 에너지인 전기와 수소를 만든다. 현재는 비재생 에너지 중에서 석유를 가장 많이 사용하고 2차 에너지로 전기를 만든다.

석유수출국기구OPEC는 세계적으로 2020년 기준, 석유 33.1%, 석탄 28.8%, 가스 23.3%, 핵에너지 6.5%, 수소 및 기타 재생에너지 8.3%가 사용될 것으로 전망했다. 2020년에도 세계적으로 사용되는 에너지의 85.2%를 화석연료에 의존한다는 전망이다. 이 중에서 세계 원유소비량은 세계 경제가 성장하면서 계속 증가했다. 영국의 국영석유회사 BP The British Petroleum는 하루 평균 원유소비량이 1990년 6,700만 배럴에서 2000년 7,700만 배럴, 2010년 8,900만 배럴, 2018년 1억 배럴에 이른 것으로 집계했다.

현재 보편적으로 사용하는 석유는 탐사 기간에만 5~10년이 걸리고, 중대형 유정을 기준으로 한번 생산을 시작하면 20~40년간 생산을 지속하는데, 초기 인프라에 대규모 투자가 따라야 한다. 따라서 사우디 아람코Saudi Aramco[170]와 같은 산유국 국영석유회사, 엑손모빌Exxon Mobil[171]이나 셸Shell[172]과 같은 글로벌 석유회사가 주도해 원유를 생산한다. 이들은 플랫폼에서 원유층까지 시추관을 수직으로 내려 자연압력으로 원유를 뽑아 올린다. 이 대규모 유정의 생산방식은 생산을 중단하기 어려워 수요와 공급에 빠르게 대응하기 어렵다.

그런데 2010년부터 생산량이 미미하던 셰일 석유Shale Oil 생산량이 미국과 캐나다에서 급증하기 시작했다. 셰일 석유는 셰일층에 포켓 형태로 소규모로 존재한다. 따라서 지상에서 셰일층까지 수직으로 시추관을 내린 후 셰일층을 따라 수평으로 포켓에 접근한다. 그리고 수압으로 셰일층을 부수면 자연압력으로 원유가 빠져나온다. 셰일 석유는 대개 2~5년간 생산하고 주변의 다른 지역으로 이동하는데, 생산까지 보통 3~4개월이면 충분하다. 생산과 중단이 쉬워 유가에 민감하게 반응하면서 생산량을 조절할 수 있다. 다만, 미국과 캐나다를 제외하면 셰일 석유 생산기술이 부족해 생산원가를 맞추지 못한다. 이렇게 미국은 2017년부터 세계 최대의 산유국이 되었다.

100년 후, 마르지 않는 석유

비재생 에너지인 석유는 한 번 사용하면 사라진다. 2018년을 기준으로 하루 1억 배럴을 사용하는 석유를 200만 배럴을 실을 수 있는 초대형 원유운반선Very Large Crude-Oil Carrier으로 환산하면 50척에 해당하는 엄청난 분량이다. 그러나 지속적인 유정 탐사와 셰일 석유 채굴기술의 발전으로 과거에는 경제성이 없던 석유도 시추할 수 있게 되어 원유매장량이 50년 이상으로 계속 증가하고 있다. 세계 1위 원유매장량을 보유하고 있는 베네수엘라, 2위 사우디아라비아, 4위 이란, 5위 이라크 등은 미국의 셰일 석유 생산에 따른 저유가로 산유국의 우월적 지위가 사라진 지 오래다.

사우디아라비아가 주도권을 가진 석유수출국기구는 유가가 내려가면 감산을 결정해 유가를 올리는 역할을 했다. 그러나 민간 기업을 중심으로 셰일 채굴기술을 갖춘 미국과 캐나다는 유가가 오르면 셰일 생산량을 늘려 유가에 탄력적으로 대응한다. 여기에 채굴원가는 계속 내려가는 추세이다. 따라서 세계적으로 공급요인에 특별한 변수가 발생하지 않는 한 유가는 셰일 석유의 생산원가 밴드 내에서 움직일 수밖에 없다. 2019년 기술 수준으로 유가는 장기간 배럴당 70달러를 넘어서기 어렵다.

문제는 중국이다. 미국이 세계 최대 원유생산국인 데 반해, 중국은 세계 최대 원유수입국이다. 베이징대학은 2019년 중국의 1인당 GDP가 10,600달러에 이른 것으로 추산했다. 또한, 2030년이 되면 중국의 1인당 GDP가 20,000달러에 이르러 중진국에 진입할 것으로 전망했다. 경제 규모가 커진다는 것은 에너지 소비량이 계속 증가한다는 의미이다. 중국이 증가하는 에너지 소비량을 충족하고 '2025 제조업 굴기'를 이루려면 에너지 문제를 해결해야 한다.

하지만 현재로서는 중국이 원유나 천연가스를 수입하는 대부분 국가가 미국의 패권에 놓여있는 국가들이다. 중국이 에너지 문제로 긴장하지 않을 수 없는 이유이다. 중국에도 상당량의 셰일 석유가 매장되어 있지만, 복잡한 지질구조와 높은 채굴비용으로 상업용으로 채굴해 사용하기까지는 상당한 시간이 걸릴 것으로 전망한다. 앞으로도 미국은 셰일 석유와 천연가스 생산량을 지속해서 늘려가며 에너지 패권을 놓지 않을 것이다. 100년 후, 대체 에너지가 개발되어 사용된다고 해도 석유는 마르지 않은 상태이다.

재생에너지와 부활하는 에디슨

아프리카 사하라사막에는 인류 역사상 가장 거대한 프로젝트 하나가 진행되고 있다. 약 40년간 4,000억 달러가 투자되는 이 프로젝트가 2050년경에 완성되면 유럽 에너지 수요의 15%를 충당하게 될 것이다. 이는 원자력발전소 390기가 생산하는 전기와 맞먹는 규모이다. 2019년 국제원자력기구IAEA[173]는 전 세계에서 운영되는 원자력발전소가 450기라고 발표한 것과 비교해보면 그 규모를 알 수 있다. 이렇게 생산된 전기는 아프리카는 물론 지브롤터해협을 해저케이블로 건너 남유럽 대부분 국가에 공급된다. 이것이 데저텍Desertec[174] 프로젝트이다.

데저텍 프로젝트는 독일의 전기·전자 기업 지멘스Siemens[175], 독일 은행 도이체방크Deutsche Bank[176], 스위스의 전기와 운송 인프라 다국적 기업 ABB[177], 스페인의 태양광 플랜트 기업 아벤고아Abengoa[178] 등 12개 기업이 초기부터 참여하였으며, 프랑스의 태양광 플랜트 기업 생고뱅솔라Saint-Gobain Solor[179] 등 참여 기업이 계속 늘고 있다. 이 프로젝트는 일부만 플랜트가 완성되어도 전기를 생산해 송전할 수 있는 강점이 있다. 물론 아프리카 북부에서 유럽으로 3,000km 구간을 통과해 전기를 보내려면 송전손실도 감수해야 한다.

재생에너지 천국, 유럽

유럽은 재생에너지에 특히 강하다. 그중에서 영국은 해안의 풍부한 풍력과 조력을 활용한다. 2013년 30%에 이르던 가스발전은 북해 가스전 고갈과 탄소배출량 규제로 위기에 직면했다. 그래서 영국은 재생에너지 중심의 에너지 계획을 세웠다. 2020년까지 재생에너지 비율을 30% 이상으로 늘리는 것이다. 실제로 영국에서 가장 큰 풍력발전소를 운영하는 동에너지Dong Energy[180]는 40년 이상 지속해온 석유와 가스사업을 매각하고 재생에너지 사업에만 주력한다. 이들은 2017년부터 풍력과 태양열 중심의 재생에너지 사업으로 완전히 전환했다. 지중해 북단의 포르투갈, 스페인, 프랑스, 독일, 덴마크도 풍력발전에 적극적이며, 노르웨이는 수력발전에 투자한다.

세계에서 가장 행복한 나라, 바람의 나라로도 불리는 덴마크의 풍력발전은 어떨까? 2014년을 기준으로 덴마크 전기생산량의 39%를 차지하는 풍력발전은 2020년에는 50%, 2035년에는 84%를 넘어선다. 2050년에는 화석연료에서 완전히 벗어나는 것이 목표다. 덴마크는 편서풍을 활용해 발전한다. 발전기는 대부분 바닷가에 건설되는데 풍부한 바람을 최대한 활용할 수 있어 발전량이 많고 안정성이 유지된다. 놀라운 것은 발전소 건설의 주체가 시민이라는 점이다. 전력이 필요한 지역의 시민이 풍력발전조합을 설립해 직접 전력을 생산한다. 여기에 투자하는 시민들은 발전용 터빈 1기당 수천 명이 참여한다.

영국의 위쪽, 대서양의 섬나라 아이슬란드는 수력 73%, 지열 26%

로 대부분 에너지를 자연에서 얻는다. 인구 34만 명의 아이슬란드는 빙하가 흐르면서 만든 폭포가 1만 개 이상이다. 100m에 이르는 폭포 1개에 100MWh의 전기를 생산할 수 있는 발전소를 만들 수 있다. 가정용으로 환산하면 2개의 발전소로 전체 인구가 사용할 수 있다. 화산이 발달한 아이슬란드는 땅속으로 2,000~3,000m만 내려가면 고온의 온수가 흐른다. 여기서 나오는 증기로 터빈을 돌려 전기를 생산하고 물은 온수로 사용한다. 우리나라처럼 지열발전에 물을 주입하지 않아 지진 등으로부터 안전하다. 아이슬란드는 사용하고 남은 전기를 산업용으로 사용하거나 비축한다.

에디슨이 부활하는 이유

우리는 1차 에너지를 대부분 2차 에너지인 전기로 만들어 소비한다. 발전소에서 석탄을 소비한다는 말은 석탄을 태워 전기를 생산한다는 말이다. 물론 가정에서 나무나 숯을 활용해 직접 난방하거나, 연탄과 석유로 보일러를 가동하기도 한다. 이보다 발전된 방식으로 매립 가스를 활용한 대규모 열병합발전을 하기도 한다. 열병합발전은 전기와 열을 동시에 회수하는 발전소로 전기만 생산하는 방식보다 에너지 효율이 훨씬 높다. 여기서 생산한 열은 지역의 아파트 등에 공급된다. 하지만 우리가 사용하는 대부분 에너지는 전기의 형태로 소비된다. 그만큼 전기는 편리하다.

우리가 가정이나 공장에서 사용하는 전기는 대부분 교류Alternating

Current이다. 교류는 백열전구를 발명한 에디슨Thomas Edison의 직류Direct Current와 경쟁해 이겼고, 지금껏 전 세계적으로 사용하고 있다. 교류는 시간에 따라 크기와 방향이 주기적으로 변하는 전류이다. 교류는 교류 장치를 발명한 니콜라 테슬라Nikola Tesla에 의해 일반화되었다. 한때 에디슨과 일했던 테슬라는 직류와 교류에 관한 견해차로 에디슨과 결별하고 교류 특허권을 조지 웨스팅하우스George Westinghouse에게 팔았다.

이때부터 직류와 교류의 치열한 경쟁이 시작되었다. 하지만 시카고 세계 박람회장을 밝힐 전기로 교류가 채택됨으로써 경쟁은 막을 내렸다. 테슬라와 웨스팅하우스가 승리한 것이다. 현재 발전, 송전, 배전에 모두 사용되는 교류는 장점이 많다. 쉽게 변압기로 전압을 변경할 수 있으며, 회로의 차단도 쉽다. 하지만 교류는 송전 거리가 멀어지면 여러 가지 기술적 요소들로 전압강하가 생겨 송전손실이 크다. 반면에 직류는 전압강하가 저항 외에는 발생하지 않아 송전손실이 거의 없고 곧바로 전지에 충전할 수 있는 장점이 있다. 국경을 넘고 대륙을 건너는 송전에 교류는 불리한 방식이다.

이런 이유로 최근 고압 직류 송전High Voltage Direct Current 방식이 부각하고 있다. 가까운 거리를 송전하는 데는 교류가 유리한 측면이 있지만, 먼 거리를 송전하면 손실이 최대 60%까지 커진다. 특히, 국토가 크거나, 이웃 나라에서 전기를 수입하거나, 원격지에서 전력을 공급받는 상황에서는 고압 직류로 송전하는 것이 유리하다. 이렇게 송전한 전류는 교류로 변환하여 공장과 가정에 공급하면 된다. 풍력이나 태양광과 같은 재생에너지는 직류로 전기를 생산하고 원격지에서 송전하는 경우가 많아 고압 직류 송전 수요가 급증하고 있다.

양쯔강으로 불리는 중국 장강長江 상류 댐의 수력발전소에서 생산한 전기는 현지 수요가 적다. 그래서 고압 직류 송전설비를 통해 상해와 광동 등 남부해안 공업지역으로 보낸다. 유럽의 유로링크Eurolink[181]는 독일과 폴란드를 거쳐 러시아에 이르는 고압 직류 송전선로로 4GW급으로 건설되었다. 브라질에는 아마존강 지류를 따라 2,300km가 넘는 고압 직류 송전선로가 구축되어 있다. 직류로 생산되는 재생에너지는 송전의 최고 효율을 위해 에디슨의 직류로 돌아가고 있다.

최적의 전력사용 기술

전기에너지에 관한 몇 가지 과제가 더 있다. 화석연료를 재생에너지로 대체하는 것도 중요하지만, 전기를 사용량에 최적화하여 생산하고 효율적으로 소비하는 일도 중요하다. 스마트 그리드Smart Grid와 마이크로 그리드Micro Grid가 주목받는 이유이다. 스마트 그리드는 전력망에 IT 기술을 융합해 국가나 거점 단위로 전력의 생산과 소비를 최적화하는 방법이다. IT 기술로 과잉생산하는 예비전력을 제로에 가깝게 만드는 것이 스마트 그리드의 목표다. 그러려면 잉여전력이 발생하는 시기를 공장이나 가전제품이 자동으로 인식해서 가동되어야 한다. 이것은 심야 전력으로 세탁기가 가동되는 똑똑한 에너지 소비 기술이다.

풍력과 같은 재생에너지는 마이크로 그리드에 더 잘 어울린다. 마이크로 그리드는 스마트 그리드의 하부구조로 설계되기도 하지만, 지역 단위로 건설해 활용할 수 있다. 스마트 그리드는 송전설비 건설을 최소화해 전력 손실을 줄일 수 있고, 운영되는 단위가 작아 통제에 유리하다. 사용하고 남는 전력은 이웃의 다른 마이크로 그리드나 스마트 그리드에 넘겨 더욱 효율적으로 소비할 수 있다. 여기에 전기를 저장하는 에너지저장장치Energy Storage System를 접목하면 낭비가 사라진다.

전기를 저장하는 기술은 2차전지 산업과 연관된다. 스마트 그리드로도 다 사용하지 못한 잉여전력을 저장해 필요한 곳에서 사용하려면 재충전할 수 있는 2차전지가 필수적이다. 2차전지에 저장한 전력은 공장에서 활용할 수도 있고, 자동차를 충전하고 스마트폰을 충전하는 데도 활용할 수 있다. 그런데 지금 친환경으로 생각하는 전기자동차를 충전하는 전기의 상당량은 화석연료를 태워 만든 전기이다. 수소에너지도 마찬가지다. 에너지로 쓸 전기나 수소를 얻기 위해 화석연료를 사용한다면 탄소를 벗어날 수도 없고 친환경도 아니다. 새로운 에너지원과 더불어 효율적 사용에도 투자해야 한다.

일자리의 측면에서 2050년 이후까지 재생에너지 분야는 계속 주목받을 것이다. 재생에너지를 생산하기 위한 플랜트를 건설하는 일, 송전하기 위한 설비를 구축하는 일, IT 기술을 융합해 스마트 그리드를 확대하는 일, 생산된 전기를 저장하는 2차전지를 만들고 전력비축 시설을 확대하는 일이 그런 일이다. 특히, 노후화한 전력 송전시설을 교체하거나 스마트 그리드에 편입하기 위해 새로운 그리드를 구축하는 일이 새로 만들어지는 중요한 일자리이다.

에너지, 미래를 위한 선택

원자력발전은 1986년 우크라이나 체르노빌Chernobyl 원전 사고나 2011년 일본 후쿠시마Fukushima 원전 사고를 통해 방사성 물질 누출 위험성이 잘 알려졌다. 체르노빌은 사고 후 30년이 지났지만, 여전히 방사성 물질 피해에서 벗어나지 못했다. 후쿠시마 원전은 2019년까지도 사고를 수습하지 못했으며, 여전히 방사성 물질을 누출하고 있다. 2020년 동경올림픽이 개최되는데도 일본 정부는 방사능 위험 정보를 공개하고 있지 않으며, 오히려 후쿠시마 고준위 방사성 오염수 100만 톤을 태평양에 방류하려 하고 있다고 그린피스는 폭로했다.

해안가에 건설되는 원자력발전소는 해일이나 지진 등의 자연재해나 전쟁과 같은 위험에서 완전히 벗어날 수 없다. 또한, 방사성 폐기물의 영구적 처리도 현재로서는 불가능하다. 이런 이유로 독일이나 대만은 원자력발전 포기를 선언했다. 그러나 독일은 에너지 사용량이 줄고 있고 재생에너지도 얼마든지 늘릴 수 있다. 대만은 잦은 지진으로 원자력발전소를 운영하기에 적절치 않다. 우리나라도 현 정부 이후로는 원자력 발전보다 재생에너지 개발에 적극적이다. 특히, 포항지역의 지진으로 인근 원자력발전소의 안전문제가 부각하자, 탈원전을 정부가 공식화하며 주도하고 있다.

그러나 에너지는 가장 효율적이고 안전하고 친환경적인 방법을 선택하고 차선책으로 보완하는 문제이지, 어떤 에너지는 위험하니 사용해서는 안 된다는 이분법적 결정의 대상이 아니다. 화석연료는 탄소와 미세먼지 배출의 주범이다. 그러나 세계 에너지의 85.2%가 화석연료로 생산된다. 우리나라가 추진하는 재생에너지는 효율이 낮아 전력 생산비가 비싼 것도 문제지만, 자연환경을 심각하게 훼손한다. 지열발전과 같은 시도는 원전 지역에 지진을 일으키는 최악의 결과를 초래했다. 원자력 발전은 폐기물 처리문제와 위험성이 존재하지만, 가장 저렴한 발전방식이다. 지금의 에너지 선택이 20년 후 모든 산업과 국가 경쟁력을 결정한다.

중국, 한국, 일본의 원자력발전소

원자력발전소에 문제가 생기면 발전소 인근 최소 30km 지역은 방사능으로 오염되어 사람이 살 수 없다. 그런데 북반구에서 주로 바닷가에 건설되는 원자력발전소는 피해 반경이 대부분 발전소의 오른쪽에 생긴다. 편서풍과 해류의 이동 경로 때문에 후쿠시마 원전 사고가 우리나라에 거의 영향을 미치지 않은 이유이다. 따라서 원자력발전소 건설이나 사고의 문제는 국내 문제이기도 하지만, 국제적 문제가 되기도 한다. 그래서 우리는 우리나라의 서해 건너 중국의 동해안에 무엇이 있는지 가장 먼저 살펴봐야 한다.

중국은 눈만 뜨면 새로운 원자력발전소 건설계획을 내놓는다. 중국이 원자력발전에 목매는 이유는 국제 에너지 수급과 관련이 있다. 중국은 이미 에너지 소비량이 세계 최고인 국가이다. 하지만, 대부분 에너지를 수입에 의존하고 있고 러시아를 비롯한 에너지 수출국 일부를 제외하면 수출국 대부분이 미국의 영향력 아래에 있다. 또한, 2030년이면 1인당 GDP가 2만 달러에 진입하면서 에너지 문제가 최고조에 이를 것으로 중국 정부는 판단하고 있다. 이런 국제 정치적 문제와 내부 에너지 수급 문제를 동시에 해결할 대안은 원자력발전 외에는 없다고 판단하고 있다.

중국 신화통신은 2019년 9월 중국 국무원이 처음으로 발행한 핵안전백서中國的核安全를 인용해 "중국은 47기의 원자력발전소를 상업 운영하고 있으며, 11기를 추가로 건설하고 있다."라고 했다. 총 58기의 원자력발전소가 가장 북쪽부디 평양과 같은 위도의 훙옌허紅沿河에 6기를 시작으로, 인천에서 350km 거리에 불과한 스다오완石島灣에 3기, 톈완田灣에 6기, 상하이 아래의 타이산泰山에 7기, 대만과 인접한 푸칭福清에 6기, 홍콩 아래의 양장陽江에 6기 등이 건설 중이거나 운영되고 있다. 중국은 2000년까지는 단 3기의 원전만을 가동했으나, 2019년 현재는 미국 98기, 프랑스 58기에 이어 세계 3위의 원자력발전국이 되었다.

그렇다면 중국 원자력발전소의 안전에 문제가 생겨 방사능이 누출되면 우리나라는 어떤 영향을 받게 될까? 중국의 동해안과 우리나라 서해안은 가까운 곳이 330km에 불과한 거리이다. 편서풍의 영향으로 늦어도 3일, 빠르면 하루 만에 한반도 상공은 방사능 오염 물질로 뒤덮이게 된다. 곧이어 한두 달이면 방사능 오염수가 해류를 타고 서해안을 뒤덮는다. 우리나라 동해안에 건설한 원자력발전소의 안전이 일차적인 문제지만, 실질적인 위협은 내부가 아니라 외부에 있다는 사실을 기억해야 한다. 한 가지 더 기억할 것은 전 세계에서 가장 뛰어난 원자력발전소 건설 기술을 확보한 나라는 중국이나 일본, 프랑스, 러시아가 아니라 우리나라라는 사실이다.

신흥국이 쏟아내는 원자력발전소

세계원자력협회World Nuclear Association[182]는 2019년 현재 운영 중인 450기의 원자력발전소 외에 52기가 건설 중이고, 신규 건설을 검토하거나 계획 중인 원자력발전소가 440기에 이른다고 집계했다. 신규 원전을 계획하는 국가는 중국을 비롯해 인도, 터기, 방글라데시, 멕시코, 체코, 이집트, 폴란드 등의 신흥국이다. 이들 국가는 산업이 발전하면서 전력 사용량이 급속도로 올라가고 있고, 동시에 온실가스를 감축해야 하는 문제에 직면해 있다. 심지어 사우디아라비아와 같은 중동의 산유국들도 화석연료 발전보다 저렴한 원자력발전을 계획하고 있다.

세계에서 미국 원자력규제위원회Nuclear Regulatory Commission[183]의 설계인증을 획득한 나라는 미국기업 외에는 우리나라 한국전력, 한국수력원자력과 기술을 공동개발한 두산중공업뿐이다. 하지만, 세계 원전 건설시장을 장악해가고 있는 것은 러시아이다. 러시아는 국영기업 로사톰-RosAtom[184]을 통해 세계 원자력발전소 건설시장을 독식하고 있다. 로사톰은 2019년 현재 세계시장에서 원자력발전소 건설 1위 기업이 되었으며, 세계 12개국에서 36기를 건설하고 있다. 수주금액으로 환산하면 약 160조 원에 이르는 금액으로, 건설 이후에 이루어지는 유지보수 사업도

로사톰의 몫이 될 것이다.

수소의 가능성과 에너지 선택

화석연료를 사용하는 내연기관 자동차와 경쟁하는 한 축은 전기자동차이다. 하지만, 에너지 생산 방법으로 보면 1차 에너지를 사용해 2차 에너지로 바꾼 것이 전기일 뿐이지, 전기 생산과정은 탄소 배출이나 매연에서 벗어날 수 없다. 무엇보다 2020년에도 세계에서 사용되는 1차 에너지 중 화석연료가 차지하는 비중이 85.2%나 되는 것을 보면 전기자동차는 절대 친환경 자동차가 아니다. 다만, 내연기관처럼 직접 화석연료를 사용하는 방법보다는 전기로 바꿔 사용하는 방법이 방법만 놓고 보면 친환경적인 것이 확실하다.

이와 경쟁하는 수소자동차의 원래 이름은 수소연료전지자동차이다. 수소를 원료로 전기를 생산할 수 있는 자체 발전기인 연료전지 스택 Stack이 장착된 자동차이다. 배터리에 전기를 충전했다가 모터를 구동하는 전기자동차에 비해 수소자동차는 시스템이 복잡하고 백금촉매 등 비싼 원자재가 사용되어 차량 가격이 비싸다. 하지만, 주행거리가 훨씬 길고 충전시간이 5분 내외로 짧다. 다만, 우리나라는 수소 충전 인프라가 거의 없어 가정에서도 충전이 가능한 전기자동차에 비해 경쟁력이 떨어진다. 그러나 현재는 전기보다 비싼 수소를 친환경적으로 생산할 방법이 개발되고 있어 미래의 에너지로 주목받고 있다.

세계적으로 수소를 생산하는 방법은 다양하다. 천연가스를 개질해 수소를 생산하는 방법이 78%, 나프타 분해과정에서 부가적으로 생산되는 수소인 부생 수소로 수소를 생산하는 방법이 18%, 물을 전기분해해 수소를 생산하는 방법이 4%이다. 우리나라는 석유화학 공정에서 생산되는 부생 수소가 수소 생산량의 90% 이상으로, 단가는 저렴하지만 대부분 석유화학 업체에서 직접 사용해 수소 생산설비가 부족한 상황이다. 천연가스를 활용하는 방법은 천연가스를 직접 사용할 때보다 오히려 탄소배출량이 많아지는 단점이 있다. 물을 전기분해하는 방법은 전기사용량이 많아 비효율적이다. 세계 각국은 친환경적이고 저렴한 대량 수소 생산 방법을 만들기 위해 노력하고 있다.

수소의 에너지화에는 우리나라를 비롯해 일본, 중국, 미국, 독일 등이 적극적인데, 일본이 가장 앞선 것으로 평가받는다. 일본은 에너팜Ene Farm으로 불리는 가정용 수소발전기도 만들어 보급하고 있다. 이 발전기는 도시가스에서 수소를 추출해 산소와 반응시켜 에너지를 공급한다. 에너팜은 에너지 손실이 5% 이하로 2020년 35만 대, 2030년에는 530만 대까지 보급을 확대할 계획이다. 중국은 부생 수소 생산량이 세계 생산량의 1/3인 2,200만 톤이나 된다. 중국은 부생 수소를 활용하는 방식에 정부가 지원해 수소 경제를 키우고 있다.

우리에게 현재 주어진 과제는 미래의 새로운 에너지원을 개발하되, 가장 저렴한 방식을 선택하고 친환경적인 방법을 적용하는 일이다. 하지만 에너지 기술을 발전시키는 일과 실제로 우리나라에 적용하는 일은 완전히 다른 문제이다. 온종일 태양 빛이 내리쬐는 사하라사막에 태양광 패널을 설치하는 것과 겨울이면 미세먼지가 가득하고 장마가 한 달 이상 지속하는 우리나라에 산림을 훼손해가며 태양광 패널을 설치하는 것은 절대 같은 선택이 아니다. 그래서 우리 기업들은 세계 최고의 태양광 기술을 유지하려고 노력하고 있고 해외로 나가 태양광 패널을 설치하고 있다.

그렇다면 2020년이 된 현시점에서 화석에너지, 원자력에너지, 재생에너지, 수소에너지를 두고 우리는 어떤 선택을 해야 할까? 화석에너지 중에서도 어떤 연료를 선택해야 할까? 그리고 어떻게 비율을 조절해 가야 할까? 정부는 현재 원자력, 석탄, 천연가스, 재생에너지 순인 에너지 가격이 2030년이면 재생에너지가 가장 저렴해질 것으로 발표하고 있다. 하지만 이것은 우리나라의 일이 아니라 미국이나 유럽의 일이다. 더구나 설치된 패널은 매년 0.3~0.8%씩 효율이 저하된다. 지금 우리나라에 설치된 태양광 설비는 설비비를 뽑는 데도 50년 이상이 걸린다. 잘못된 선택이다.

특히 앞으로 20년간, 그 이후에도 국가 간 에너지 가격 전쟁은 치열해질 것이다. 원자력에 대한 공포를 이해하지 못하는 것은 아니지만, 세계 최고 기술을 갖춘 원자력을 우리가 포기하면 어떤 일이 벌어질까? 로봇이 가득한 자동화 공장이 즐비하게 들어서고, 집집이 전기차가 충전을 기다리고, 1인당 전력 사용량이 매년 급속하게 증가하는 우리나라는 2030년이 오기도 전에 한여름 어둠 속에서 땀을 흘리며 밥을 굶고 있을지도 모른다. 재생에너지만 자원이 아니고 환경도 자원이다. 재생에너지 기술은 키우되 신중하게 소규모로 운영하고, 수소 경제에서 해답을 찾기 위해 노력하며, 더 안전한 원자력발전 기술을 키워 확대해야 한다. 핵융합발전에서 해답을 찾은 2040년경, 원자력을 놓아도 된다.

PART III

2040
분열된 미래

01

일,
다수의 일과 소수의 일

.
.
.
.
.
.
.
.
.
.
.
.

앞으로 20년, 2040년이 넘어가면 대다수가 일하지 않게 되겠지만, 먼저 일자리를 잃는 사람들은 그만큼 고통의 기간이 길다. 그렇다면 인류가 존재하는 마지막 순간까지 일하는 사람들은 어떤 사람들일까? 그들은 모든 것을 다 가진 사람들이고 다음 인류를 만들 사람들이다.

일은 어떤 순서로 사라질까? 인공지능을 다루면서 자율주행 자동차가 등장하면 어떻게 일자리가 사라지는지 확인했다. '직업으로서의 운전'은 자율주행 자동차가 가장 먼저 없앨 일자리이다. 도심 곳곳을 달리는 전철에서 기관사가 사라지기 시작한 지는 이미 오래다. 그러나 '사고가 사라진 차'로 인해 자동차보험이나 운송보험 등에 문제가 생긴다. '사고가 사라진 차'는 자동차 소재, 병원, 카센터에도 영향을 미친다. 또한, 자동차 운전학원이나 대중교통에도 영향을 미쳐 이들의 일자리도 문제가 생긴다.

자동화 공장Smart Factory은 어떤 변화를 만들까? 가장 먼저 사라질 일자리는 사람의 근력을 활용하는 일자리이다. 공장 내의 반숙련 노동자와 비숙련 노동자의 일자리는 자동화 공장의 완공과 함께 사라진다. 인공지능을 활용하는 이 공장에는 전략, 기획, 인사, 재무, 회계 등의 사무직 일자리도 대부분 필요 없다. 생산기획, 생산관리, 재고관리도 주문에 따라 자동으로 이루어져 대부분 필요 없는 일자리가 된다. 공장 안에서의 물류는 공장의 운영시스템 일부가 되어 사라진다. 실제로는 이렇게 로봇 중심으로 구성된 자동화 공장이 먼저 건설되고 기존 공장이 폐쇄되어 일자리가 사라진다.

연결될수록 사라지는 일자리

연결은 곧 효율이다. 백과사전을 뒤적이는 방법보다 검색하는 방법이 훨씬 강력하다. 효율이 높아진다는 것은 여럿이서 하던 일을 한 사람이 해도 된다는 의미와 같다. 같은 사람이 하더라도 더 높은 성과를 내거나 더 빠르게 할 수 있다는 의미이다. 그러나 '연결'에서 연결만 중요한 것은 아니다. 연결의 속도와 양도 중요하다. 어디에 얼마나 많이 연결되었느냐는 정밀도와 정확성을 만들어낸다. 속도도 마찬가지이다. 연결의 속도가 빨라지고 연결의 접점이 많아질수록 더 높은 효율이 창출된다.

연결의 대표는 사물인터넷IoT이다. 그러나 사물인터넷의 연결은 시작도 되지 않았다. 주변을 돌아봤을 때 사물인터넷으로 연결된 것이 무엇인지 거의 찾아볼 수 없다. 현재는 CCTV, 인공지능 스피커, 텔레비전, 냉장고, 프린터, 자동차처럼 연결되면 활용도가 높아지는 것이 먼저 연결되었다. 그러나 지금부터 연결될 수 있는 모든 것이 연결된다. 모든 제품, 도로, 건물, 숲의 나무도 연결된다. 이렇게 되면 경비, 감시, 정산, 계산, 연결, 상담, 접수, 발권 등 모든 분야의 관리 업무가 사라진다.

플랫폼으로 이동하는 일자리

일을 잃은 사람들은 어떻게 일자리를 얻어야 할까? 2030년이면 많은 사람이 플랫폼에서 일을 찾겠지만, 실제로는 2020년에도 새로운 일자리는 대부분 플랫폼에서 만들어진다. 기존 일자리는 정규직이든 비정규직이든 대개 한 사람이 한 가지 일을 하는 방식이다. 그러나 플랫폼 근로자들은 잘게 나눠진 일자리를 부분적으로 얻는 비정규직인 경우가 대부분이다. 2020년의 대리기사나 배달원을 생각해보면 된다. 이들에게 플랫폼이 없다면 일을 구하기도 어려워진다. 직장도 마찬가지이다. 이들은 한 직장이 아니라 복수 또는 다수의 직장Platform에서 일하는 것이 보편적이다.

문제는 기술이 중립적이지 않다는 데 있다. 기술은 기술을 사용하는 쪽에 유리하도록 설계되고 운영되고 수정된다. 우버Uber[185]와 같은 승차공유 서비스가 공유경제 플랫폼을 기반으로 계속 성장한다는 의미는 기술의 반대편에서는 정규직 택시기사의 일자리가 잘게 분해되고 있다는 뜻이다. 한국에서도 같은 일이 벌어지고 있지 않은가? 그러나 결국 한 사람의 정규직 일자리는 플랫폼에서 잘게 나뉘어 여러 사람의 부분적인 일로 변한다. 플랫폼 근로자에게는 점점 선택의 권한이 줄어든다. 오로지 선택할 권한은 이 일을 기술이 만든 대로 할 것인지, 말 것인지 뿐이다.

2020년에 전문직이었던 사람들도 플랫폼으로 계속 이동한다. 이들은 필요에 따라 모여 프로젝트를 하고 해체하는 방식으로 일한다. 프로젝트도 하나가 아니라 다수에 참여할 수 있다. 어쩔 수 없이 플랫폼으로 들어온 근로자와 전문직 근로자의 가장 큰 차이는 자발성에 있다. 전문직 플랫폼 근로자들은 근로 시간을 줄이거나 수입을 늘리기 위해 대부분 먼저 자발적으로 플랫폼으로 이동한 사람들이다. 그러나 결국 이들도 2025년이 오기도 전에 기술이 해체하는 일자리 감소를 견디지 못한다. 이렇게 일자리 해체는 일의 분화를 만들어내고 일Work, 근로자Worker,

일자리Workplace를 변화시킨다.

기술에 흡수되는 노동력

플랫폼으로 이동한 일, 근로자, 일자리는 '경쟁'을 어떤 방식으로 변화시킬까? 기술이 만든 플랫폼은 가장 먼저 '일'을 잘게 나눠 분화시켜 플랫폼으로 이동시킨다. 일이 이동하면 '근로자'가 대규모로 따라 이동하면서 '일자리'가 변한다. 그리고 일자리 변화가 만든 새로운 변화에 기존의 주변 일자리가 변화한다. 배달 플랫폼은 배달원을 각각 두고 하던 일을 잘게 나눠 한 건씩 하는 일로 바꾼다. 그러면 더 많이 일하려는 배달원과 적절히 필요한 시간에만 일하려는 배달원들이 모두 플랫폼으로 이동한다. 심지어 시간이 될 때만 일하려는 배달원도 가세한다. 점포 주인들은 본인의 의지와 상관없이 배달 업무를 플랫폼으로 옮길 수밖에 없다.

작은 식당은 배달할 수 없었다. 그러나 배달 플랫폼을 활용하면 시장을 확대할 수 있어서 플랫폼으로 들어온다. 이렇게 되면 플랫폼 내에서 경쟁이 치열해진다. 배달원 간의 경쟁보다 점포 간의 경쟁이 더 치열하다. 기술이 원하는 것이 이것이다. 일단 경쟁이 시작되면 경쟁에서 나오는 모든 반사이익은 플랫폼 운영자의 몫이다. 그것이 플랫폼 이용 수수료든, 광고비든 마찬가지이다. 따라서 배달원도 점포 주인도 승자가 되지 못한다. 그러다가 배달이라는 일이 드론과 같은 기계의 일이 된다. 요리도 어쩌면 같은 운명이 될지 모른다.

'배달'이 플랫폼으로 이동하면서 시장을 키우는 것은 사실이다. 한 달에 서너 번 외식하거나 배달을 시키던 것이 일상처럼 변해가는 것도 사실이다. 완성된 요리가 아니어도 모든 식재료를 매일 새벽 배송하는 것도 일상이 되었다. 그러나 하루에 세 끼를 먹던 것을 다섯 끼를 먹거나, 2,000kcal를 소비하던 것을 3,000kcal로 늘려 소비하지는 않는다. 그래서 적절한 수준으로 시장이 커지면 더는 성장하지 못하고 정체하는 구간에 다다른다. 작은 식당도 배달을 시작했다는 것은 곧 배달을 주로 하던 식당에 문제가 생길 수 있다는 것을 의미한다. 다수의 일은 이렇게 잘게 잘게 잘려 사라진다.

마지막 남은 일자리의 주인

마지막까지 일자리가 유지될 세 직업은 자본가, 정치인, 최고급 기술인력이다. 자본가는 생산을 인간이 하든 로봇이 하든 생산에 관여해 일한다. 자본을 새로 조직하고 일이 사라져가는 세계에서 사람들에게 필요한 것, 정치에 필요한 것, 기술을 위해 필요한 것을 만들어 공급한다. 정치인은 지금과 같은 정치 체제가 유지된다면 기술이 점령해가는 세계를 인간과 공존하도록 제도적으로 지원하고 보호하고 설계하는 일을 해야 한다. 하지만 이와 정반대일 수도 있다. 어쨌건 구글이 하는 모든 일이 기술세계의 통제 도구를 만드는 일인 것처럼, 정치의 모든 도구마저 기술이 만드는 세계로 진입한다.

최고급 기술인력의 일자리는 어쩌면 정치인보다도 더 긴 시간 유지될 일자리이다. 공무원, 군인조차 일자리가 급속하게 사라져도 기술은 무한을 향해 발전해갈 것이기 때문이다. 이들이 일하는 동료는 대부분 인공지능이다. 소수의 사람이 인공지능의 도움을 받아가며 계속 발생하는 기술적 과제들을 해결하는 것이 이들의 일이다. 또한, 지구에서의 생존과제와 우주로 진출하는 과제를 이들이 해결해간다. 나아가 미래 인류Post-human의 방향을 설계하고 형체를 만들고 이들이 살 세계를 설계하는 일을 이들이 해나간다.

02

부,
다수의 빈자와 소수의 부자

이미 중산층은 일자리 감소와 더불어 줄어들기 시작했다. '중위소득 50~150%'에 해당하는 중산층은 양극화의 심화로 그 비율이 계속 내려가기 시작할 것이다. 반대로 빈곤층은 2040년까지도 계속 증가해 소득계층 분포를 그려보면 추락하기 직전의 길게 늘어진 물방울 모양이 될 것이다.

중산층의 비율은 국가가 얼마나 안정적인 경제구조를 유지하고 있느냐를 보여준다. 중산층이 두꺼워지면 빈곤층이 줄어든다. 하지만 중산층이 얇아지면 빈곤층이 늘어 양극화가 심해진다. 중산층이 줄어든다는 것은 돈을 쓸 계층이 줄어 소비가 준다는 것과 같은 의미이다. 중산층은 소득계층 분포에서 '중위소득 50%~150%'에 해당하는 가구의 비율이다. 중위소득은 전체 가구를 소득 순서로 나열했을 때 정확하게 가운데에 해당하는 가구의 소득이다. 이 소득을 기준으로 50~150%에 해당하는 가구가 중산층이다.

2019년 9월, 기획재정부가 발표한 2분기 중산층 비중은 60%대가 무너져 58.3%였다. 2018년에는 60.2%였고 2017년 63.8%, 2016년 66.2%, 2015년 67.9%였던 비율이 불과 4년 만에 10% 가까이 하락해 사상 최저치를 기록했다. 반대로 50% 미만의 빈곤층은 2015년 12.9%에서 17.0%까지 치솟았다. 이 통계는 중산층이 점점 줄어들어 소비가 위축되고 세수가 감소하는 것은 물론, 빈곤층에 대한 복지비가 상승한다는 의미이다. 이 결과는 저성장, 저물가와 함께 앞으로 10년, 20년이 얼마나 고통스러워질지 예고하고 있다.

점점 어두워지는 10년 후 미래

현재 일본이나 유럽 선진국, 미국은 거의 완전고용 상태이다. 이들 국가는 2차 세계 대전 이후 1946년에서 1965년 출생자인 베이비붐 세대 대부분이 은퇴한 상태이다. 선진국들도 우리와 마찬가지로 베이비붐 세대 이후로는 출생인구가 계속 감소해서 대부분 국가가 인구 감소를 걱정하고 있다. 하지만 우리나라는 시기에서 차이가 있다. 우리나라는 2차 세계 대전 종전 이후에도 1953년까지 3년이나 한국전쟁을 치러야 했고, 그 상처가 워낙 커서 정상적인 상황으로 진입하는 데도 10여 년의 시간이 필요했다.

선진국들은 대규모 은퇴가 15년 이상 지속해온 상태라서 2020년에도 기술적 일자리 감소보다 은퇴하는 인구가 더 많다. 그러나 10년 후에도 우리나라는 상황이 개선되지 않는다. 우리나라 1960년생부터 1970년대 중반까지는 출생자 수가 100만 명을 오르내리던 시기였다. 그런데 이들이 약 45세 이후를 촘촘하게 채우고 있다. 그래서 쉽게 새로운 세대의 일자리가 만들어지기 어렵다. 게다가 고령화로 정년을 어쩔 수 없이 늘려야 하는 상황에 전 세계가 동시에 진입해 앞으로 10년이 흘러 2030년이 되어도 문제가 해결되지 않는다.

단기 일자리가 아니라 창업이 해답

감소하는 일자리에 대응하는 방법은 일자리를 만드는 것이다. 물론 경제 상황이 좋을 때는 대기업이 일자리를 만드는 것이 가장 빠른 방법이다. 그러나 이미 전 세계가 기술적, 구조적 불황에 진입하기 시작했다. 기업이 이 불황을 이기는 방법은 가격과 품질의 게임에서 경쟁자를 이기는 것이다. 지금 기업들은 이 게임에서 승리하기 위해 자동화를 선택하고 있다. 그래서 경쟁자가 자동화를 선택하면 다른 쪽도 자동화를 선택하지 않을 수 없다. 애플의 스마트폰을 생산하는 폭스콘과 페가트론이 2025년까지 경쟁적으로 인력을 90%까지 감축하는 자동화를 선택한 이유이다.

그래서 정부가 아무리 재정을 투입하고 노력해도 과거처럼 고용의 효과를 내기 어렵다. 만들 수 있는 일자리가 있다고 하더라도 비정규직 단기 일자리에 불과하다. 실제로 모든 일자리가 이렇게 변해가는 단계에 진입한 것을 정부만 모른다. 청년을 대상으로 한 집중 교육도 '일자리' 측면으로 보면 해결책이 아니다. 교육은 정해진 숫자의 일자리로 진입할 경쟁력을 만드는 일이지, 청년을 교육한다고 일자리가 만들어지는 것은 아니기 때문이다. 그래서 청년 취업을 위해서 교육비를 쏟아붓는 것은 일자리 창출이라는 관점에서는 엉뚱한 일을 하는 것이다.

실제로 교육으로 효과를 내면서 일자리를 늘릴 대안은 청년층이 아니라 장년층에 있다. 기업에 근무하면서 충분한 경력과 실력과 네트워크를 구축했고, 어느 정도 재정적으로도 뒷받침되는 장년층의 창업을 적극적으로 도와야 한다. 이들은 자신이 일하던 자리를 청년에게 넘겨줄 수 있게 되어 일자리 순환도 만들어내면서, 청년을 고용해 또 다른 일자리를 창출할 수 있다. 그러나 현재 정부의 창업 지원은 대부분 청년에게만 집중되어 투입되는 재정에 비해 효과도 낮고 성공 확률도 낮다.

교육은 취업이 아니라 창업하는 청년들에게 집중되어야 한다. 홀류한 아이디어가 있어도 그 아이디어를 실현할 방법을 찾지 못하거나, 경영관리의 문제로 실패하는 경우가 부지기수이다. 실제로 더 큰 문제는 문제가 무엇인지를 창업한 본인들이 인지하지 못하는 데 있다. 어쨌건 세계 어느 나라든 앞으로 20년 이상을 일자리 문제로 경쟁해야 한다. 일자리가 줄어드는 속도를 늦출 수 있다면 옳은 해답을 찾은 것이다. 지금 미국은 모든 수단을 써서 공장을 미국에 짓게 하고 있다.

성장하는 곳에 투자해 같이 성장하는 방법

'부'를 창출하는 방법은 간단하지 않다. 국가 전체로 보면 일자리의 증가나 감소가 국가 전체의 부를 증가시키거나 감소시키는 문제이지만, 아무리 국가가 부유하다고 하더라도 개인의 문제는 여전히 개인의 문제로 남는다. 그래서 개인은 취업이든 창업이든 일을 통해 만들어낸 '자산'을 불려야 한다. 이 자산을 불리는 방법에 예금이나 적금은 앞으로 전혀 해당하지 않는다. 은행에 맡겨봐야 은행 좋은 일만 할 뿐이다. 가장 훌륭한 방법은 투자 위험을 거의 제로로 만들면서 가장 높은 투자이익을 거두는 것이다.

이런 방법이 존재할까? 결론부터 말하면 존재한다. 다만, 이 투자의 게임은 시간의 게임이다. 절대적으로 시간이 필요하다는 의미이다. 이렇게 투자할 만한 곳은 셋이다. 하나는 금, 다른 하나는 부동산, 마지막은 상장지수펀드 ETFExchange Traded Fund이다. 금은 지금까지 10년에 100% 정도의 수익을 냈다. 20년을 투자하면 평균 4배로 가격이 올라 자산을 키울 수 있었다. 부동산은 과거 수백 년 동안 1년에 평균 7% 정도 성장했지만, 인구가 줄고 저성장이 지속하는, 특히 디플레이션에 빠지면 부동산의 위치에 따라 수익을 내기 어려워질 확률이 커진다.

ETF도 어려워진 세계 경제에서 성장하기 어렵긴 마찬가지이다. 하지만, S&P500처럼 최상위 종목들로 구성된 ETF는 상황이 다르다. S&P500은 세계에서 가장 뛰어난 기업으로만 구성되어 있다. 500위 아래로 실적이 하락하면 펀드에서 완전히 정리한다. 그래서 이들도 세계 경제에 영향을 받지만, 장기적으로 보면 미래에 가장 크게 수익을 낼 기업들이다. 특히 S&P500 기업 중에서 기술기업으로 구성된 ETF는 기술 융합 혁명의 가장 큰 수혜자가 될 것이다. 미국의 연기금도, 워런 버핏 Warren Buffett의 버크셔해서웨이Berkshire Hathaway[186]도 여기에 투자한다.

개인이 기술적 실업이 덮칠 미래를 대비하는 것은 거의 불가능에 가깝다. 그렇지만 S&P500은 지난 100년간 매년 10.2%씩 성장했다. 그리고 가장 훌륭한 기업, 가장 성과를 잘 낸 기업으로 구성된 만큼 연간 1.8% 수준의 배당도 꾸준하게 지급해왔다. 배당을 포함하면 복리로 계산해 6년에 자산을 2배로 키울 수 있다. 개인이 가장 안전한 방식으로 가장 빠르게 자산을 키울 방법은 이것밖에는 없다. 적금하듯 계속 투자하면 12년 후 원금이 4배가 된다. 장기투자로 더 큰 수익을 내길 원하는 독자는 대략 10년 사이클로 반복되는 세계 경제 하락기를 살피고 지속적으로 투자하길 권한다.

03

인구,
다수의 젊은이와 소수의 청년

바이오 헬스케어 산업의 성장은 인간의 수명마저도 바꾼다. 늙는다는 것을 질병처럼 받아들일 날도 머지않았다. 2035년이 되면 어떤 사람들은 나이를 추정하기 불가능할 정도로 젊어 보일 것이다. 그러나 이미 세계적으로 줄어들기 시작한 출생인구 문제로 인구는 2100년까지 늘어도 청년은 계속 줄어든다.

세계인구는 2010년대를 기준으로 매년 1억 명씩 증가했다. 2018년 75억 명, 2019년 76억 명인 인구가 2020년에는 77억 명이 되었다. 유엔 경제사회국United Nations Department of Economic and Social Affairs[187]은 2019년 '세계인구 전망 2019World Population Prospects 2019' 보고서를 내고 2100년이 되면 인구증가가 멈출 것으로 전망했다. 2030년에는 85억 명, 2050년 97억 명, 2100년에는 109억 명에서 최고치에 다다를 것으로 전망했다. 그러나 이미 출생아 수는 감소하기 시작했고, 수명 연장으로 인해 인구가 증가하는 형태로 변했다.

우리나라는 앞으로 30년 동안 인구의 10%가 감소할 것으로 전망했다. 유엔은 2019년 5,171만 명에 도달한 인구가 2024년까지 증가할 것으로 전망했지만, 이미 2019년에도 출생자와 사망자 수가 29만 명대로 비슷해 인구증가가 정체했다. 국내로 유입되거나 빠져나가는 이민자를 제외하면, 우리나라 인구는 2020년부터 계속 자연 감소한다. 2020년 이후에도 출생인구 감소는 계속된다. 1970년생이 100만 명이나 되니 불과 50년 만에 출생인구의 71%가 사라졌다. 이것이 인구의 현실이다.

생산가능인구 감소의 후폭풍

생산이 가능한 연령대는 15세부터 64세로, 이들을 생산가능인구 Working Age Population라고 한다. 생산가능인구에는 경제활동인구와 비경제활동인구가 있는데, 경제활동인구는 다시 취업자와 실업자로 나눈다. 비경제활동인구는 학생이나 주부, 구직 포기자들이 해당한다. 그래서 생산가능인구의 증감은 향후 경제지표가 어떻게 변할 것인지를 예측할 수 있게 해준다. 생산가능인구가 계속 감소하는 추세가 이어진다면 취업률이 올라간다고 하더라도 경기침체를 벗어나기 어렵다.

우리나라 생산가능인구는 2017년 처음으로 24,000명 줄었다. 2018년에는 89,000명이 줄었고 2020년에는 232,000명이 줄어들 것으로 통계청[188]은 전망했다. 2019년 통계청이 발표한 '2017~2067 장래인구 특별추계'에 의하면 생산가능인구는 2020년부터 10년간 연평균 33만 명씩 줄어든다. 그러다가 2030년대에는 52만 명씩 줄어든다. 인구도 2019년을 정점으로 출생인구보다 사망인구가 더 많아지는 자연감소가 시작되어 2067년에는 3,929만 명으로 줄어든다.

문제는 인구가 계속 줄어드는 것보다 훨씬 빠른 속도로 생산가능인구가 감소하는 것과 65세 이상의 고령 인구가 급증하는 데 있다. 2017년 유소년 인구 100명 당 고령 인구가 100명을 넘기 시작했고, 2067년에는 574.5명으로 급증하게 된다. 청년은 사라지고 노인만 가득한 세상이 되는 것이다. 그래서 생산가능인구 100명당 부양해야 할 인구는 2017년 36.7명에서 2067년에는 120.2명으로 증가한다. 일자리도 없고 일해도 먹고살기 힘든 시기가 계속되는데, 부양해야 할 인구가 더 많은 시기가 빠르게 다가오고 있다.

디플레이션을 피할 수 있을까

정상적인 경제 상황에서는 기업이 투자를 늘리고, 투자에 따라 고용이 확대되고, 소득이 늘면서 소비가 증가하고 물가도 오른다. 그러나 반대 상황이 되면 기업과 가계는 투자를 줄이고 소비를 줄인다. 그런데 이것은 인구를 고려하지 않은 상태에서 일어나는 일반적인 경제 변화이다. 큰 변수가 없다면 통계청의 발표대로 인구 쇼크가 2020년부터 시작된다. 생산가능인구가 줄어들면서 고령 인구가 대폭 증가하면 생산과 소비 모두 감소할 수밖에 없다. 특히 주 소비층이기도 한 생산가능인구의 감소는 성장의 가장 큰 장벽이 될 것이다.

2020년, 우리는 지금 복잡한 변수에 직면해 있다. 세계 경제의 침체는 계속할 것이다. 국제통화기금IMF[189] 크리스탈리나 게오르기에바 Kristalina Georgieva 총재도 세계 90% 지역에서 성장이 동시에 둔화할 것이라고 경고했다. 소비의 축이었던 선진국은 이미 인구 감소에 직면했고, 기술의 발전으로 자동차도 스마트폰도 냉장고도 소비 주기가 계속 증가했다. 공유경제는 모든 산업으로 파고들며 활용도를 올리고 소비량을 줄이고 있다. 2020년부터 자동화가 진전되면서 실업률은 상승하고 가계의 수입이 줄어 소비를 다시 위축시킬 것이다. 가장 우려되는 것은 앞에서 설명한 대로 우리나라가 가장 먼저 긴 시간 동안 디플레이션에 빠질 요건을 다 갖추었다는 점이다.

청년의 미래는 안전할까

우리나라는 이미 2000년에 65세 이상 고령 인구 비율이 7%를 넘어 고령화 사회에 진입했다. 이 비율이 2019년에는 11%가 되었고, 2025년 에는 20%를 넘는다. 20%라는 비율은 '고령화 사회'의 기준 7%를 3배 넘었다는 의미이다. 2019년을 기준으로 고령 인구인 11%가 사용한 의료 보험급여 비율은 38%이다. 앞으로 5년 후인 2025년에 고령 인구 비율이 20%가 되면 무슨 일이 일어날지 대략 짐작할 수 있다. 그러나 이런 문제 는 모든 곳으로 확대된다. 국민연금도 인구 쇼크를 벗어나지 못한다. 국 민연금의 가입자는 생산가능인구와 직접 관련되고, 수령자는 노령 인구 와 직접 관련된다.

국민연금관리공단은 2019년 6월 말을 기준으로 국민연금 가입자 가 2018년 12월보다 188,000명 줄었다고 발표했다. 문제는 수령자의 증 가이다. 국민연금도 줄어드는 가입자와 정반대로 수령자가 급속하게 증가한다. 폭증하는 고령 인구가 곧 국민연금 수령자가 된다. 같은 기간 에 6개월 동안 수령자가 130,000명이나 증가했다. 그러나 이런 문제들 은 이제 시작에 불과하다. 통계청의 발표를 적용하면 이런 모든 일은 일 시적인 일이 아니라 구조적인 사건의 시작이다. 국민연금의 문제만도 아니다. 모든 연금과 보험에 문제가 생긴다.

바이오 헬스케어 기술은 인간의 수명을 무한으로 확장하고 있다. 외형으로도 젊은이를 만들 수 있는 날이 머지않았다. 그러나 일할 수 없 는 고령 인구의 비율이 폭발적으로 느는 것은 심각한 문제이다. 이것은 그들의 삶이 수명이 느는 것만큼 행복해지지 않는다는 의미이기도 하다. 더욱 큰 문제는 이 고통을 청년들에게 전가할 수밖에 없는 구조로 벌써 진입했다는 데 있다. 연금이든 보험이든 이런 제도가 유지되는 이유는 '지속 가능성'에 동의하기 때문이다. 나는 매년 태어나는 30만 명도 안 되는 미래 세대가 30년 후 80만 명, 100만 명이 태어난 노후 세대를 감당할 수 있다고 생각되지 않는다.

더욱 걱정스러운 것은 1990년생 이후의 세대이다. 1990년생은 65만 명이 태어났다. 이들은 2020년에 30세이다. 이미 일자리도 있어야 하고 결혼도 생각할 나이이다. 그러나 이들 세대의 실질 실업률은 23%를 넘는다. 15만 명이 실업 상태인데, 이들에게 결혼은 꿈과 같은 이야기이다. 나머지 50만 명도 미래가 걱정스러운 것은 마찬가지여서 대부분은 결혼하고 출산하는 데까지 생각이 미치지 못한다. 이들 50만 명이 전부 결혼해서 2019년의 합계 출산율 0.98명을 대입하면 약 25만 명이 태어난다. 2100년에는 전체 인구가 2,500만 명이 되지 않으며, 그중 절반 이상이 고령 인구이다.

조금 더 나아가 이런 상황에서 미래 세대가 OECD에서 4위의 속도로 불어나는 국가 채무를 감당할 수 있는지도 생각해봐야 한다. 정말 정부의 말대로 아직은 건전한 것인지, 쪼그라드는 미래 세대가 그때 감당할 수 있는 일인지 잘 생각해봐야 한다. 2000년 111조 원이던 국가 채무는 2019년 735조 원, 2020년 811조 원, 2023년 1,000조 원에 이를 것으로 국회 예산정책처[190]는 전망했다. 이유는 대부분 총수입 증가율이 사회보험과 공적연금과 같은 복지 분야 지출을 따라가지 못하기 때문이다. 정부는 현재의 선진국 국가 채무와 비교해가며 GDP 대비 60%까지는 '안정적'이라고 설명하는데, 인구를 비롯해 다른 어떤 조건이 선진국과 비교해 안정적인지도 설명해야 한다. 지금 우리는 인구도 일자리도 없는 미래 세대가 쓸 돈마저 빼앗아 쓰고 있다.

04

국가,
공장 있는 국가와 공장 없는 국가

．
．
．
．
．
．
．
．
．
．
．
．
．
．

과거에 공장은 임금과 물류가 중요했다. 그런 면에서 중국은 매력적이었다.
그러나 저임금의 매력을 상실한 중국을 탈출하는 기업의 행렬은 2020년 이
후에도 계속된다. 임금 면에서는 인도와 베트남이 매력적이기 때문이다. 그
러나 대규모로 인력을 활용하지 않는 자동화 공장은 시장, 세금, 에너지, 법을
따라 이동한다.

과거에도 공장을 유치하고 유지하는 것은 국가나 지방자치단체에 가장 중요한 일이었다. 공장은 곧 일자리이자 세금이기 때문이다. 그러나 저임금을 바탕으로 중국이 성장하면서 전 세계 공장이 중국으로 몰려들었다. 공장이 세워지는 거점마다 인구가 집중되었고, 이 때문에 저임금 구조가 수십 년간 유지되었다. 그러나 중국 경제가 계속 성장해 임금이 상승하자 상황이 달라졌다. 여기에 인도, 베트남, 필리핀이 부상하면서 세계의 공장인 중국에 변화가 생겼다. 이들 신흥국은 신발, 섬유, 의류산업에서 조선, 전기, 자동차, 전자산업까지 블랙홀처럼 빨아들이고 있다. 삼성전자도 스마트폰 공장을 중국에서 완전히 철수해 인도 등으로 옮기고, 중국에서는 애플처럼 주문자 상표 부착 생산OEM 방식으로 생산하기로 했다.

중국의 2019년 경제성장률은 6% 선으로 27년 내 최저치를 기록했다. 2020년에는 6%도 무너져 5%대로 진입하게 된다. 세계의 공장이던 중국은 급속도로 공장이 빠져나가면서 소비 또한 동시에 위축될 수밖에 없는 상황에 직면하고 있다. 중국의 경제성장률 하락은 중국 수출 비중이 높은 수출국에 다시 악영향을 미치고 있다. 경제협력개발기구OECD

는 GDP 대비 수출 비중이 46%인 독일이 크게 타격을 받았다고 발표하면서, 수출 비중이 42%에 이르는 한국도 2019년 수출 부진의 원인으로 지목했다. 그나마 다행인 것은 인도, 베트남과 같은 신흥국의 성장이 당분간은 중국을 어느 정도 상쇄할 수 있을 것이라는 전망이다.

국가 간 격차, 공장을 늘려가는 게임

인건비가 덜 중요한 자동화 공장은 이제 확산하는 단계이지만, 기존 공장이나 노동집약적으로 운영되는 공장은 인건비나 세금 등 전통적인 요소들이 공장의 위치를 결정한다. 베트남을 기준으로 생산직 근로자의 최저임금은 월 급여로 환산하면 20만 원 선이다. 같은 방식으로 우리나라 최저임금을 계산하면 2019년 시급 8,350원에 월 209시간을 기준으로 대략 175만 원이 된다. 생산성에 큰 차이가 발생하지 않는다면 8~9배나 비싼 임금을 지급해가며 한국에서 공장을 운영할 이유가 없다. 이처럼 공장은 노동집약적인 분야일수록 인건비가 낮은 국가로 강물처럼 흘러 들어간다.

시장이나 법 때문에 공장이 이동하거나 새롭게 건설되는 상황도 자주 발생한다. 자동차공장이나 자동차부품공장은 시장과 규제를 따라가지 않을 수 없다. 더구나 충분한 내수시장이 있거나 시장 인근에 저렴한 인건비로 운영할 공장을 지을 수 있다면 금상첨화이다. 이런 대표적인 예가 중국과 멕시코, 인도이다. 중국과 인도에는 저렴한 인건비는 물론 충분한 시장이 존재해 세계적인 자동차 기업들이 경쟁하듯 공장을 건설했다. 그러나 중국은 성장이 둔화하고 소비가 위축되고, 무엇보다 자동차 공급이 포화상태가 되면서 중국 자동차 판매량은 매년 100만대 이상 감소하고 있다.

경제가 계속 성장하는 인도는 자동차 시장이 크게 성장하고 있다. 중국 인구 14억3천만 명을 뒤쫓는 인도의 2019년 인구는 13억7천만 명이다. 유엔 경제사회국은 2019년 '세계인구 전망 2019' 보고서에서 인도가 2027년이면 세계 1위의 인구를 보유한 국가가 된 후 격차를 계속 벌릴 것으로 전망했다. 인도의 자동차 생산량은 이미 2016년에 한국을 추월했고, 2019년에는 독일의 자동차 생산량을 추월해 세계 4위가 되었다. 과거에 중국이 세계의 모든 공장을 빨아들이면서 성장했듯, 인도는 엄청난 인구를 바탕으로 내수시장을 키워가며 성장해가고 있다.

멕시코의 자동차산업은 미국시장을 곁에 두고 성장했다. 미국에 자동차를 수출하는 기업들은 미국보다 유리한 멕시코를 활용했다. 지리적으로 미국과 국경을 맞댄 멕시코는 미국보다 훨씬 저렴한 인건비로 자동차를 생산해 수출할 수 있는 전략적 요충지였다. 거의 인도처럼 매년 자동차 생산량을 늘리던 멕시코는 2018년에 한국을 추월했다. 2019년을 기준으로 자동차 생산국 순위를 보면 중국, 미국, 일본, 인도, 독일, 멕시코, 한국, 브라질 순이다. 이런 이유로 한국은 2015년 이후로 연간 50만대 이상 생산량이 줄어 2019년에는 400만 대에도 미치지 못했다.

세금은 국가 안에서도 밖에서도 공장의 위치를 결정하는 중요한 요소이다. 미국은 2018년에 법인세율을 기존의 35%에서 21%로 대폭 낮췄다. 이렇게 되면 기업에 투자 여력이 생기면서 일자리가 증가하고 생산과 소비가 함께 증가하면서 세수도 증가한다. 반면 한국은 기존 22%

에서 25%로 법인세율을 올렸다. 미국과 법인세율이 13% 차이가 발생하던 것이 거꾸로 역전되어 우리가 4% 높아졌다. 지금 우리 기업은 가전, 자동차, 배터리, 화학을 가리지 않고 미국에 공장을 세우고 있다. 이것은 미국인을 위한 일자리와 세금을 만드는 일이다.

2018년에 삼성전자와 SK하이닉스는 25% 이상의 법인세를 부담했다. 반면 미국의 인텔은 9.7%를 부담하는 데 그쳤다. 법인세 인상으로 세수가 대폭 확대되었으니 우리 정부는 미소를 지었겠지만, 2019년이 되자 상황이 급변했다. 반도체 경기가 급강하하면서 수출 부진은 물론 이익률마저 수직으로 떨어졌다. 동시에 2019년에 정부가 두 회사로부터 거둘 세금도 물거품처럼 사라졌다. 정부는 부족한 재원을 국가 채무로 메울 수밖에 없다. 미국은 공장을 늘려 세수를 늘리는데, 우리는 늘지도 않는 공장에 법인세율을 올려 세수를 늘리고 있다. 누가 이기는지는 자명하다. 우리는 지금 미래의 먹거리인 공장을 유치하는 게임에서 완패하고 있다.

기술은 신흥국도 무너뜨린다

중국은 성장세가 둔화하겠지만, 내수가 아직은 튼튼하고 제조업 굴기를 목표로 지금까지 수십 년간 쌓아온 역량으로 버틸 것이다. 그러나 지금 폭발적으로 성장하는 신흥국은 2025년이 넘어가면 기술혁명에 의한 위기에 직면할 수 있다. 노동집약적인 산업이 계속 신흥국으로 몰리지만, 기술은 이조차도 철저하게 분해할 것이기 때문이다. 애플 스마트폰을 조립하는 대만의 폭스콘과 페가트론이 자동화를 추진해 2025년까지 중국 근로자의 10%만 남기겠다고 선언한 것을 기억해야 한다. 실제로 이 두 회사는 중국의 각 공장을 빠른 속도로 자동화하고 있다.

아디다스는 중국과 동남아시아에 약 100만 명을 고용해 4억 켤레의 신발과 스포츠 의류를 생산하고 있다. 그러나 아디다스는 고객이 있는 선진국에도 자동화 공장을 건설해 미래의 생산방식을 실험하고 있다. 실제로 아디다스의 자동화 공장인 스피드 팩토리는 기존 인력의 1.7%만 있으면 가동할 수 있는 수준으로 자동화가 이루어졌다. 그러나 저렴한 인건비를 바탕으로 운영되는 동남아시아 공장은 완전 자동화된 공장을 운영하는 것보다 경쟁력이 있는 것으로 판단하는 듯하다. 다만, 스피드 팩토리에서 얻은 공장 내 물류시스템, 생산공정 단축 기술 등은 동남아시아 공장에 차례로 적용해갈 예정이다. 이렇게 아디다스는 순차적 자동화를 선택해 10년 혹은 15년 후 100만 명이 일하는 공장을 최종적으로는 완전 자동화된 공장으로 바꿔 갈 것이다.

기술은 순식간에 공장을 인건비 중심에서 고객 중심으로 이동하도록 한다. 만약 신흥국에 아디다스의 고객이 확실하게 늘지 않는다면 스피드 팩토리처럼 로봇으로 운영되는 공장을 굳이 신흥국에서 가동할 이유가 없다. 미국은 공장을 가동하는 에너지 패권도 손에 넣은 지 오래다. 세계 최고의 셰일 석유 채굴기술로 점점 저렴해지는 에너지 가격을 즐길 것이다. 미국은 세계에서 유일하게 파리기후변화협약마저 탈퇴해가며 잔치를 벌일 기세이다. 2020년부터 짓는 자동화 공장은 철저하게 시장, 세금, 에너지, 법을 따라 이동한다.

공장 없는 국가의 미래

공장은 일자리를 만들기 때문에 중요했다. 그러나 기술혁명이 만든 자동화 공장은 반대로 일자리를 없앤다. 이 자동화 공장이 일자리를 없앨수록 공장은 더욱 중요해진다. 무엇보다 공장의 위치가 중요하다. 실제로 자동화 공장은 일자리를 새로 만들면서 기존의 일자리를 없앤다. 스피드 팩토리처럼, 새로 만들어진 자동화 공장은 기존 공장보다 훨씬 적은 수의 일자리를 만든다. 그리고 기존의 공장을 폐쇄해 많은 일자리를 없앤다. 소수의 일자리가 새로 만들어지고 다수의 일자리가 해체되는 것이다.

그러나 공장은 과거에도 미래에도 역할이 같다. 제품을 생산해 내수에 사용하고, 수출해 외화를 번다. 그리고 공장에는 많든 적든 일자리가 유지된다. 생산되는 제품에는 세금을 부과할 수 있다. 공장이 이익을 내면 법인세를 부과할 수 있다. 근로자에게도 세금을 부과할 수 있다. 제품이 소비되어도 세금을 부과할 수 있다. 국가가 가동되는 에너지라고 할 수 있는 세금이 대부분 공장과 근로자에게서 나온다. 미래에도 공장의 기능은 변하지 않는다. 그래서 지금 국가 간에 공장을 빼앗기 위한 경쟁이 치열하다. 미국은 그동안 명분으로 삼던 동맹, 이념과 같은 것도 다 버리면서 공장을 빼앗아오고 있다.

공장을 두고 벌어지는 경쟁은 앞으로 20년간 계속될 것이다. 시장, 세금, 에너지, 법과 같은 이유로 한번 공장이 지어지면 이전할 이유도 사라진다. 자동화 공장은 대규모로 일자리를 창출하지는 못하지만, 그조차도 없는 국가는 실업률이 올라가는 속도가 가팔라진다. 실업률이 올라가면 이들을 위한 복지비가 눈덩이처럼 늘어 감당하기 어려워진다. 지금이라도 시장, 세금, 에너지, 법을 다시 살펴봐야 한다. 공장이 없는 국가는 미래가 없는 국가가 된다. 과거에도 그랬고 미래는 더욱 그렇다.

DIVIDED

05

경쟁,
에너지 빈국과 에너지 강국

사우디아라비아는 국영석유회사 아람코를 상장하기로 했다. 여기에는 두 가지 이유가 있다. 하나는 석유 패권을 미국에 빼앗겨 더는 석유에 의존해 국가를 유지할 수 없다는 것이고, 다른 하나는 유가가 더 내려가기 전에 자금을 마련해서 새로운 미래에 투자해야 살 수 있다는 절박함이다.

가을이 시작되면 한반도에는 매주 혹은 매일 미세먼지 공습이 시작된다. 화석연료를 대규모로 사용하는 중국과 에너지를 잘못 사용하는 한국이 만든 합작품이다. 각 부처, 지방자치단체가 나서서 미세먼지 저감 대책을 발표하고 있지만, 냉정하게 평가하면 '쓸데없는 일'을 하는 것이다. 미세먼지 발생을 줄이기 위해 정작 해야 할 일은 하지 않으면서, 대규모로 만든 미세먼지에 관한 저감 대책을 만드는 것은 앞뒤가 바뀌었을 뿐만 아니라 세금을 이상한 곳에 사용하는 일이다. 한쪽에서는 미세먼지와 온실가스를 만드는 데 돈을 쓰고, 한쪽에서는 이걸 줄이겠다고 돈을 쓰고 있다.

중국은 미세먼지에 관한 대책을 이상하게 바꿨다. 중국은 2023년 석유 사용량이 정점에 이르는 시기가 지나도 석탄 사용량은 줄어들지 않으리라고 판단하고 대규모 공업지역 자체를 상당수 동부해안으로 옮겼다. 이렇게 되면 미세먼지가 베이징과 같은 내륙 도시로 유입되지 않고 편서풍을 타고 한국으로 날아간다. 동부해안으로 이동한 공업지역에 부족해진 에너지를 공급하기 위해 중국 정부는 47기의 원자력발전소 외에 11기를 추가로 건설하고 있다. 이런 조치들로 베이징은 확실하게 효과를 보고 있다. 그러나 그 역효과를 한국이 보고 있다.

전기자동차의 보급과 같은 방법은 확실하게 미세먼지를 줄인다. 독립적으로 내연기관을 장착한 자동차를 운행하는 방식보다 대규모로 전기를 생산해 개별 자동차에 충전해 사용하는 방식이 훨씬 효과적이기 때문이다. 미세먼지도 줄일 수 있고 전체적인 에너지 소비도 효율화할 수 있다. 그런데 왜 우리나라만 전기자동차 보급이 늦을까? 이유는 간단하다. 화력발전소나 천연가스발전소를 가동하자니 미세먼지와 온실가스가 문제고, 원자력발전소를 신규로 건설하자니 정부의 정책과 맞지 않기 때문이다.

2019년 상반기에는 중공업, 자동차, 반도체 등 주요 산업이 부진해 전력 수요가 10년 만에 처음으로 줄었다고 에너지경제연구원[191]이 발표했다. 그러나 매년 3,500~4,000기가와트시GWh의 원자력발전소 3기에 해당하는 새로운 전력 수요를 감당하지 못하는 상황에 곧 직면하게 된다. 수요가 집중될 때마다 공장 가동을 멈추라고 하며 대정전을 걱정하던 것이 얼마 전이다. 이때는 화력발전소를 최대로 돌려 '미세먼지'에 파묻히든지, '에너지 사용 제한'을 선택하든지 해야 한다.

탈원전이 아니라 온실가스 감축이다

온실가스 감축에 관심이 없는 세계에서 유일한 나라는 미국이다. 미국 전체가 그렇지는 않지만, 트럼프 행정부는 확실하게 온실가스 감축에 관심이 없다. 미국은 불과 몇 년 전인 2015년 오바마 행정부 주도로 유엔 기후변화협약 당사국 총회에서 195개국이 서명한 협약까지 탈퇴하면서 새로운 에너지 정책을 고수하려고 한다. 이 협약의 핵심은 산업혁명 이전보다 지구 평균기온을 2도 이상 오르지 못하도록 온실가스 배출량을 줄이는 데 있다. 현재 추세가 계속되면 2050년에 3도가 상승하게 되는데, 해수면 상승으로 인도의 뭄바이나 홍콩은 물론 몰디브와 중국의 상하이도 침수된다.

미국은 왜 온실가스 감축에 나서지 않을까? 미국은 2010년부터 세일 석유 생산량이 급증해 2017년부터 세계 최대 산유국이 되었다. 사우디아라비아를 비롯한 중동이나 남미의 산유국으로부터 석유를 수입할 이유가 사라졌으며, 석유 패권을 쥔 미국이 유가를 결정할 수 있게 되었다. 그야말로 에너지 전쟁에서 확실하게 승리했고, 석유를 사용하는 한 어떤 에너지 강국도 미국을 따라올 수 없는 상태가 되었다. 그래서 미국은 온실가스와 상관없이 석유의 지속적인 사용을 원한다. 유가가 올라 사용량이 줄면 미국은 생산량을 늘려 가격을 낮춤으로써 사용량을 늘린다. 이것이 2020년 석유의 진실이다.

그러나 온실가스 감축은 단기적으로도 장기적으로도 반드시 이루어내야 하는 목표이다. 기후변화는 지구를 상상하기 어려운 상태로 만들어 생명체가 살 수 없는 공간으로 바꾼다. 2016년 〈네이처Nature〉에 실린 논문은 온실가스 감축에 성공하지 못하면 2100년에는 산업혁명 이전보다 기온이 4.5~5.0도 상승하고 해수면이 약 1.9m 상승할 것으로 예측했다. 이미 20세기에도 농경지의 사막화, 이상기후, 평균기온의 상승이 계속되었고, 21세기에는 북극해 얼음과 빙하마저 사라질 위기에 처했다. 북극 얼음이 녹으면 지구복사가 약해져 지구온난화가 더욱 가속된다.

2020년의 기술로 온실가스를 감축할 에너지 해법은 두 가지이다. 하나는 온실가스 배출이 없는 재생에너지 생산을 늘리는 것이고, 다른 하나는 온실가스 배출이 없는 것은 물론 원가가 저렴한 원자력발전을 늘리는 것이다. 세계는 어떤 선택을 하고 있을까? 재생에너지 사용을 늘릴 수 있는 환경을 갖춘 아프리카, 중동, 유럽 국가들은 재생에너지 확대에 힘쓰면서 원자력발전을 동시에 확대하고 있다. 석유를 수출해 국가를 유지하는 아랍에미리트는 우리나라가 원자력발전소를 건설하고 있고, 사우디아라비아도 원자력발전소 16기의 발주를 이미 시작했다. 심지어 1980년 탈원전을 선언한 스웨덴도 원자력발전소 건설을 국민이 요구하고 있고, 영국과 프랑스도 원전을 계획하고 있다.

사막으로 둘러싸인 중동 산유국들도 재생에너지보다는 원자력발전을 먼저 검토한다. 이유는 두 가지이다. 하나는 생산 환경이고 다른 하나는 경제성이다. 풍력, 태양광과 같은 재생에너지는 위치에 영향을 받는다. 대규모 발전에도 한계가 있다. 생산할 수 없는 시간에 사용할 에너지 저장은 필수이고 전송에도 손실이 생긴다. 비싼 건설비용도 문제이다. 그래서 재생에너지를 대규모로 생산할 최적의 환경을 갖춘 곳은 많지 않다. 결정적 요인은 원자력보다 4~5배 비싼 생산 단가이다. 세계원자력협회World Nuclear Association는 2019년 현재 운영 중인 450기의 원자력발전소 외에 52기가 건설 중이고, 신규 건설 예정인 원자력발전소가 440기에 이른다고 집계했다.

나쁜 에너지, 좋은 에너지는 없다

석유수출국기구OPEC의 예측대로 2020년에도 사용되는 에너지의

85.2%를 화석연료에 의존하게 된다. 화석연료의 사용은 곧 온실가스의 증가이고 지구온난화 문제를 해결하기 어려운 방향으로 몰고 간다. 세계 일일 석유 사용량을 기준으로 1990년에 6,700만 배럴을 사용하던 것이 2018년에는 1억 배럴로 늘어 30년도 되지 않는 기간에 거의 50%가 증가했다. 이처럼 세계적으로 에너지 사용량이 급속하게 증가하고 있어서 에너지 구조를 바꾸는 것은 쉬운 일이 아니다.

화석연료는 미세먼지와 온실가스라는 치명적 단점이 있지만, 보편적이고 저렴한 에너지이다. 재생에너지는 온실가스를 배출하지 않지만, 투자비용이 많이 들고 안정적인 공급이 어렵다. 원자력에너지는 가장 저렴하고 온실가스를 배출하지 않으며 안정적이지만, 폐기물이 발생하고 사고의 가능성을 완전히 배제할 수 없다. 인류는 지금 복잡한 에너지 변수에 직면하고 있다. 에너지 수요는 계속 늘고 있고, 지구온난화는 급속하게 진행되어 생존을 위협하고 있다. 특히 우리나라는 미세먼지 문제까지 심각하게 얽혀 더 복잡하다. 무엇보다 중요한 것은 에너지 가격 경쟁력이 국가 경쟁력이라는 사실이다.

영국의 국영석유회사 BPThe British Petroleum는 우리나라를 OECD 국가 중 2018년 이산화탄소 배출량 증가율이 최고 수준이라고 발표했다. 태양광과 같은 재생에너지 생산량을 늘렸지만, 원자력발전을 줄이고 석탄과 천연가스LNG 발전을 확대한 결과이다. 석탄은 미세먼지의 주범이며 이산화탄소가 배출되고, 천연가스 또한 이산화탄소를 배출한다. 미세먼지 때문에 석탄발전을 중단하면 천연가스 비중이 올라가고 동시에 에너지 가격도 올라간다. 이런 모든 결과는 원자력발전을 줄인 결과이다.

우리나라는 세계 최고의 원자력 기술을 보유한 미국이 인증하는 유일한 기술국이다. 2019년 5월 미국 원자력규제위원회Nuclear Regulatory Commission는 한국형 원전APR1400에 대해 설계인증을 내주었다. 세계에서 유일하게 미국에서 안전성을 인증받은 것이다. 이 원전은 한국전력, 한국수력원자력과 함께 두산중공업이 개발했다. 그러나 탈원전 정책으로 두산중공업은 일감이 끊어진 상태이다. 세계 곳곳에서 가동되는 원자력발전소보다 많은 신규 원자력발전소가 건설될 예정이지만, 세계 최고의 기술을 갖춘 우리는 스스로 기술을 버리고 있다.

에너지 경쟁력이 국가 경쟁력

모두가 초등학교부터 배워 아는 것이 있다. '우리나라는 기름 한 방울 나오지 않는다.' 그래서 석유를 대체할 방법으로 원자력을 선택했고 지금까지 세계 최고의 기술로 키워냈다. 재생에너지 분야도 마찬가지이다. 가장 효율 높은 태양광 패널을 만들어 전 세계에 수출하며 계속기술을 키워가야 한다. 그러나 화석연료든 재생에너지든 원자력이든이런 1차 에너지를 2차 에너지인 전기로 바꿔 사용할 때, 가장 중요한것은 가격이다. 재생에너지 분야에서 기술을 갖추는 것과 재생에너지를 우리나라가 주력 에너지로 선택하는 것은 전혀 다른 문제이다. 앞으로 에너지 가격이 높은 나라는 가격 경쟁력이 있는 제품을 생산하지 못한다. 이것이 가장 중요하다.

에너지 가격은 국민의 생활에도 직접적인 영향을 미친다. 우리나라 전기 수요는 매년 원자력발전소 3기를 신규로 건설해야 할 만큼 증가한다. 전기차 보급은 시작도 되지 않은 것과 마찬가지이다. 기후변화로 냉방과 난방 전기 수요도 급증하고 있다. 새로운 전자제품 수요도 계속 증가하고 있다. 2020년부터 본격적으로 확대되는 자동화 공장은 그야말로 전기로 움직이는 공장이다. 모든 사물인터넷 또한 전기로 작동된다. 지금 전 세계는 가장 저렴하게 전기를 생산하는 경쟁에 돌입했다. 불행하게도 우리나라는 바람도 태양광도 물도 지열도 석유도 아예 없거나 부족하다. 어떤 에너지를 선택하느냐에 따라 전혀 다른 미래를 맞게 된다.

DIVIDED

06

인류,
순수 인간과 트랜스 휴먼

인류의 외형은 인류가 자연에 적응한 결과이지만, 스스로 외형을 선택한 결과는 아니다. 2020년의 인류 그 누구도 자기 모습을 선택한 사람은 없다. 그러나 2040년의 인류는 외형을 선택할 수 있게 된다. 모두가 해당하는 것은 아니지만, 2040년의 인류는 외형과 수명마저도 선택할 수 있게 된다.

20만 년 전에 처음 등장한 인류Homo Sapiens는 거의 19만 년의 시간을 자연에 종속된 상태로 보냈다. 생존의 문제조차 자연에 기대거나 자연의 영향 아래 놓일 수밖에 없었다. 20만 년의 95%가 이렇게 흐른 후, 인류는 배우고 경험한 지식을 체계적으로 축적하면서 자연과 공존하기 시작했다. 최근 500년 동안은 지식을 비약적으로 축적하면서 발전해 인류는 지구의 모든 것을 결정할 수 있는 수준이 되었다. 2020년에 이른 인류는 지구 밖으로 영역을 넓혀가기 위해 노력하고 있다.

하지만 아직도 인류는 자신의 신체를 벗어나지 못했으며, 질병에서는 서서히 벗어나고 있지만 죽음이라는 숙제는 풀지 못했다. 그래서 인류는 인공의 요소로 신체를 보강하거나 개선하는 데 주력했다. 이렇게 '인공적인 요소를 결합한 자가조절 유기체'를 사이보그Cyborg라고 부른다. 인류는 사이보그가 되는 길을 선택해 수명을 연장하고 신체적 한계를 끌어올렸다. 그러나 의학, 유전공학, 바이오기술, 로봇공학, 전자공학 등을 결합해 인류의 외형조차 현재와는 완전히 다른 형태로 바꾸고 수명을 무한으로 확장할 날이 머지않았다.

이미 사이보그가 된 인류

고더드대학교 과학기술문화학과 교수인 크리스 그레이Chris Gray는 〈사이보그 시티즌Cyborg Citizen〉에서 과연 '포스트 휴먼 시대에 인간이란 무엇인지' 묻는다. 그는 '자연적인 요소와 인공적인 요소를 하나의 시스템 안에 결합한 자가조절 유기체'를 사이보그로 정의한다. 태어나면서부터 예방접종을 통해 신체 능력을 키운 대부분 인간은 사이보그가 되는 길을 선택한 것이다. 성장하면서 보철을 하거나 인공관절을 넣고 의수나 의족을 착용하는 것처럼 더욱 강화된 사이보그의 길을 선택하기도 한다.

크리스 그레이는 나아가 '사이보그가 굳이 부분적으로나마 꼭 인간일 필요는 없다'라고 주장한다. 이는 사이보그가 순수 인간에 가까워야 할 이유가 없다는 의미이다. 심지어 기술적 관점에서는 완전한 로봇조차도 사이보그라고 정의한다. 이처럼 자연 생식Natural Reproduction으로 태어나는 대부분 순수 인간이 사이보그의 영역으로 무한 확장하는 시기에 진입했다. 한편에서는 인공 장기로 기존의 신체를 대체하고, 다른 한편에서는 기계를 결합해 기존의 신체를 대체해간다.

2020년의 사이보그는 순수 인간과 외형으로는 구분하기 어렵다. 그만큼 순수 인간에 가깝다. 그러나 2035년이 넘어가면 외형에서도 확연하게 로봇에 가까운 사이보그가 등장할 것이다. 이들의 일부가 트랜스 휴먼Trans-human으로 변화한다. 이 시기의 트랜스 휴먼은 외형에서는 인간을 닮겠지만, 신체적 기능이 대폭 향상되어 순수 인간과는 확연하게 구분될 것이다. 그러다가 외형마저도 인간과 구분되기 시작할 것이다. 트랜스 휴먼은 정신적으로도 기능이 대폭 강화된다. 뇌가 컴퓨터와 직접 연결Brain Computer Interface되어 지식과 정보 접근성이 순수 인간과는 비교할 수 없는 수준이 된다.

순수 인간과 트랜스 휴먼의 갈림길

인간과 트랜스 휴먼을 구분할 수 있는 신체적, 정신적 지점은 어디일까? 그리고 그들이 출현하기 시작하는 시기는 언제일까? 그들이 출현하면 어떤 일이 벌어질까? 이 세 가지 질문은 크리스 그레이가 질문한 '포스트 휴먼 시대에 인간이란 무엇인지'를 묻는 내용과 같다. 다만, 위세 실문은 순수 인간의 관점에서 던진 질문이고, 크리스 그레이의 질문은 트랜스 휴먼의 시대에 트랜스 휴먼의 관점에서 인간에 관해 던진 질문이다. 한 가지 확실한 것은 크리스 그레이의 질문처럼 트랜스 휴먼의 시대는 트랜스 휴먼의 관점으로 보아야 한다는 것이다.

트랜스 휴먼은 신체적 기능보다는 정신적 기능으로 인간과 구분해야 한다. 트랜스 휴먼은 클라우드 인공지능에 항상 연결되어 인간과 확실하게 구분된다. 인간도 인공지능을 활용할 수 있지만, 트랜스 휴먼은 인공지능과 한 몸이다. 외형으로서의 신체도 이들에게는 대부분 선택의 대상일 뿐이다. 신체를 개조하거나 기계로 대체하는 일은 트랜스 휴먼에만 해당하는 일은 아니다. 그러나 뇌를 인공지능과 직접 연결해 사용하는 일은 트랜스 휴먼에만 가능한 일이다. 따라서 초기 트랜스 휴먼은 2025년이면 실험실에서 시작되고 2035년이면 트랜스 휴먼의 완전한 실체를 볼 수 있게 된다.

그렇더라도 2035년의 트랜스 휴먼은 신과 같은 존재는 아니다. 이들은 아직 완전한 인공 신체를 갖지 못했으며, 아직 출현하지 않은 인공일반지능과 연결되지도 못했다. 뇌의 기능까지 완전하게 대신할 수 있는 인공 신체는 2040년 이전에 등장할 것이다. 인공 신체가 등장하더라도 누구나 사용할 수 있는 것은 아니다. 인공 신체를 사용한다는 것은 노화하는 신체로부터 탈출해 영원한 삶을 얻는 일이기 때문이다. 또한, 인공 신체는 인간처럼 유기체일 이유가 없다. 완전히 기계로 만드는 것이 모든 면에서 유리하다. 신체적 외형으로도 인간 뇌를 대신할 인공 뇌가 작동할 수 있다면 굳이 인간을 닮아야 할 이유가 하나도 없다.

트랜스 휴먼의 미래, 포스트 휴먼

인공일반지능과 기계적 신체를 갖춘 트랜스 휴먼의 출현은 곧 포스트 휴먼Post-human의 출현이며, 인류의 분화를 뜻한다. 인류는 0.00000001%의 실험실 트랜스 휴먼의 등장으로부터 시작해 인류의 0.1%가 될지 모르는 신인류가 탄생하는 출발선에 서게 된다. 이들 트랜스 휴먼과 포스트 휴먼의 등장은 지구의 생명체가 계속해온 진화가 절대 아니다. 이들의 등장은 온전히 인간만이 갖춘 창조성을 무기로 지식을 축적하고 융합하고 기계를 활용해 만든 결과물이다.

그렇다면 나머지 인류는 어떤 길을 걷게 될까? 이때가 가까워지면 '정치적으로는' 모든 인류의 미래가 밝아온 것처럼 청사진을 제시하겠지만, 그렇게 되어야 할 이유를 기술과 역사를 다 뒤져도 찾을 수 없다. 아마도 나머지 인류는 순수 인간과 트랜스 휴먼의 중간지점, 트랜스 휴

먼의 중간지점, 트랜스 휴먼과 포스트 휴먼의 중간지점에서 20만 년의 역사를 뒤로하게 될 것이다. 그러나 포스트 휴먼은 과학기술을 무한으로 발전시키며 우주로 나아가게 될 것이다.

인류를 보는 두 개의 눈

우리가 상상할 수 있는 인류의 미래는 두 가지이다. 하나는 과거와 현재, 그리고 미래를 기존의 방식대로 연결해 바라보는 미래이다. 이렇게 미래를 보면 기술이 발전하고 경제가 확장하고, 2040년이 넘어가면서 많은 사람이 일하지 않아도 되는 풍요로운 삶을 영위할 수 있을 것처럼 보인다. 혹은 이와 반대로 인구가 줄어 생산가능인구가 감소하고, 기술에 의한 실업이 증가하고, 수명이 늘면서 복지 지출이 급증해 궁핍해진 미래를 그릴 수도 있다. 이런 시각으로 바라보면 둘 중 어떤 것이 되든 20만 년간 인류가 쉼 없이 발전해온 탄력으로 미래를 맞을 것처럼 보인다.

그러나 기술의 발전으로 양자 컴퓨터와 결합한 인공일반지능과 한 몸이 된 포스트 휴먼이 출현해 현생인류와 공존하는 미래를 그려보면 어떤 상황이 벌어질지 상상하기 어렵다. 단순하게 '포스트 휴먼과 현생인류가 공존할 수 있을지'만 생각해봐도 미래는 완전히 달라진다. 이런 미래를 상상하면 선형적으로만 미래를 바라보는 첫 번째 시각은 아무의미도 없는 미래에 불과하다. 한 가지 확실한 것은 가깝지도 멀지도 않은 이 미래를 신인류가 선택하게 될 것이라는 점이다. 적어도 이 미래는 현생인류가 선택할 미래는 아니다.

07

계급,
잉여 인간과 초지능 인간

일하지 않게 된 사람들이 곳곳에서 늘어갈 때, 일하면서 더 많은 세금을 내야 하는 사람들은 어떤 생각을 하게 될까? 이런 문제가 일이 아니라 인류의 모든 미래에 관련된다면 어떨까? 그래서 초지능과 인공 신체를 갖춘 신인류의 탄생은 나머지 인류 대부분이 신인류의 미래에 크게 도움이 되지 않는다는 것과 같다.

2020년부터 급속하게 확산하는 자동화 공장Smart Factory과 2020년 말에 300억 개를 넘어서는 사물인터넷이 2022년에는 모든 곳에서 기하급수적으로 늘며 일자리를 해체한다. 2023년이 되면 완전 자율주행 자동차가 등장해 운전, 보험, 소재 등의 일자리를 해체하고 그 일부를 일사리 플랫폼으로 이동시킨다. 완전 자율주행 자동차는 등장한 지 불과 2년 만에 10% 이상으로 확대 보급되어 더 많은 사람의 일자리를 해체한다. 자율주행 기술은 사물인터넷, 통신기술과 융합하면서 모든 운송 기계에 장착되어 무인 운송체계로 급속하게 진화한다.

미국 국가정보위원회National Intelligence Council[192]는 2030년에는 자율운송수단과 로봇이 보편화하여 일자리를 해체하는 것은 물론 사회적으로도 광범위하게 사용할 것으로 전망했다. 인간의 일을 대체하는 로봇 시장 또한 급속하게 성장하고 있다. 국제로봇협회International Federation of Robotics[193]는 2020년 이후 10% 이상 로봇 출하량이 늘면서 2020년 465만 대, 2022년 584만 대가 신규로 출하될 것으로 전망했다. 이 수치는 2019년부터 3년간 출하되는 로봇 수가 2018년까지 설치되어 가동되는 전체 로봇 수보다 300만 대 이상 많은 수치이다. 이 로봇은 대부분 자동차, 전기, 전자산업용 로봇으로 자동화 공장의 확산과 동시에 출하량이 증가한다고 밝혔다.

로봇, 자율주행기술, 사물인터넷의 보급과 융합은 곧 일자리 해체이다. 일자리에서 밀려난 사람들은 대부분 전혀 다른 일자리로 이동할 수밖에 없다. 이들은 대개 비숙련 혹은 반숙련 근로자들로 수평으로 이동할 일자리가 완전히 붕괴하는 상황이라 수평 이동 자체가 불가능하다. 예를 들어, 자동차공장이 동시에 자동화를 시작하면 일자리를 잃은 생산직 근로자가 이동할 자동차공장 일자리는 없다고 봐야 한다. 편의점이 무인화하면 대형 할인점의 계산업무로 수평 이동할 수 있을 것으로 생각되겠지만, 대형 할인점도 동시에 무인화한다.

2020년 이후 일자리 붕괴가 계속되면 실질 실업률은 상승할 수밖에 없다. 이렇게 일자리를 잃은 사람들은 과거에 정규직이 하던 일을 잘게 나눠 수행하는 일자리 플랫폼으로 이동할 수밖에 없다. 과거에 정규직 배달원을 고용해서 하던 일이 배달 플랫폼 근로자의 일로 변하고, 정규직 택시 운전기사의 일이 공유 차량이나 운송 플랫폼 근로자의 일로 변한다. 사무직의 일도 이렇게 분화해간다. 이들은 통계적으로는 취업 상태가 되겠지만, 실질적으로는 취업과 실업의 중간에 위치한다. 그런데 불행하게도 2025년이 넘어가면 나눌 일자리마저 부족해지고 2030년에는 대부분 사람이 하는 일이 로봇의 일이 된다. 2030년이 되면 선진국 대부분은 기술이 만든 실업의 소용돌이에 휘말린다.

기술이 만든 계급

기술은 기술을 개발하거나 활용하는 사람의 편에 선다. 로봇은 로봇을 개발하거나 로봇을 활용하는 사람의 편에서 작동하게 된다. 생산에 투입된 로봇은 자본가를 위해 일한다. 로봇을 개발하는 사람들은 더 자본가에게 이득이 되는 방향으로 경쟁적으로 개발한다. 따라서 기술은 보편화를 만드는 것 같지만 결국은 양극화가 최종적인 결과이다. 결국, 기술은 기술을 활용하는 사람과 나머지 사람들로 나눈다. 나머지 사람들은 기술로 제거되고, 기술로 통제되고, 기술로 보호받을 수밖에 없는 사람들이다.

기술은 그 자체로, 일자리를 해체하면서, 통제수단으로 변하면서 인류를 둘로 나눠간다. 일자리의 플랫폼화는 기술로 일을 나누는 것이기도 하지만, 벗어나기 어려운 기술의 통제에 진입하는 것이다. 일자리를 계속 플랫폼에서 얻는 사람들은 그 플랫폼에서 빠져나오기 어렵고, 옆으로 이동하더라도 유사한 플랫폼에 진입할 확률이 높다. 2020년부터는 기존의 정규직 일자리도 계속 플랫폼으로 이동한다. 그리고 이들 중 상당수가 임시직 일자리와 다름없다. 2022년부터는 가속도마저 급속하게 올라간다.

연결로 사라져버린 자유

미국 국가정보위원회는 2030년을 바꿀 3가지 정보기술로 데이터 솔루션Data Solution, 소셜 네트워킹Social Networking, 스마트 시티Smart City를 주목했다. 데이터 솔루션은 지금의 빅데이터 기술에서 훨씬 발전해 고객과 시장 정보를 획득하는 도구는 물론 정책을 수립하는 도구로도 활용될 것으로 전망했다. 소셜 네트워킹 기술도 사용자 네트워크 수준에서 점점 진화해 집단의 특성에 따라 기업과 정부가 특정 정보를 획득하는 정보원이 될 것으로 전망했다. 스마트 시티는 도시 전체가 연결된 하나의 시스템으로 도시의 기능과 시민 전체를 정보기술로 관리하게 된다.

그러나 스마트 시티에서 고도의 데이터 솔루션과 소셜 네트워킹 기술이 작동한다면 어떤 일이 벌어질까? 구성원으로서의 시민은 어떤 개인정보도 보호받기 어렵게 된다. 개인의 사적인 행동이 대부분 디지털로 저장되고 분석되고 활용되기 때문이다. 또한, 시민의식이 낮은 국가에서는 정치적으로 활용될 가능성도 크다. 연결은 점점 고도화한다. 디지털 흔적을 남기지 않고 생활하는 것은 점점 불가능하게 된다. 점점 연결된다는 의미는 점점 자유가 사라진다는 말과 같다.

그들은 정말 잉여 인간일까

2025년 이후부터 실험실에서 시작될 연결된 인간은 2035년 이후 실체를 드러내다가 2040년이 넘어가면 서서히 그 위력을 실감할 수 있게 된다. 2040년이 되어도 대부분 인간은 컴퓨터와의 연결, 인간과의 연결에 머문다. 조금 더 나아가 인공지능과 연결된다고 해도 그것은 누구나 사용하는 2020년에 사용자가 '구글'에 접속하는 연결과 크게 다르지 않다. 여기서 조금 더 나아간다고 해도 기업이 사용하는 여러 가지 인공지능에 접속하는 것 이상은 아니다.

그러나 2035년 이후 고도화된 인공특수지능과의 연결, 2040년 이후 인공일반지능과의 연결은 연결된 사람을 신과 같은 초지능 인간으로 바꾼다. 이들은 항상 인공일반지능에 연결된 상태가 된다. 인공 신체를 가졌든 갖지 못했든, 이들의 능력은 상상할 수 있는 인간의 범위를 완전히 벗어난다. 우리는 과연 소수의 그들, 초지능 인간과 정말 같은 인류인가? 이 질문은 나머지 인류에게는 크게 의미 없는 질문이 될 것이다. 그래서 이 질문은 초지능 인간의 질문으로 바뀌어야 한다. "그들은 정말 기술혁명의 부산물로 남은 잉여 인간일까?" 미국 국가정보위원회도 이를 우려하고 있다.

초지능 인간과 휴머니즘

초지능 인간의 등장은 인류가 둘로 나뉘어 미래를 맞게 된다는 지극히 일반적인 상상으로 연결된다. 초지능 인간과 나머지 인간이 조화롭게 살 수 있다는 상상은 거의 이루어지기 어렵다고 봐야 한다. 사람들이 달기지에 환호하고 달을 오가는 우주 서틀Space Shuttle에 빠져들 무렵이면, 초지능 인간은 더 먼 우주로 로봇을 보내 아바타처럼 활용하고 경험하며 신인류의 새로운 미래를 설계하게 될 것이다. 한계를 넘어선 인공지능과 어떤 환경에도 견딜 수 있는 인공 신체를 가진 신인류는 하나 또는 복수의 신체를 상황에 따라 선택할 수 있게 된다. 이들은 굳이 지구에서 살 이유가 없다. 지구에서 산다고 해도 자신의 다른 모습을 우주로 보낼 수 있어서 삶의 환경적 제한도 사라진다.

휴머니즘Humanism은 인간으로서 건강한 이성을 실현하는 도구였고, 인간으로서의 도덕 가치를 실현하는 도구였다. 또한, 휴머니즘은 고등교육의 이념이었다. 계속되는 경쟁, 심지어 전쟁 속에서도 휴머니즘은 공통의 인간 유전자인 듯 작동했다. 그러나 과연 초지능 인간에게 휴머니즘이라고 할 수 있는 단 하나의 요소라도 찾을 수 있을까? 이도 역시 주객이 전도된 사고이고, 지극히 인류의 자기중심적 사고에 바탕을 둔 자기기만에 불과하다. 신인류가 될 초지능 인간에게는 그들의 사상이 존재하겠지만, 그것은 그들의 것이며 그것이 무엇인지는 우리가 고민할 일이 아니다.

08

교육,
STEM과 ESTEEM 교육

새로운 세대를 살아가야 할 미래 세대를 위해 우리는 어떤 교육을 해야 할
까? 전 세계가 과학, 기술, 공학, 수학에 매달려 경쟁하고 있는 현실에서 더
혁신적인 대안은 없을까? 이 대안은 미래 세대가 맞게 될 운명 같은 미래를
견뎌내고 극복하고 창조할 무기를 장착시켜주는 것이다.

전 세계가 기술혁명에 운명을 걸었다. 그것이 개인이든 기업이든 정부든, 기술혁명 경쟁에서 뒤처지는 순간 격차는 엄청나게 벌어진다. 여기서 가장 중요한 일은 '기술혁명의 방향을 읽어내는 일'이다. 그리고 '전략을 세우는 일'이다. 개인은 모두 같을 수 없으니 자신의 능력에 기술을 융합하거나 활용할 방법을 찾고 전략을 세워야 한다. 기업은 경쟁하는 것이 기업의 숙명이지만, 정부가 힘을 보태줘야 한다. 우리는 그와 반대인 것이 문제이다. 그리고 정부는 사람을 키우는 교육이 가장 중요하다. 하지만 교육은 반드시 미래 세대가 살아갈 미래에 맞춰져야 한다. 절대 우리나 현재가 아니다.

정부가 할 일 중에서 가장 중요한 일은 미래를 새롭게 설계하는 일이다. 그중에서 가장 효율적인 일은 국가의 미래에 '청년의 교육'을 대입하는 일이다. 미국이나 유럽, 일본, 중국조차도 과학기술에 모든 것을 걸었다. 각자 비슷한 듯 다른 길을 가는 선진국들은 청년의 '교육'으로, 성인의 '재교육'으로, 자국만의 경쟁력을 만들기 위해 노력하고 있다. 우리는 이들과 경쟁하기 위해 미래 세대에게 무엇보다 다가올 '미래'에 관해 가르쳐야 한다. 미래에 무슨 일이 벌어지고, 누구와 경쟁하고, 어떻게 경쟁하고, 무엇으로 경쟁해 이길지를 스스로 찾아내도록 가르쳐야 한다.

미국은 왜 온통 STEM인가

미국의 STEM 교육은 한 마디로 '미국이 꿈꾸는 미래'이다. 미국은 과학Science, 기술Technology, 공학Engineering, 수학Mathematics을 체계적으로 잘 융합해 가르치는 STEM 교육 시스템을 운영하고 있다. STEM 아카데미, STEM 스쿨을 통해 과학 인재들을 어려서부터 체계적으로 가르친다. 코넬Cornell 대학만 놓고 보더라도 STEM 지원자가 매년 급증해 최근 10년간 50% 이상 증가했다. 우리나라도 과학고가 있지만, 영재 중심이 아닌 미국처럼 분야별, 수준별로 인재를 양성해야 STEM 분야에 두꺼운 인재 층을 형성할 수 있다.

미국 학생들은 STEM을 대학에서 전공하기 위해 고등학교 이전부터 치열하게 경쟁한다. 자신이 목표로 하는 분야에 관해 지속해서 수업을 듣고, 다양한 사회 프로그램에 참여하고, 구글Google Science Fair[194]이나 인텔Intel International Science and Engineering Fair[195]과 같은 민간 기업에서 주관하는 STEM 대회에 꾸준히 참가하여 성적을 받는다. 이처럼 미국은 STEM에 뛰어난 인재들을 키우고 발굴하기 위해 수많은 프로그램을 학교와 사회에서 가동한다. 또한, 대학들은 인재선발에 정확성을 기하기 위해 SATScholastic Aptitude Test도 활용한다. MIT, Caltech와 같은 상위권 대학 입학생의 수학 점수는 800점 만점에 가깝다.

STEM과 기술 선진국 교육

STEM 교육은 많은 선진국에서 과학기술 분야 인재양성을 위해 실시하고 있는 문제 해결 중심의 교육접근법이다. STEM 교육은 미국뿐만 아니라 일본에서도 기술인재 육성을 위해 확산하고 있고 영국, 프랑스, 독일 등 선진국에서 교육 개혁의 핵심으로 채택하고 있다. 특히 미국은 베이비붐 세대의 은퇴가 마무리되면서 사회로 진입하는 청년 인구가 줄어들기 시작했다. 새로운 세대에 기술공학 인력의 공백이 생긴 것을 STEM 교육으로 메우려 하는 것이다.

우리나라는 10년 후에나 시작될 일이지만, 선진국에서는 베이비붐 세대의 은퇴와 맞물려 생산가능인구가 감소하는 현상이 보편적이다. 하지만 과학기술은 우리가 상상하기 어려운 수준으로 발전하고 있다. 선진국들은 과학기술 분야에 인력 문제가 생기는 것은 국가 경쟁력에 문제가 생기는 것이라고 인식하고 있다. 하지만 10년 전만 해도 과학기술에 관련된 직업을 선호하지 않았고 인식마저 저조하여 학생 수가 줄어드는 추세였다. 그러나 초·중등학교 과학·수학교육의 성취도 향상과 사전 공학교육 프로그램을 통해 예비 공학자를 양성하는 데 국가가 발벗고 나선 지 10년 만에 상황이 완전히 바뀌었다.

미국은 STEM 교과목들의 '강조'가 아니라 '연계나 통합'을 중요하게 생각한다. 특히, 수학 과목과 다른 과목의 통합이나 적용의 연계를 중요시한다. 핵심은 고등학교를 졸업할 때까지 과학과 공학에 친해지는 것으로, 공학 설계를 중심에 두고 수학, 기술, 과학을 연계한다. 미국은 학교, 연구소, 비영리기관을 가리지 않고 STEM 교육에 사활을 걸고 있다. 학회는 물론 나사NASA와 같은 기관도 참여한다. 학교 교육 현장으로부터 방과 후 활동, 사회 활동에 이르기까지 STEM은 미국 교육의 근간이다.

STEM과 우리나라 교육

우리나라도 STEM 교육을 도입하고는 있다. 우리가 도입한 방식은 일본, 영국, 프랑스처럼 STEM에 예술Arts을 더한 STEAM 교육이다. 하지만 교육 프로그램도 문제고 더 중요한 것은 교사의 자질과 연속성이다. 교사가 자질이 낮다는 말이 아니라, 한 과목만 전공하고 다른 과목을 해본 적이 없는 교사를 투입하는 것이 문제이다. 따라서 STEAM 교사는 대학이나 기업, 연구소에서 찾아야 한다. 초·중등학교에서 잠깐 공부하다가 입시교육에만 매달리는 교육 현실은 더 큰 문제이다. 우리는 STEM 교육을 하다가 똑똑한 친구들을 골라 인공지능이 대체할 전공으로 보내고, 미국과 선진국은 인공지능을 개발할 인재로 키운다.

다시 원론으로 돌아가 보자. 현시점에서 앞으로 20년간 미래를 만드는 가장 큰 원동력은 무엇일까? 그것은 과학기술, 융합하는 과학기술이다. 이 책 전체에서 강조한 대로 과학기술이 모든 것을 선도한다. 과학기술로 만든 알파고가 이세돌도 이기고 중국의 커제도 이겼다. 알파고는 알파스타AlphaStar로 이름을 바꿔 온라인 게임 스타크래프트 2Starcraft 2에서도 최강자가 되었다. 이미 인공지능은 암을 진단하는 IBM의 왓슨Watson이 되었고, 지멘스Siemens의 자동화 공장에서 공장을 구동하는 PLCProgrammable Logic Controller가 되었다.

그런데 우리나라는 수학을 어떻게 가르치고 있을까? 인공지능을 설계하는 데 필요한 가장 기초적인 수학지식은 '행렬'이다. 그런데 아날로그 시대에 우리도 공부한 행렬이 고등학교 수학에서 완전히 사라졌다. 인공지능에서 데이터를 표현하는 벡터는 대부분 학생이 선택하지 않는 선택과목이 되어버렸다. 이런 현실에서 입시에 나오지도 않는 수학 영역을 누가 학습하겠는가? 모든 분야에서 알파고를 만나게 되는 시기에 '4차 산업혁명 인재양성'은 도대체 어떻게 하겠다는 것인지 이해하기 어렵다. 교육부가 알고리즘Algorithm 설계와 코딩Coding을 구분하고 있는지조차 궁금하다.

STEM 그 이상의 ESTEEM 교육

STEM 교육은 만병통치약일까? 아니다. 선진국 STEM 교육을 이기기 위해서 우리도 STEM 교육으로 무장한다는 말은 싸우기도 전에 지겠다는 말과 같다. STEM 교육을 이기려면 STEM 교육에 없는 두 가지를 더 가르쳐야 한다. 그 두 가지는 경제학Economy과 기업가정신Entrepreneurship이다. 전통적 교육이나 STEM 교육은 모두 기존의 사회 시스템에 종속되는 방식만 가르친다. 직업을 갖고 급여를 받는 방법만 가르치지, 아이디어로 창업하거나 경제 체제에서 돈 버는 방법은 가르치지 않는다. 그러나 그런 시대는 지났다. 세계는 온통 새로운 경제 질서로만 움직인다.

경제학은 '급여를 받는 법'이 아니라 '모든 생산요소를 들여다보고 조직해서 돈을 버는 법'을 알려준다. 기업가정신은 '새로운 사업 기회를 포착하고 생산요소를 새롭게 조합하고 조정하고 통제하는 과정'을 실행하게 한다. 미국에서 성공한 많은 기업가가 공통으로 하는 말은 "경제학을 배워라. 그리고 창업하라."이다. 과거의 교육이든 STEM 교육이든 저 두 가지가 없다면 경쟁에서 빠르게 이기는 길을 포기하는 것이며, 그저 열심히 교육해서 청년들을 생산요소로 만들고 마는 것이다.

09

정치,
시민사회와 통제사회

디지털 시대에는 모든 것이 디지털로 기록되고 분석되고 활용된다. 문제는
인간의 모든 아날로그 행동이 모두 디지털 행동으로 기록되어, 거꾸로 아날
로그 행동을 통제할 수준에 이르렀다는 점이다. 디지털 시대의 시민들은 무
엇이 자유이고 어디까지 기록하는 것을 허락해야 할지 스스로 결정해야 한
다. 그렇지 않으면 모든 것이 통제된 사회에서 살게 된다.

인간의 모든 행동은 데이터가 된다. 특정한 인물의 개인정보를 모르더라도 개인 또는 특정 집단의 행동에 관한 데이터만 있으면 행동을 분석하고 예측해 새로운 행동을 유발할 수 있다. 기업은 이것을 모든 비즈니스에 활용한다. 제품 개발에 활용하고 마케팅에 활용하고 그 제품에 대한 반응분석에도 활용한다. 또한, 정치인들은 이를 선거에 활용한다. 문제는 너무 많은 데이터가 수집된다는 데 있고, 데이터가 수집되는 줄 알지 못하는 상태에서 대부분 데이터가 수집되고 분석되고 활용된다는 데 있다.

누군가 웹 브라우저에서 광고를 클릭하면 어떤 사이트에 접속해도 계속 그 광고가 따라온다. 이렇게 해도 좋다고 동의한 적이 없는데도 행동이 기록되고 분석되고 활용된다. 건물 안으로 들어가도, 건물 밖으로 나와도 모든 행동이 CCTV로 기록된다. 2019년을 기준으로 구글의 크롬 브라우저는 70% 이상을 점유했다. 한 회사의 브라우저가 70%의 사용자 데이터를 대규모로 수집해 활용할 수 있다는 의미이다. 실제로 그들은 그렇게 활용한다. 국가는 범죄 피의자를 특정하게 되면 무엇을 검색했는지부터 확인한다. 그리고 기록된 행동을 분석한다.

범죄 예방이나 범인을 특정하기 위해 디지털 기록을 확인하는 것은 무척 중요하다. 이를 통해서 국가라는 시스템이 유지되고 운영되기 때문이다. 그러나 한편에서는 범죄와 유사한 일이 발생했을 때 활용한다는 이유로 모든 데이터를 수집하고 보관하는 일을 정당화한다. 그리고 자신들의 목적에 맞게 데이터를 분석하고 활용한다. 그런데 앞으로는 수집, 보관, 분석, 활용의 모든 과정에 인공지능이 개입한다. 인공지능이 개입한다는 말은 과거를 분석하는 것이 아니라 미래를 다 알게 된다는 말과 같다. 개인의 디지털 기록만으로도 이 사람이 앞으로 무엇을 할지 예측할 수 있게 된다.

수집하는 장치도 어마어마하게 확산한다. 브라우저, 컴퓨터 운영체제, 스마트폰 운영체제, 검색시스템, CCTV, 웹사이트, SNS, 인공지능 비서, 번역기, 사물인터넷, 자율주행 자동차, 생체보안 장비, 신용카드, 거래시스템, 현금인출기, 음성인식기 그리고 모든 애플리케이션이 수집 장치이다. 2025년이 되면 선진국은 모든 시스템을 하나로 묶어 데이터를 일원화해 처리하는 초기과정에 진입할 것이다. 그리고 점점 더 강력한 시스템을 만들어갈 것이다. 따라서 작은 범죄는 발붙일 곳조차 없을 정도로 사라져갈 것이다. 하지만, 이것은 그동안 우리가 누리던 자유를 조금씩 잘라 누군가의 손에 쥐여주는 것이다.

시민사회는 존재할까

시민사회Civil Society는 '자유 경제에 기초를 둔 법치 조직의 사회'로 정의된다. 곧, 자유·평등·박애를 도덕적 이상으로 하고 시민 혁명을 통해 이룩된 시민 계급의 사회가 시민사회이다. 자유Freedom는 시민사회의 가장 중요한 가치이다. 공동의 이익을 위한 것이 아닌 상태에서 자유를 제한하는 것은 자유의지에 반한 통제를 의미한다. 평등Equality은 기회와 조건과 결과에서 이룩되어야 한다. 박애Philanthropy는 인격과 인간애의 존중이다.

그렇다면 기술로 만들어진 미래사회에 자유는 어떻게 변할까? 미래사회에도 자유는 존재할 것이다. 그러나 시간이 흐를수록 자유는 기술에 의해 조금씩 통제되기 시작할 것이다. 여기서 기술에 의한 자유의 통제가 '구속'을 의미하지는 않는다. 자유의지로 할 수 있는 범위가 축소된다는 의미는 아니라는 뜻이다. 2030년 이후로는 지식과 정보의 비대칭성이 급격하게 증가해 자유의 범주가 상대적으로 확장하지 못하는 세층과 그 반대인 계층으로 분화해갈 것이다.

또한, 기술을 주도하거나 데이터를 확보한 계층이 그렇지 못한 계층이 인식하기 어렵게 보이지 않는 통제를 가할 가능성이 크다. 캐나다 학자 엔진 아이신Engin Isin은 〈누가 새로운 시민인가〉라는 논문에서 미래사회에 '기술 노예'를 만들어낼 가능성이 크다고 경고한다. 또한, 정부와 기업, 엄청난 부를 소유한 이들이 연합한 거대 집단이 인간의 자유와 평등에 가하는 위협은 현실적인 문제가 될 것이라고 주장한다. 따라서 미래사회의 시민은 자신들이 어떻게 이용될 수 있는지를 가장 먼저 알아야 한다.

평등은 존재하지만, 절대적인 평등은 2020년에도 존재하지 않았다. 2040년 미래사회에는 지식과 정보를 독점한 계층과 그렇지 못한 계층 간의 불평등이 상상하기 어려운 수준으로 커질 것이다. 2030년이 되기도 전부터 불평등에 관한 목소리가 급속하게 커져 국가는 이에 관한 장치를 사전에 마련해야 할 것이다. 특히, 일하고자 하는 의지나 능력보다 더 강력한 기술적 압박에 의한 실업의 증가는 곧바로 경제적 불평등으로 이어진다. 이는 사회 전반에 불안을 증폭하는 요소가 될 확률이 높다.

박애로 표현되는 인격과 인간애의 존중은 불평등 사회에서 점점 사라져갈 가능성이 크다. 여기에 크게 작용하는 한 가지는 온라인 소통 기술이 발전하면서 자신과 비슷한 집단에서만 상호작용하는 현대인의 특성이 점점 두드러진다는 점이다. 현대인들은 동호회, 동창회, 정치적 편향성을 가진 집단처럼 같은 철학, 사상, 취미, 학연, 지연과 같은 것을 매개로 같은 목소리만 내고 같은 목소리만 듣는다. 또한, 다르다는 것을 인정할 줄 모르고 상대를 공격 대상으로 인식한다. 이들에게서 점점 옳고 그름, 인격과 인간애는 사라지고 내 편과 상대편만 남는다. 그래서 시민사회는 기술에 의해 분해되어갈 확률이 높다.

시민의 권리는 무엇인가

시민사회를 유지할 방법은 없을까? 우선 기업과 정부가 편중된 지식과 정보를 활용해 어떻게 정치적, 경제적으로 시민을 이용하는지 명확하게 이해해야 한다. 그리고 대다수 시민이 기술 노예가 될 때 어떤 일이 벌어지는지 인식해야 한다. 그러면 시민이 지켜야 할 가치가 무엇인지, 지켜야 할 권리가 무엇인지 이해하게 된다. 〈사이보그 시티즌

Cyborg Citizen〉의 저자 크리스 그레이Chris Gray는 "우리 사회가 어떤 도구, 어떤 기계를 보유해야 하며, 어떤 것을 축출하고, 만드는 것조차 하지 말아야 할 것인지 판단하는 것"이 미래사회 시민이론의 핵심이라고 지적했다.

국가는 무슨 의미인가

2020년이 지나면서 정부의 역할은 점점 커진다. 그러나 지나치게 커진 정부는 시민을 통제하게 될 가능성이 크다. 2020년부터 한국에서 계속 증가하는 실업의 문제는 미국, 유럽, 일본과 같은 선진국에서는 길게는 2025년까지 비껴갈 가능성이 있다. 이유는 두 가지이나. 하나는 이미 이들 선진국 인구구조가 경제활동인구가 계속 줄어드는 상황으로 변했다는 데 있다. 이는 일할 사람이 부족하다는 것으로 사라지는 일자리를 인구구조가 받쳐줄 것이다. 다른 하나는 한국보다 훨씬 분화한 직업의 종류에 있다. 한국보다 2배도 넘는 직업의 종류가 있다는 것은 그만큼 해체에 시간이 걸린다는 의미이다.

하지만 한국은 상황이 다르다. 선진국과 인구구조가 비슷해지는 데는 거의 15~20년의 격차가 있다. 그래서 2030년이나 되어야 은퇴한 베이비붐 세대의 효과가 나타나기 시작할 것이다. 2030년에 이르기까지 10년 동안은 베이비붐 세대가 일자리 해체의 직격탄을 맞게 될 것이다. 이와 동시에 새로 사회에 진입하는 1995년 이후 출생자들이 일자리 소멸로 인한 2차 피해를 보게 될 것이다. 여기에 급속하게 늘어가는 고령인구와 저출산의 과제가 성장이라는 풀 수 없는 숙제와 엉킬 것이다.

이 시기를 지나 2040년에 이르기까지 각 국가는 자신들의 이익을 지키기 위해 엄청난 경쟁을 해야 할 것이다. 이미 하나의 경제 체제에 묶인 세계는 부정적 사인을 서로 주고받으며 줄어든 파이를 빼앗기 위해 경쟁할 것이다. 2040년 이후, 영원한 삶에 다가선 신인류와 공존하는 시민들은 국가가 무슨 의미가 있는지 생각하게 될 것이다. 이 질문은 신인류에게도 똑같이 주어질 질문이다. "신인류에게 국가는 무슨 의미인가?" 2030년이 되기도 전에 시민들은 이렇게 물을지도 모른다. "국가는 누구를 위해 존재하고 무엇을 위해 존재하는가?"

나는 누구인가

시민에게 남은 마지막 질문은 "나는 누구인가?"이다. 138억 년도 넘는 과거 우주의 탄생 이후로 우리 은하가 형성되고 태양계가 형성되고, 지구가 탄생한 지도 45억 년이 흘렀다. 현생인류 이전에 많은 원인이 등장했다가 소멸하고, 끈질기게 살아남은 우리 호모 사피엔스는 20만 년의 세월을 생존했다. 인류는 그 20만 년의 기간 중 95%에 해당하는 거의 19만 년을 역사 이전의 시대로 흘려보내고 겨우 1만 년이 조금 넘는 기간에만 아주 조금씩 인류다운 모습으로 진전하기 시작했다. 지금부터 겨우 500년 전부터 과학이 발달하기 시작했고 300년도 안 되는 기간에 산업혁명으로 삶을 통째로 바꿨다.

그리고 불과 20년 전부터 모든 인류가 모든 지식을 컴퓨터에 저장하고 모든 컴퓨터를 연결하기에 이르렀다. 컴퓨터와 컴퓨터의 연결은 사람과 사람의 연결로 이어졌으며, 결국 모든 지식과 창의성의 연결과 융합을 낳았다. 지식과 창의성의 연결과 융합은 그 자체만으로도 폭발적인 지식의 증가를 의미했다. 하지만 인공지능이 지식을 찾아 습득하고, 인류가 상상하기 어려운 해답을 내는 수준에 이르면서 인류의 지식은 인류의 운명을 바꿀 그 날을 향하고 있다. 이때 마지막 인류와 신인류에게 동시에 주어질 질문은 이것이다.

"나는 누구인가, 나는 왜 지금 여기에 서 있는가?"

나는 왜 지금 여기에 서 있는가

"나는 누구인가, 나는 왜 지금 여기에 서 있는가?"

이 질문은 내게도 똑같이 적용되는 질문이다. 질문은 한 문장이지만, 4개의 질문으로 구성되어 있다. 나는 '누구'인지, 나는 '왜' 존재하는지, 왜 '지금' 존재하는지, 왜 '여기에' 존재하는지를 묻는다. 사실 나도 내가 누구인지 모른다. 아마도 더 미래를 맞다 보면 알게 될 질문일 것이다. '왜' 존재하는지는 '누구'인지 알게 되면 얻게 될 해답이다. 왜 '지금' 존재하게 되었는지는 나의 선택의 결과는 아니다. 하지만 분명한 것은 지금 존재하는 것이 과거에 존재한 것보다는 낫다는 것이다. 인류의 역사 20만 년 중 앞 19만 년의 어딘가에 있었다면 이런 질문을 고민할 이유조차 없었을 것이다.

왜 '여기에' 존재하는지는 각각 다른 이유가 있을 것이다. 나는 여기에 존재하는 이유를 두 가지에서 찾는다. 하나는 다가올 미래를 먼저 공부하고 많은 사람에게 전해 현재를 바꿔 더 나은 미래를 맞도록 하는 일을 해야 하기 때문이다. 이것이 여기에서 내가 해야 할 일이다. 다른 하나는 실제로 새로운 미래가 어떻게 펼쳐지는지 여기에서 봐야 하기 때문이다. 여기는 우리가 사는 이곳 대한민국이다. 수가 줄었지만, 우리 아이들이 자라고 있고 그들이 만들 미래가 여기에 있다. 지금 나는 그들과 서로 다른 시간에 등장해 같은 공간에 있다. 그리고 일정 시간 같은 미래를 보게 된다.

어쩌면 우리는 대단한 행운을 안고 태어났는지도 모른다. 우주가 만들어진 138억 년도 넘는 시간에서 얼마나 더 많은 시간이 우주에 주어질지 모르지만, 적어도 인류의 역사 20만 년에서는 가장 극적인 변화가 일어나는 지점 바로 0.0001% 뒤에 지금 우리가 서 있다. 이제부터 우리는 그 극적인 변화를 보게 된다. 그러나 항상 변화는 고통을 수반한다. 우리에게도 견디기 어려운 고통이 따를 것이다. 하지만 지금까지 인류가 한 번도 경험하지 못한 미래를 경험한다는 것이 얼마나 극적인 일인가? 지금부터 '나는 누구인지, 나는 왜 지금 여기에 서 있는지' 서서히 알아가게 될 것이다.

참고자료 목록

1 https://www.weforum.org/

2 https://www.deloitte.com/

3 https://datareportal.com/

4 https://www.tesla.com/

5 https://www.kuka.com/

6 https://www.keyence.com/

7 https://commons.wikimedia.org/wiki/James_Watt

8 https://mois.go.kr/

9 https://www.opec.org/

10 https://www.bp.com/

11 http://organovo.com/

12 http://www.nature.com/

13 《자연은 위대한 스승이다》, 이인식, 김영사

14 http://www.zeri.org/

15 《창조의 엔진》, 에릭 드렉슬러(Eric Drexler), 김영사

16 《급진적 풍요》, 에릭 드렉슬러(Eric Drexler), 이인식, 김영사

17 https://www.foxconn.com/

18 http://www.pegatroncorp.com/

19 http://www.gartner.com/

20 https://www.navigantresearch.com/

21 http://www.spacex.com/

22 https://en.wikipedia.org/wiki/Hans_Moravec

23 〈냉동인간〉, 로버트 에틴거(Robert Ettinger), 김영사

24 https://www.credit-suisse.com/

25 https://www.sciencemag.org/

26 https://deepmind.com/

27 https://www.bbc.co.uk/

28 https://www.popsci.com/

29 https://www.midea-group.com/

30 https://www.facebook.com/spaces

31 〈마음의 미래〉, 미치오 카쿠(Michio Kaku), 김영사

32 https://www.weforum.org/

33 https://www.bbcresearch.com/

34 http://www.daifuku.com/

35 http://www.stratasys.com/

36 https://www.3dsystems.com/

37 https://www.3dhubs.com/

38 http://www.tethers.com/

39 https://www.magna.com/

40 https://localmotors.com/

41 http://www.roche.com/

42 http://www.tamicare.com/

43 https://new.abb.com/

44 https://www.thingiverse.com/

45 https://www.3dsystems.com/

46 https://www.youmagine.com/

47 https://www.shapeways.com/

48 https://www.threadless.com/

49 https://www.bmwgroup.com/

50 https://www.spotify.com/

51 https://www.ponoko.com/

52 https://www.boeing.com/

53 https://www.esa.int/

54 https://www.fcc.gov/

55 〈위대한 해체〉, 스티브 사마티노(Steve Sammartino), 인사이트앤뷰

56 https://ec.europa.eu/

57 〈온라인 쇼핑의 종말〉, 바이난트 용건(Wijnand Jongen), 지식노마드

58 https://www.oculus.com/

59 https://www.walmart.com/

60 https://www.yhd.com/

61 http://www.aussiefarmers.com.au/

62 https://www.yourgrocer.com.au/

63 https://waymo.com/

64 https://en.wikipedia.org/wiki/Project_Loon

65 https://wikileaks.org/

66 https://www.exactsciences.com/

67 https://english.tau.ac.il/

68 http://www.secondsight.com/

69 https://mdacorporation.com/

70 https://www.23andme.com/

71 https://www.gene.com/

72 https://www.fda.gov/

73 https://www.finngen.fi/

74 https://www.genome.gov/human-genome-project/

75 https://www.illumina.com/

76 https://www.teloyears.com/

77 http://www.bmskorea.co.kr/

78 http://www.merck.com/

79 https://www.lilly.com/

80 https://www.celgene.com/

81 http://www.evaluategroup.com/public/EvaluatePharma/

82 http://blog.naver.com/with_msip

83 https://verily.com/

84 https://www.gsk.com/

85 http://www.galvani.bio/

86 https://www.gilead.com/

87 http://kitepharma.com/

88 https://www.junotherapeutics.com/

89 https://www.novartis.com/

90 http://www.merck.com/

91 http://www.pfizer.com/

92 http://www.novonordisk.com/

93 http://en.sanofi.com/

94 〈사이보그 시티즌〉, 크리스 그레이(Chris Gray), 김영사

95 https://en.wikipedia.org/wiki/Hans_Moravec

96 https://en.wikipedia.org/wiki/BRAIN_Initiative

97 https://en.wikipedia.org/wiki/Human_Brain_Project

98 https://en.wikipedia.org/wiki/History_of_money#Goldsmith_bankers

99 https://moven.com/

100 https://www.safaricom.co.ke/

101 http://www.vodafone.com/

102 http://www.grameen.com/

103 https://www.itau.com.br/

104 https://www.zidisha.org/

105 〈게임체인저〉, 피터 피스크(Peter Fisk), 인사이트앤뷰

106 https://squareup.com/reader/

107 https://www.starbucks.com/

108 https://www.hsbc.com/

109 https://www.blueorigin.com/

110 https://onewebsatellites.com/

111 https://www.virgin.com/

112 https://www.airbus.com/

113 https://www.softbank.jp/

114 https://loon.com/

115 https://www.morganstanley.com/

116 https://stevesammartino.com/

117 〈위대한 해체〉, 스티브 사마티노(Steve Sammartino), 인사이트앤뷰

118 https://www.gsma.com/

119 https://www.census.gov/popclock/

120 https://kcc.go.kr/user.do/

121 https://www.netflix.com/

122 https://www.spotify.com/

123 https://supercell.com/

124 https://www.coursera.org/

125 https://www.thewaltdisneycompany.com/

126 http://www.huffingtonpost.com/

127 https://www.unhcr.org/

128 https://moni.com/

129 https://www.magicleap.com/

130 https://www.oculus.com/

131 https://www.ibs.re.kr/

132 https://www.ted.com/

133 https://www.nsa.gov/

134 https://www.here.com/

135 http://www.nvidia.com/

136 https://www.amd.com/

137 https://www.intel.com/

138 https://www.walmart.com/

139 http://www.byd.com/

140 https://waymo.com/

141 https://www.navigantresearch.com/

142 https://www2.deloitte.com/global/en.html

143 https://www.bp.com/

144 https://www.itu.int/

145 https://www.virgingalactic.com/

146 http://ansari.xprize.org/

147 http://www.scaled.com/

148 https://www.aeromobil.com/

149 https://kittyhawk.aero/

150 https://www.toyota.com/

151 https://www.fujitsu.com/

152 http://cartivator.com/

153 https://www.pal-v.com/

154 https://www.bcg.com/

155 https://www.dji.com/

156 https://www.parrot.com/

157 https://3dr.com/

158 http://www.ehang.com/

159 https://www.logistics.dhl/us-en/

160 https://www.ted.com/

161 http://www.fao.org/

162 https://www.unicef.org/

163 http://www.doopedia.co.kr/

164 http://fortune.com/

165 https://www.forbes.com/

166 http://www.monsanto.com/

167 http://www4.syngenta.com/

168 https://www.astrazeneca.com/

169 https://www.greenpeace.org/

170 http://www.nature.com/nature/

171 https://www.saudiaramco.com/

172 https://corporate.exxonmobil.com/

173 https://www.shell.com/

174 https://www.iaea.org/

175 http://www.desertec.org/

176 https://new.siemens.com/

177 https://www.deutsche-bank.de/

178 http://new.abb.com/

179 http://www.abengoa.com/web/en/

180 https://www.saint-gobain.com/en/

181 http://www.dongenergy.com/en/

182 https://www.eurolinkinc.com/

183 https://www.world-nuclear.org/

184 https://www.nrc.gov/

185 https://www.rosatom.ru/

186 https://www.uber.com/

187 https://www.berkshirehathaway.com/

188 https://www.un.org/development/desa/en/

189 http://kostat.go.kr/portal/korea/

190 https://www.imf.org

191 https://www.nabo.go.kr/

192 http://www.keei.re.kr/

193 https://www.dni.gov/

194 https://ifr.org/

195 https://www.googlesciencefair.com/

196 https://newsroom.intel.com/press-kits/2019-isef/

· 〈시간은 흐르지 않는다〉, 카를로 로벨리, 쌤앤파커스
· 〈창조의 엔진〉, 에릭 드렉슬러, 김영사
· 〈급진적 풍요〉, 에릭 드렉슬러, 이인식, 김영사
· 〈징둥닷컴 이야기〉, 리즈강, 프롬북스
· 〈온라인 표평의 종말〉, 바이난트 용건, 지식노마드
· 〈스케일〉, 제프리 웨스트, 김영사
· 〈크리에이티브 지니어스〉, 피터 피스크, 빅북

- 〈맥스 테그마크의 라이프 3.0〉, 맥스 테그마크, 동아시아
- 〈예정된 전쟁〉, 그레이엄 엘리슨, 세종서적
- 〈유튜브 레볼루션〉, 로버트 킨슬·마니 페이반, 더퀘스트
- 〈그림으로 보는 시간의 역사〉, 스티븐 호킹, 까치
- 〈괴델, 에셔, 바흐〉, 더글라스 호프스태터, 까치
- 〈21세기를 위한 21가지 제언〉, 유발 하라리, 김영사
- 〈완벽한 호모 사피엔스가 되는 법〉, 닉 켈먼, 푸른지식
- 〈자본주의 미래보고서〉, 마루야마 순이치·NHK, 다산북스
- 〈AI시대 인간과 일〉, 토머스 대븐포트, 김영사
- 〈일자리의 미래〉, 엘렌 러펠, 예문아카이브
- 〈초예측〉, 유발 하라리·재레드 다이아몬드 외, 웅진지식하우스
- 〈대변동〉, 재레드 다이아몬드, 김영사
- 〈통제불능〉, 케빈 켈리, 김영사
- 〈셰일 혁명과 미국 없는 세계〉, 피터 자이한, 김앤김북스
- 〈유한계급론〉, 소스타인 베블런, 현대지성
- 〈최초의 것〉, 후베르트 필저, 지식트리
- 〈대멸종 연대기〉, 피터 브래넌, 흐름출판
- 〈나우 시간의 물리학〉, 리처드 뮬러, 바다출판사
- 〈초연결〉, 데이비스 스티븐슨, 다산북스
- 〈문명과 식량〉, 루스 디프리스, 눌와
- 〈마음의 지도〉, 이인식, 다산북스
- 〈인류의 미래〉, 미치오 카쿠, 김영사
- 〈엘리트 독식사회〉 아난드 기리다라다스, 생각의 힘
- 〈직업의 종말〉, 테일러 피어슨, 부키
- 〈이노베이터〉, 월터 아이작슨, 오픈하우스
- 〈냉동인간〉, 로버트 에틴거, 김영사
- 〈SPACE〉, 과학동아 편집부, 동아사이언스
- 〈특이점이 온다〉, 레이 커즈와일, 김영사
- 〈제2의 기계시대〉, 에릭 브린욜프슨·앤드루 맥아피, 청림출판
- 〈사람과 컴퓨터〉, 이인식, 까치글방
- 〈뇌의 미래〉, 미겔 니코렐리스, 김영사

- 〈트랜스 휴머니즘〉, 마크 오코널, 문학동네
- 〈가상현실의 탄생〉, 재런 러니어, 열린책들
- 〈MONEY〉, 토니 로빈스, RHK
- 〈감각의 박물학〉, 다이앤 애커먼, 작가정신
- 〈퓨처 스마트〉, 제임스 캔턴, 비즈니스북스
- 〈지능이란 무엇인가〉, 하워드 가드너, 사회평론
- 〈마음의 탄생〉, 레이 커즈와일, 크레센도
- 〈거래의 기술〉, 도널드 트럼프, 살림
- 〈세계의 역사를 뒤바꾼 1,000가지 사건〉, 내셔널 지오그래픽, 지식갤러리
- 〈Science & Invention〉, 내셔널지오그래픽, 지식갤러리
- 〈The Science Book〉, 내셔널지오그래픽, 지식갤러리
- 〈The Big Idea〉, 내셔널지오그래픽, 지식갤러리
- 〈오리지널스〉, 애덤 그랜트, 한국경제신문사
- 〈우리는 도시에서 행복한가〉, 찰스 몽고메리, 미디어월
- 〈스티브 잡스 무한 혁신의 비밀〉, 카민 갤로, 비즈니스북스
- 〈바이털 퀘스천 : 생명은 어떻게 탄생했는가〉, 닉 레인, 까치
- 〈경험은 어떻게 비즈니스가 되는가〉, 브라이언 솔리스, 다른
- 〈인간은 필요 없다〉, 제리 카플란, 한스미디어
- 〈뇌는 어떻게 결정하는가〉, 조나 레러, 21세기북스
- 〈미각의 지배〉, 존 앨런, 미디어월
- 〈공부하는 기계들이 온다〉, 박순서, 북스톤
- 〈Superintelligence〉, Nick Bostron, Oxford University Press
- 〈살아 있는 것들은 전략이 있다〉, 서광원, 김영사
- 〈창조적 인간의 탄생〉, 하워드 가드너, 사회평론
- 〈무엇이 아름다움을 강요하는가〉, 나오미 울프, 김영사
- 〈2035 미래기술 미래사회〉, 이인식, 김영사
- 〈나는 왜 이 일을 하는가〉, 사이먼 시넥, 타임비즈
- 〈생활 속의 응용윤리〉, 박찬구, 세창출판사
- 〈사피엔스〉, 유발 하라리, 김영사
- 〈사이보그 시티즌〉, 크리스 그레이, 김영사
- 〈지식〉, 루이스 다트넬, 김영사

- 〈당신의 경쟁전략은 무엇인가〉, 조안 마그레타, 진성북스
- 〈뉴턴의 시계〉, 에드워드 돌닉, 책과 함께
- 〈명견만리(윤리, 기술, 중국, 교육 편)〉, KBS 명견만리 제작진, 인플루엔셜
- 〈Winners〉, 알래스테어 캠벨, 전략시티
- 〈브릴리언트〉, 조병학 이소영, 인사이트앤뷰
- 〈제4차 산업혁명〉, 클라우스 슈밥, 새로운 현재
- 〈세상을 바꾸는 14가지 미래기술〉, 한국경제TV산업팀, 지식노마드
- 〈자연은 위대한 스승이다〉, 이인식, 김영사
- 〈위대한 해체〉, 스티브 사마티노, 인사이트앤뷰
- 〈4차 산업혁명 인사이트〉, 임일, 더메이커

2040 디바이디드

초판 1쇄 발행 | 2019년 12월 26일
초판 9쇄 발행 | 2022년 8월 19일

지 은 이 | 조병학
펴 낸 이 | 엄지현
기 획 | 이진희·한솔비
마 케 팅 | 권순민·오성권·강이슬
표 지 | 강수진
내 지 | 롬디
제작총괄 | 조종열
인 쇄 | 영신사
발 행 처 | (주)인사이트앤뷰
등 록 | 2011-000002
주 소 | 서울시 구로구 경인로 661
전 화 | 02) 3439-8489
이 메 일 | insightview@naver.com

ISBN 979-11-85785-38-7 03320

값 19,000원